高 等 职 业 教 育 教 材

财经管理系列

成本核算与管理

赵秀云　主编

化学工业出版社
·北京·

内容简介

本书主要阐述企业成本核算与分析的基本理论和方法，包括设置成本会计机构、选择成本计算方法、用品种法核算产品成本、用分批法核算产品成本、用分步法核算产品成本、用辅助方法核算产品成本及编制和分析成本报表七个项目。每个项目按成本会计岗位的工作流程组织内容，将传统教材中的分配要素费用、辅助生产费用、制造费用、生产损失及生产费用等理论教学内容融入实务操作中，使学生在完成任务的同时学习基本理论。本书注重理论联系实践，突出成本会计核算体系，可作为普通高等院校财会专业、其他经济管理专业的教材使用，也可作为财务人员的学习用书。

图书在版编目（CIP）数据

成本核算与管理/赵秀云主编．—北京：化学工业出版社，2021.10

ISBN 978-7-122-39693-8

Ⅰ.①成…　Ⅱ.①赵…　Ⅲ.①成本计算-高等学校-教材　Ⅳ.①F231.2

中国版本图书馆CIP数据核字（2021）第156632号

责任编辑：王　可　　　装帧设计：张　辉
责任校对：王　静

出版发行：化学工业出版社（北京市东城区青年湖南街13号　邮政编码100011）
印　　装：三河市延风印装有限公司
787mm×1092mm　1/16　印张15½　字数376千字　2024年2月北京第1版第1次印刷

购书咨询：010-64518888　　　售后服务：010-64518899
网　　址：http：//www.cip.com.cn
凡购买本书，如有缺损质量问题，本社销售中心负责调换。

定　　价：48.00元

前 言

在新时代背景下，职业院校教材改革是“三教”改革中的重要组成部分，也是当前职业教育改革的热点问题。《国家职业教育改革实施方案》提出：“建设一大批校企双元合作开发的国家规划教材，倡导使用新型活页式、工作手册式教材并配套开发信息化资源。”工作手册式教材是集工作手册和教材两项功能为一体，以“做中学”为主要特征的一种教材。教材以职业需求确定学习目标，以工作岗位任务完成的流程组织教材内容，由职业院校教师和企业工作人员双主体共同编写，在使用中体现学生本位。本书从成本会计人员必备的财务知识入手，以企业成本会计岗位的工作流程为主线组织教材内容，由企业长期从事会计工作的高级会计师与各高职院校的一线教师共同编写，是一本新型工作手册式教材。

本书有以下主要特色。

（1）案例引领，生动有趣。在案例引导下学习理论知识，尽量以图表和数据提炼等形式进行分析说明，增强教材的生动性，提高学生的学习兴趣。

（2）思路清晰，详略得当。以制造业的产品成本核算流程为主线组织教材内容，体系合理，脉络清晰；注重成本核算和分析，避免与管理会计和财务管理中的内容重复。

（3）更新及时，理实结合。密切跟踪企业会计准则、会计制度及其他相关法规的变化；注重培养学生的学习习惯，内容深入浅出，简明易懂，便于学生自学；可操作性强，有利于提高学生对成本会计实务的理解能力和操作能力。

通过本书的学习，力图使学生掌握如下几个能力：能够为新设企业选择成本核算组织方式，并设立成本核算机构；能够为企业选择成本计算方法，确定成本项目；能用品种法、分批法、分步法及成本计算的辅助方法为企业进行成本核算；能编制和分析成本报表。

本书由常州工程职业技术学院赵秀云担任主编，南京交通职业技术学院王艳梅和常州金石投资管理咨询有限公司史庆兰担任副主编，徐州工业职业技术学院魏贤运、常州工程职业技术学院邹娜娜和湖南化工职业技术学院费诚参与编写。常州工程职业技术学院刘涛担任主审。具体分工为魏贤运编写项目一，费诚编写项目二，赵秀云编写项目三至项目五，邹娜娜编写项目六、王艳梅编写项目七。史庆兰负责收集、整理材料及设计教材体系。

本书在编写过程中参考了一些相关教材，得到了常州金石投资管理咨询有限责任公司等校企合作单位的大力帮助和支持，在此深表谢意。由于编者水平有限，对实际工作研究不够全面，书中难免存在疏漏和不当之处，在此我们期待使用本书的教师和学生不吝指正，以便今后不断完善。

编 者

2021 年 6 月

目　录

项目一

设置成本会计机构

随着生产的发展和管理的需要，成本会计从传统的财务会计中分离出来，形成一个相对独立的会计分支，是以成本核算和监督的内容为对象的专业会计。成本会计是以货币为主要计量单位，运用会计的基本原理和一般原则，采用专门的技术方法，以产品或劳务为对象，对企业生产经营过程中发生的各项耗费进行连续、系统、全面、综合的核算和监督的一种经济管理活动。

【工作任务】

卡州公司是刚刚成立的多步骤大批量生产的企业，为增值税一般纳税人，税率为 13%，拥有职工 4180 人，固定资产 8000 万元，生产 BZ1、BZ2 两种产品。两种产品均需经过三个生产步骤，设有三个基本生产车间和三个辅助生产车间。公司管理层认为：公司的规模比较大，要求成本会计机构能够及时提供成本费用的全面信息，集中使用电子计算机进行成本数据的计算与分析，尽量降低成本核算的人力成本。

要求：为该公司设置成本会计机构，做好成本核算的前期准备工作。

【任务分析】

公司设立后需要组建各个职能部门，如公司的人力资源部门、财务部门、生产部门、销售部门等。为进行成本核算，公司应根据需要设置成本会计工作组织，配备必要的成本会计人员，选择成本核算的组织形式，按公司管理层的要求制定出成本核算制度，建立、健全成本核算的基础工作。

【任务操作步骤】

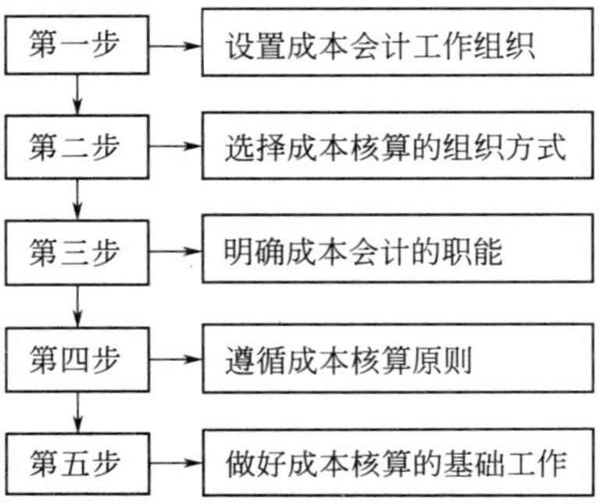

【任务操作】

任务一　设置成本会计工作组织

成本核算工作是由成本会计人员完成的；成本会计的工作组织包括建立成本会计组织机构、配备成本会计人员、制定成本会计制度。

一、建立成本会计组织机构

成本会计机构是在企业中组织、领导并直接从事成本会计工作的职能部门，是企业会计机构的重要组成部分。建立成本会计的组织机构，既要考虑企业生产类型的特点、经营规模的大小，又要考虑成本管理的要求，适应成本会计工作的内容和目标。一般而言，大中型企业应在会计机构中单独设置成本会计机构，专门从事成本会计工作；在规模较小、会计人员不多的企业，可以在会计部门中指定专人负责成本会计工作，负责处理成本会计相关事宜。

根据卡州公司管理层的要求，结合公司的规模，该公司应设置单独的成本核算机构。若卡州公司的规模比较小，生产过程比较简单，有单独的成本会计人员即可满足成本管理的需要，该公司可不设成本会计机构，可以在财务部门中指定专人负责成本会计工作。

二、配备成本会计人员

成本会计人员是指专门从事成本会计工作的专业技术人员。企业应根据自身的具体情况配备适当数量的成本会计人员，成本会计人员应具备一定的会计专业知识，精通会计业务，遵守会计职业道德，并要熟悉企业的生产工艺过程和行业现状，有较强的责任意识和沟通协调能力。企业可以根据具体情况配备专职成本会计人员，也可以配备兼职核算员，主要负责登记原始记录，填制原始凭证，并对原始资料进行初步的审核、整理与汇总，提供与产品成本计算有关的基础的原始资料。

根据卡州公司的概况，该公司应配备专职成本会计人员，负责制定成本核算制度，选择成本核算的组织形式，做好成本核算的前期工作，编制成本核算的原始凭证，并能对原始资料进行初步的审核、整理与汇总，填制成本核算的记账凭证，登记账簿并进行成本分析。

三、制定成本会计制度

成本会计制度是组织和处理成本会计工作应遵循的规范，是企业会计制度的组成部分。企业应根据会计法律和法规、准则及制度，结合企业自身的生产经营特点和管理要求，制定本企业内部的成本会计制度，用于规范企业的成本会计工作。企业内部的成本会计制度一般包括成本预测制度、成本决策制度、成本定额制度、成本计划编制制度、成本控制制度、成本核算制度、成本分析制度、成本报表制度、责任会计制度、内部结算价格和结算办法制度等。成本会计制度一经制定，就应认真贯彻执行，不得随意变更，应根据国家相关法律法规的变化进行修订和完善。

卡州公司的成本会计人员应根据我国的会计法律和法规、准则及制度，结合公司自身的生产经营特点和管理要求，制定本公司内部的成本会计制度，卡州公司的成本核算制度参见 M1-1。

M1-1

卡州公司成本核算制度

任务二　选择成本核算的组织方式

企业内部各级成本会计机构之间，按照组织分工方式的不同，分为集中核算和分散核算两种组织方式。

一、集中核算

集中核算方式是指企业成本会计工作中的核算和分析等主要的成本会计工作，都由厂部成本会计机构集中处理，车间、班组等基层单位的成本会计人员只负责登记原始记录和填制原始凭证，并对它们进行初步的审核、整理和汇总，为厂部的成本会计工作提供资料。这种方式下，厂部成本会计机构能够比较及时地掌握企业成本费用的全面信息，便于集中使用电子计算机进行成本数据的计算与分析，可以适当减少成本核算层次和人员数量；但它不便于实行责任成本核算，不便于直接从事生产经营活动的基层部门及时掌握本单位的成本信息，不利于调动广大职工对控制成本的积极性。

二、分散核算

分散核算方式是指企业的各个职能部门的成本核算、控制和分析等工作由其自己的成本会计机构和人员分别负责进行，各自进行会计核算。厂部的成本会计机构负责对各车间和其他部门的成本会计机构和人员进行业务上的指导、监督和考核，处理不便于分散进行的成本会计工作，并对全厂的成本会计信息进行综合的核算和分析。其优点与不足正好与集中核算方式相反。

一般中小型企业采用集中核算方式，大中型企业采用分散核算方式，也可以根据企业的实际情况将两种方式结合运用，即对某些单位采用分散核算方式，而对另一些单位则采用集中核算方式。

由于卡州公司管理层要求：公司的成本会计人员能够及时提供成本费用的全面信息，集中使用电子计算机进行成本数据的计算与分析，不需要层层进行成本核算，尽量降低成本核算的人力成本。所以，该公司应采用集中核算的成本核算形式。

任务三　明确成本会计的职能

成本会计的职能是指成本会计在生产经营管理中所具有的功能。成本会计作为一种专业会计，同样具有会计的成本核算和监督职能，其中成本核算职能是成本会计的基本职能，监督职能包括成本核算、成本预测、成本决策、成本计划、成本控制、成本分析和成本考核。

卡州公司成本会计机构的成本会计人员应知晓成本会计的以下职能。

一、成本核算

成本核算是以产品或劳务为对象归集生产经营过程中发生的各项耗费，并采用专门的方法进行分配，从而计算产品或劳务的总成本和单位成本。成本核算既是对生产产品或提供劳务过程中各种实际生产耗费的如实反映，也是对其进行控制的过程。它不仅可以反映成本计划的执行情况，同时，为编制下期成本计划，进行未来的成本预测和成本决策提供依据。

二、成本预测

成本预测是根据与成本有关的各种数据和企业内外部的各种因素变化，采用一定的专门方法，对未来的成本水平及其发展趋势做出科学的估计。成本预测是进行成本决策、编制成本计划的基础，在成本计划、成本决策之前以及成本计划执行过程中都会进行成本预测。

三、成本决策

成本决策是在成本预测的基础上，按照既定的目标，运用专门的方法，从若干个备选方案中选择最优方案，确定目标成本。进行成本决策、确定目标成本是编制成本计划的前提，也是实现成本事前控制、提高经济效益的重要途径。

四、成本计划

成本计划是根据成本决策所确定的目标，具体规定计划期内完成计划产品或劳务所应发生的各种耗费，确定产品或劳务的成本水平，并提出保证成本计划顺利实现所应采取的措施。成本计划是成本管理的基础，也是进行成本控制、成本分析和成本考核的依据，对加强成本的事前控制、挖掘降低成本的潜力有着重要意义。

五、成本控制

成本控制是根据成本计划所制定的目标，对实际发生的成本费用进行审核，及时指出计划执行过程中的差异，采取措施将成本控制在计划范围之内。成本控制包括事前控制和事中控制。

六、成本分析

成本分析是根据成本核算资料和其他有关资料，与计划、上年同期实际、本企业历史先进水平，以及国内外先进企业等的成本进行比较，系统研究成本变动的因素和原因，制定有效办法或措施，以便进一步改善经营管理，挖掘降低成本的潜力。通过成本分析，可以正确认识成本变动的规律，为企业进行成本考核、预测、决策和编制新的成本计划提供依据。

七、成本考核

成本考核是在成本分析的基础上，定期对成本计划或成本控制任务的完成情况进行检查和评价。为了更好地发挥成本考核的作用，考核方法应与一定的奖惩制度结合起来，以充分调动各责任者努力完成任务的积极性。

上述成本会计的七项职能相互联系、相互补充的。预测是决策的前提，决策是计划的依据，计划是决策的具体化，控制是对实施计划的监督，核算是对计划的检查，分析与考核是实现决策目标和完成计划的手段。

任务四 遵循成本核算原则

卡州公司成本会计机构的成本会计人员在成本核算过程中，必须遵循以下成本核算的基本原则。

一、按实际成本计价原则

按实际成本计价原则，是指企业按取得或制造某项财产物资时发生的实际成本进行核算。不管企业在成本核算过程中采用的是定额法、标准成本法，还是计划成本法，在期末计算产品成本时，必须将其调整为实际成本，以保证成本与利润数据的真实、可靠、客观。

二、权责发生制原则

权责发生制原则，是指收入与费用的确认应当以收入与费用的实际发生作为确认计量的标准。权责发生制要求，凡是应由本期成本负担的费用，不论是否支付，都要计入本期成本；凡不应由本期成本负担的费用，即使在本期已经支付，也不能计入本期成本。

三、重要性原则

重要性原则，是指在成本核算过程中，对经济业务或会计事项应区别其重要程度，采用不同的会计处理方法和程序。即对产品成本中的重要内容应单独设立项目反映，力求准确；对次要的内容则简化核算或与其他内容合并反映。

四、可比性原则

可比性原则是指企业采用的成本计算程序和方法前后期必须一致，不得随意变动，以使计算出来的成本数据便于比较。如因特殊情况需要改变原来的成本计算程序和方法时，应在有关的财务报告中加以说明，并对原有成本计算单的有关数字进行必要的调整。

五、成本分期原则

成本分期原则是指分期归集与分配所发生的生产费用，而不管成本计算期与产品生产周期是否一致。成本核算一般按月进行。企业生产类型特点决定了成本计算期与产品生产周期可能一致，也可能不一致，但生产费用的归集与分配、废料和退料成本的冲销等日常工作，都必须按月进行，并在月末把有关生产费用账簿上的数额加以结计，以便考核成本费用的发生情况。

六、合法性原则

合法性原则，是指计入成本的费用必须与国家法律法规和制度相符，严格按照成本开支范围列支成本费用，不能将资本性支出计入成本，也不能为了调整利润将成本计入期间费用，更不能人为地操纵成本。

任务五 做好成本核算的基础工作

为了保证产品成本核算的质量，达到对产品成本进行正确计划、控制、分析的目的，成本计算正确与否，取决于成本核算基础工作的扎实程度。卡州公司必须做好以下产品成本核算的基础工作。

一、建立、健全企业的原始记录

原始记录是对企业经营过程所作的最初的记载，为正确核算产品成本，应及时、准确地做好以下原始记录：

（1）有关物料消耗的原始记录，如领料单（表1-1）、限额领料单等。

（2）有关人工消耗的原始记录，如职工考勤记录表（表1-2）、工时记录、工资结算单等。

（3）有关产品的原始记录，如产成品入库单、废品通知单（表1-3）等。

（4）有关固定资产的原始记录，如设备验收单、设备报废单等。

表1-1 领料单

领料单位： 年 月 日 No：001

序号	品名及规格	计量单位	数量		单价/元	金额/元	用途
			请领	实领			
合计						¥	

记账： 发料单位主管： 发料人： 领料单位主管： 领料人：

表1-2 ××公司职工考勤记录表

部门： 年 月

序号	姓名	出勤情况					缺勤情况					加班	备注
		1	2	3	4	5	病假	事假	旷工	公休	工伤		

考核部门主管： 制单人：

表1-3 ××公司废品通知单

车间： 编号：

产品名称		规格型号	
工序名称		废品数量	
责任者工号		责任者姓名	

废品类别：□原材料 □外协件 □半成品 □客退品 □耗材 □其他

检验员： 年 月 日

质检主管： 年 月 日

废品原因：□工人粗心大意 □工装设备不良 □来料不良 □量具失效 □工艺错误 □设计不当 □其他

车间确认意见：□工废 □料废 □退修

责任者： 年 月 日

车间主任： 年 月 日

批准处理情况：□卖出 □回收残料 □丢弃。

批准人： 年 月 日

二、制定合理的消耗定额

消耗定额是指计划规定的企业在生产经营活动中所消耗的人力、物力、财力的最高限额。合理的消耗定额是编制产品成本计划，进行成本预测、核算和控制等的依据。消耗定额主要包括以下几项。

（1）有关物料的消耗定额，如材料消耗定额。

（2）有关人工的消耗定额，如零件定额表（表 1-4）。

（3）有关费用的计划控制定额，如水费、电费的计划限额。

（4）有关设备利用定额，如设备单位时间生产定额。

消耗定额应根据企业的实际情况制定，既要保证其相对稳定，又要根据生产的发展、技术的进步、劳动生产率的提高，不断修订定额，以保持定额的先进、可行，充分发挥定额管理的作用。

表 1-4　××公司零件定额表　　　　年　月　日

零件编号：　　　　零件名称：

<table>
<tr><td>材料编号</td><td>材料名称</td><td>计量单位</td><td>材料消耗定额</td></tr>
<tr><td></td><td></td><td></td><td></td></tr>
<tr><td></td><td></td><td></td><td></td></tr>
<tr><td>工序</td><td>工时定额</td><td colspan="2">累计工时定额</td></tr>
<tr><td></td><td></td><td colspan="2"></td></tr>
<tr><td></td><td></td><td colspan="2"></td></tr>
<tr><td></td><td></td><td colspan="2"></td></tr>
</table>

部门：　　　　制表：

三、建立、健全存货的收发存等管理制度

成本核算与存货的收发存密切相关，为正确核算成本必须有完善的存货收发存的管理制度。凡是材料物资的收发、领退，在产品、半成品的内部转移及成品的入库等，均应填制相应的原始凭证，办理审批手续，并严格计量和验收，对存货要进行定期或不定期的清查盘点，以确保账实相符。对盘点的损益及时处理，按发生原因计入有关账户。这不仅是进行成本核算、加强成本管理的需要，也是加强物资管理、保护企业财产的有效措施。卡州公司存货收发存管理制度（简述）见 M1-2。

M1-2

卡州公司存货收发存管理制度（简述）

四、制定合理的内部结算价格制度

企业在生产经营过程中，是内部各部门之间共同协作的过程，为了分清企业各部门的经济责任，便于成本考核与分析，企业可以建立内部结算制度，在企业内部各部门之间相互提供产品或劳务时，以内部价格结算。内部价格一般采用计划成本，也可以采用市场价格、协商价格。内部结算价格要尽可能符合实际，保持相对稳定，一般在年度内不变。

【课后演练】

一、单项选择题

1. 实际工作中的产品成本是指（ ）。

A. 产品的生产成本　B. 产品生产的变动成本

C. 产品直接成本　D. 产品的间接成本

2. 成本会计最基本的职能是（ ）。

A. 成本预测　B. 成本决策

C. 成本核算　D. 成本考核

3. 分期归集与分配所发生的生产费用，而不管成本计算期与产品生产周期是否一致的原则是（ ）。

A. 权责发生制原则　B. 成本分期原则

C. 重要性原则　D. 可比性原则

4. 下列属于有关物料消耗原始记录的是（ ）。

A. 产品入库单　B. 设备验收单

C. 工时记录　D. 领料单

5. 集中核算方式和分散核算方式是指（ ）的分工方式。

A. 企业内部各级成本会计机构　B. 企业内部各职能部门

C. 企业内部各车间　D. 企业内部各班组

二、多项选择题

1. 下列属于成本核算应遵循的原则是（ ）。

A. 历史成本原则　B. 实际成本原则

C. 合法性原则　D. 收付实现制原则

2. 成本会计的职能包括（ ）。

A. 成本预测　B. 成本决策

C. 成本分析　D. 成本核算

3. 下列属于成本核算的组织方式的是（ ）。

A. 集中核算　B. 分批核算

C. 分步核算　D. 分散核算

4. 下列属于成本核算制度的是（ ）。

A. 成本定额制度　B. 成本计划编制制度

C. 成本控制制度　D. 责任会计制度

5. 成本会计的基础工作中，要建立、健全的原始记录主要包括（ ）。

A. 物料消耗方面的原始记录　B. 劳资方面的原始记录

C. 产品方面的原始记录　D. 固定资产方面的原始记录

三、判断题

1. 成本预测是成本核算的基础。（ ）

2. 建立成本会计的组织机构，只要考虑企业生产类型的特点就可以了。（ ）

3. 一般中小型企业采用集中核算方式，大中型企业采用分散核算方式，也可以根据企业的实际情况将两种方式结合运用。（ ）

4. 成本控制包括事前控制、事中控制和事后控制。（　　）

5. 成本会计的决策职能是预测职能的前提。（　　）

M1-3

参考答案

项目二

选择成本核算方法

成本核算是按照一定的方法系统地记录生产过程所发生的费用，并按照产品成本核算对象对生产费用进行归集并分配，计算出产品的总成本和单位成本的过程。不同的企业，其生产过程有不同的特点，生产类型和成本管理的要求不同，采用的成本核算方法也不同。只有根据企业生产的特点和成本管理的要求，选择适合的成本核算方法，才能正确地计算产品成本。

【工作任务】

承接前述任务，卡州公司大量重复地生产 BZ1、BZ2 两种产品，每种产品生产都依次经过四个步骤连续加工，逐步转移，直到最后一个步骤生产出产成品。公司设有第一车间、第二车间、第三车间、装配车间四个基本生产车间和机修车间、运输车间和供汽车间三个辅助生产车间。在产品的生产过程中由于原材料的质量问题、工人操作问题等会出现废品，废品出现比较频繁且数额较大，为了有效地控制产品成本，该公司管理层要求单独核算废品损失，但在管理上不需要计算产品每步骤的成本。

要求：为该公司选择成本核算方法，确定成本项目。

【任务分析】

在前一个项目的任务中，卡州公司已经成立了成本会计机构，配备了成本会计人员，选择了成本核算的组织方式，并为成本核算做好了前期准备工作。卡州公司要核算产品成本，还需要根据公司的生产类型选择成本核算方法，根据公司产品的生产特点及管理层的要求确定成本项目。

【任务操作步骤】

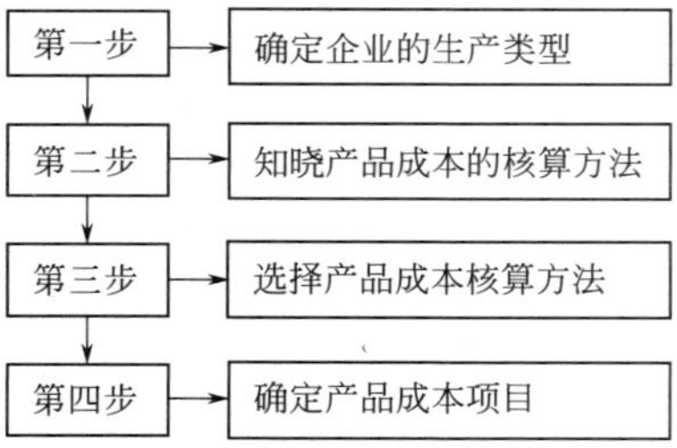

【任务操作】

任务一　确定企业的生产类型

企业的生产按照生产工艺过程和生产组织方式的不同，可分为不同的类型。

一、按生产工艺过程特点分类

产品的生产工艺过程是指从原材料投入到成品的产出，所经过的各个生产阶段和环节的一系列技术过程。工业企业的生产，按照生产工艺过程的特点可分为以下几种。

1. 单步骤生产

单步骤生产又称简单生产，是指产品生产在工艺流程上不能间断，不能分散在不同的地点进行生产，只能由一个企业独立完成，而不能由几个企业协作进行，如发电、铸造、采掘、供水、供气等企业。其基本特点是产品的生产周期一般比较短，产品品种单一，不存在在产品、半成品或其他中间产品。

2. 多步骤生产

多步骤生产又称复杂生产，是指技术上可以间断、生产过程须经若干个生产步骤，可以由一个企业单独进行，也可以由若干企业协作进行的生产，如机械、电气、船舶等企业。其基本特点是产品的生产周期一般比较长，产品品种也比较多，有在产品、半成品或其他中间产品。多步骤生产按产品生产过程的加工方式不同，又可分为以下两种。

（1）连续式多步骤生产。是指原材料投入生产后，要经过若干步骤的连续加工，顺序转移，直到最后一个步骤生产出产成品的生产。这种生产类型的生产，其生产的中间步骤都是自制半成品，只有最后一步才生产出产成品，如造纸、纺织、冶金、钢铁等企业的生产。

（2）装配式多步骤生产。又称平行加工式多步骤生产，是指原材料投入后，各步骤将各种原材料平行地进行加工，制成产成品所需的各种零（部）件，再将零、部件装配成为产成品的生产，如机床、电器、仪表、汽车等企业的生产。

二、按生产组织方式特点分类

生产组织方式是指企业产品生产的方式，体现生产的专业化程度和产品生产的重复程度，具体说是指在一定时期内生产产品品种的多少、同种类型的产品生产数量以及生产的重复程度。按生产组织方式的特点，可以将企业的生产分为大量生产、成批生产和单件生产。

1. 大量生产

大量生产是指不断、大量、重复地生产同一品种或几种产品的生产。这种生产一般品种比较少，每种产品的产量比较大，通常采用专业设备重复地进行生产，专业化水平也比较高，如纺织、冶金、酿酒、采掘、供水、发电、面粉、化肥等企业的生产。大量生产的产品需求一般单一稳定，需求数量大。

2. 成批生产

成批生产是指按预先确定的批别和数量定期地进行某种产品的生产。其主要特点是品种或规格比较多，而且是成批轮番地组织生产，一般采用专业设备和通用设备进行生产，如服装、电梯、印刷、机床、食品、制药、制鞋等企业的生产。这种生产组织是现代企业生产的主要形式。成批生产按照每批生产的数量大小又可分为大批生产和小批生产两种。大批生产的产品数量较大，类似于大量生产；小批生产的产品数量较少，每批产品同时投产，通常也同时完工，类似于单件生产。

3. 单件生产

单件生产是根据订单单位的要求，进行某种特定规格、型号或性能的产品的生产。其主要特点是品种多，每一订单产品数量少，一般不重复或不定期重复生产，专业化程度不高，通常采用通用设备进行加工，如重型机械、造船、专用设备等企业的生产。

三、将生产工艺过程和组织方式特点结合起来分类

在企业的生产经营活动中，生产工艺过程和生产组织方式是结合在一起的，不同的结合方式就会形成不同类型的生产企业。大量大批生产与单步骤生产结合称为大量大批单步骤生产；大量大批生产与多步骤生产结合称为大量大批多步骤生产；单件小批生产与单步骤生产结合称为单件小批单步骤生产；单件小批生产与多步骤生产结合称为单件小批多步骤生产（图 2-1）。

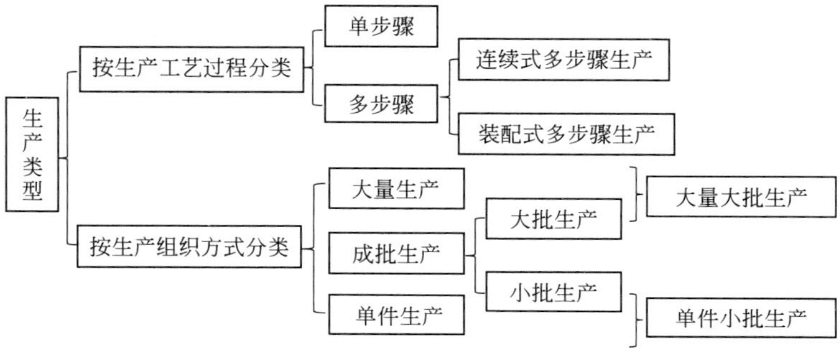

图 2-1 企业生产类型分类图

由于卡州公司大量重复地生产 BZ1、BZ2 两种产品，则卡州公司是大量生产的企业。卡州公司的每种产品生产都依次经过第一车间、第二车间、第三车间三个生产步骤的连续加工，逐步转移，直到最后一个步骤生产出产成品，所以，卡州公司是连续式多步骤生产的企业。综上所述，卡州公司是大量连续式多步骤生产的企业。

任务二 知晓产品成本的核算方法

成本核算方法是指产品、作业或劳务成本的核算方法，是在一定时期内，将生产费用按成本核算对象进行归集，并在完工产品与在产品之间进行分配，从而计算出完工产品成本和在产品成本的方法。产品成本的核算方法包括基本方法和辅助方法。

一、基本方法

基本方法是指核算产品成本时可以独立使用的成本核算方法，包括品种法、分批法和分步法三种。

1. 品种法

品种法是以产品品种为成本核算对象核算产品成本的方法。适用于大量大批单步骤生

产企业，或者大量大批多步骤生产，但管理上不要求分步骤计算成本的企业。品种法具有如下特点。

（1）以产品的品种为成本的核算对象。品种法下，企业按产品的品种设置生产成本明细账。如果只生产一种产品，就以该产品设置生产成本明细账，企业所发生的生产费用都是直接费用，根据有关费用的分配表直接计入生产成本明细账中的相关成本项目；如果生产几种产品，则分别以每种产品设置生产成本明细账，发生的直接费用，直接计入各该产品的明细账，发生的间接费用，采用适当的标准分配计入收益产品的明细账。

（2）成本计算期定期按月进行，成本计算期与会计报告期一致。由于品种法的适用企业是连续不断地重复生产一种或几种产品，无法在产品制造完工时，马上核算生产成本，所以成本核算一般按月进行，以日历月份确定的会计报告期作为成本计算期。

（3）生产费用需要在完工产品与在产品之间进行分配。在简单生产的企业，若在产品没有或很少的情况下，月末可以不计算在产品成本；在大量大批生产的企业，如果月末在产品较多，应采用适当的分配方法分别计算完工产品和月末在产品成本。

品种法适用于大量大批单步骤生产的企业，如发电、供水、铸造等企业。单步骤生产决定了产品生产的工艺过程不能间断，没有中间产出品，无法将产品的生产过程划分成几个生产步骤，大批大量生产中产品不断产出，无法划分产品的批次。因此，大量大批单步骤生产的企业只能用品种法计算产品成本。品种法也可用于大量大批多步骤生产，但管理上不要求分步骤计算成本的企业，如小型的砖厂、陶瓷厂和水泥厂等生产企业，大量大批多步骤生产中，如果企业或车间的规模较小，或者车间封闭管理，即从原材料投入到产品产出都在一个车间内进行，或者生产是按流水线组织的，各步骤的半成品只能满足本企业连续加工的需要，直到产品加工完毕，管理上不要求分步骤计算成本，其生产的产品可以采用品种法计算成本。

2. 分批法

分批法是以产品的批别（或订单）为成本计算对象计算产品成本的方法，适用于单件小批的单步骤生产，以及管理上不要求分步骤计算成本的多步骤生产企业，比如重型机械、精密仪器、专用设备、专用工具、船舶等的制造。一般来说，根据客户订单组织生产的企业、产品种类经常变动的小规模制造厂、专门进行修理业务的工厂、新产品试制车间等较多采用分批法。这些企业或车间的共同特点是一批产品通常不重复生产，即使重复生产，也是不定期的。企业生产计划的编制及日常检查、核算工作，都以客户的订单或企业事先规定的产品品种及批量为依据。分批法具有如下特点。

（1）以产品的批别（或订单）作为成本计算对象。分批法的成本计算对象是产品的批别（或订单）。分批法按每批产品开设生产成本明细账或成本计算单，归集该批或该件产品的生产费用。对于能够划清产品批次的直接费用，根据相关的原始凭证或费用汇总分配表，直接计入该生产成本明细账的有关成本项目，对于不能明确批次的各批产品共同耗用的间接费用，则应先按一定的分配标准在各批产品之间进行分配，然后再计入各批产品的生产成本明细账。

需要注意的是：企业一般以客户的订单划分批别，把一张订单上的产品作为一批进行核算，但客户的订单和产品的批别并不完全一致。如果一张订单内有几种产品，为便于管理和核算，可按产品品种划分批别。如果一张订单内虽然只有一种产品，但数量较大，或要求分批交货，可将产品分为几批进行生产，并分批计算产品成本。如果同一时期内，几张订单要求生产同一种产品，且批量不大，为了便于管理并简化成本计算，也可将几张订单合并为一批产品组织生产，此时成本核算对象则是由几张订单合并的同一批产品。

（2）成本计算期与产品的生产周期一致，而与会计报告期不一致。在分批法条件下，一个批别产品的实际成本只有该批产品全部完工后才能计算确定。因此，分批法的成本计算期就是每批产品的生产周期。但是企业产品的生产周期有可能跨月，即分批法的成本计算期是不固定的。所以分批法的成本计算期与产品的生产周期一致，而与会计报告期不一致。

（3）月末一般不需要将生产费用在完工产品和在产品之间进行分配。从成本计算期与产品的生产周期一致这一点来说，分批法一般不存在将生产费用在完工产品和在产品之间分配的问题。按产品批别归集的生产费用，如果到月末该批产品全部完工，这些生产费用就是本月完工产品的实际总成本；如果该批产品全部未完工，这些生产费用就是月末在产品成本。

如果是单件生产，产品完工以前的生产费用都是在产品成本，产品完工时的生产费用就是完工产品成本，因而在月末计算成本时，不存在将生产费用在完工产品和在产品之间分配的问题。如果是小批生产，批内产品一般都能同时完工，在月末计算成本时，或是全部已经完工，或是全部没有完工，因此一般也不存在将生产费用在完工产品与和在产品之间分配的问题。只有发生某一批别或某一订单产品跨月陆续完工的情况时，才需要在月末将生产费用在完工产品和在产品之间进行分配。

分批法适用于单件小批的单步骤生产，以及管理上不要求分步骤计算成本的多步骤生产企业，比如重型机械、精密仪器、专用设备、船舶、新产品试制、机器设备的专业修理等企业。主要有按订单组织生产的单件小批生产的企业、产品品种经常变动的企业、专门进行修理的企业及新产品试制车间。

3. 分步法

分步法是以产品的生产步骤为成本计算对象计算产品成本的方法。适用于大量大批多步骤生产，并且成本管理上要求分步计算的企业，如纺织、冶金、化工、水泥、造纸等连续加工式生产以及机械制造等行业。在这类企业中，生产过程由若干个生产步骤组成。例如，钢铁企业的生产可分为炼铁、炼钢、轧钢等步骤；纺织企业的生产可分为纺纱、织布、印染等步骤。每个生产步骤生产出的半成品（最后一个步骤产成品除外），既可用于下一步骤继续进行加工或装配，也可以对外销售。因此，为了加强各生产步骤的成本管理，不仅要求按照产品的品种计算各种产成品成本，还要求按照生产步骤计算各生产步骤的成本。分步法具有如下特点。

（1）以各生产步骤的产品及其经过的生产步骤作为成本计算对象。采用分步法计算产品成本时，通常按照产品的生产步骤和产品的品种设立“基本生产成本”明细账（产品成本计算单）。如果只生产一种产品，成本计算对象就是该种产品及其所经过的各生产步骤，产品成本明细账应该按照生产步骤设置；如果生产多种产品，成本计算对象则应该是各种产品及所经过的各生产步骤，产品成本明细账应该按照每种产品的各个步骤分别设置。

但应该注意的是，在实际工作中，成本计算的各步骤的划分要考虑成本管理的需要，成本计算步骤不一定与实际的生产步骤完全一致。各个企业应根据成本管理的需要，如果一个生产步骤就是一个车间，可按车间计算成本；或者几个车间合为一个步骤计算成本。总之，分步骤计算成本不一定就是分车间计算成本。

（2）成本计算期与会计报告期一致。大量大批生产的情况下，产品生产连续不断进行，产品成本定期按月计算，与会计报告期一致，与生产周期不一致。分步法的成本计算是定期按月进行的，而并非按产品的生产周期。由于分步法适用于大量大批多步骤生产企业，产品大量重复生产，成本计算期与生产周期不一致，但与会计报告期一致，每个会计报告期都要进行产品成本计算。

（3）一般需要在完工产品与月末在产品之间分配生产费用。在大量大批多步骤生产的企业，由于生产过程较长且可以间断，产品通常又是陆续投产和完工的，在月末计算产品成本时，各生产步骤一般都存在未完工的在产品。这样计入各生产步骤成本明细账中的生产费用，还需要采用适当的分配方法，在完工产品和月末在产品之间进行分配，计算各步骤的完工产品成本和月末在产品成本。

分步法按是否需要计算和结转各步骤半成品成本，分为逐步结转分步法和平行结转分步法两种。如果成本管理要求计算和结转各步骤半成品成本，可以采用逐步结转分步法计算产品成本；如果成本管理不要求计算各步骤半成品成本，可以采用平行结转分步法计算产品成本。逐步结转分步法按照各生产步骤生产的自制半成品成本在下一生产步骤产品成本明细账中的反映方法不同，又可分为综合逐步结转分步法和分项逐步结转分步法两种。

分步法的种类如图 2-2 所示。

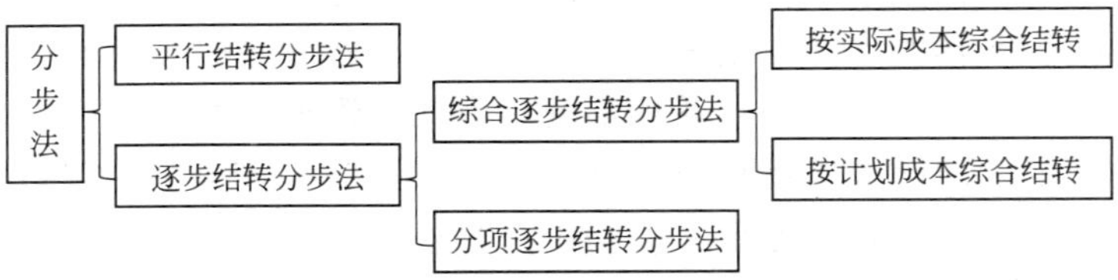

图 2-2　分步法种类图

分步法适用于大量大批多步骤生产，并且成本管理上要求按照步骤计算半成品成本的企业，如纺织、冶金、造纸及化工等连续加工式生产以及大批大量生产的机械制造行业。这些企业的生产过程存在若干个生产步骤，各个步骤的半成品或者可以对外销售，或者是本企业多种产品共同耗用，或者是半成品成本资料作为同行业成本考核分析的重要指标。企业为加强成本管理，不仅要求计算每种产品成本，还要计算各个步骤半成品成本。

二、辅助方法

辅助方法是指计算产品成本时不能独立使用，必须与三种基本方法中一种结合使用的成本计算方法。主要有分类法、定额法等。

1. 分类法

分类法是在企业或车间产品品种和规格繁多的情况下，为了简化计算工作，将不同品种、规格的产品按某种标准归类，先计算各类完工产品的成本，再按一定标准在类内产品之间进行分配，计算出类内各种产品成本的一种成本计算方法。分类法的成本计算要经过按产品类别计算成本和类内产品按品种计算成本两个成本计算阶段，最终算出完工产品成本。分类法不是一种独立的成本计算方法，而是一种产品成本计算的辅助方法，必须和其他基本方法结合使用。

分类法与产品的生产类型无关，可以在各种类型的生产中采用，只要产品品种、规格繁多，并可以按照一定的标准进行分类的企业均可采用。适用于用同样原材料，同样工艺过程，生产出不同类别和规格的产品，如，食品厂生产各种饼干、蛋糕、面包，服装厂生产各种不同种类和规格的服装等；适用于在生产主要产品生产过程中附带生产一些联产品、副产品和等级产品的企业，如，炼油厂可以从原油中提炼出汽油、煤油和柴油等几种主要产品，同时在炼油过程中还会产生的渣油、石油焦，这些产品所负担的生产费用一般需要采用一定的分配方法计算确定，必须采用分类法计算各种产品的成本；适用于除主要产品以外一些零星产品成本的计算，这些零星产品在生产工艺以及原材料的消耗上并不一定相近，但它们的品种、规格多，数量少，费用比重小，为了简化核算，这些零星产品也用分类法计算成本。

2. 定额法

定额法是以产品的定额成本为基础，加减脱离定额差异、材料成本差异和定额变动差异，进而计算产品实际成本的一种方法。定额成本是指根据企业现行材料消耗定额、工时定额、费用定额以及其他有关资料计算的一种成本控制目标，是计算产品实际成本的基础，也是企业对生产费用进行事中控制和事后分析的依据。定额法不是成本计算的基本方法，与企业生产类型没有直接联系，是为了加强成本管理，进行成本控制而采用的一种成本计算与成本管理相结合的辅助方法。定额法主要适用于定额管理制度比较健全，定额管理基础工作比较好，产品生产已经定型，各项消耗定额比较准确、稳定的企业，主要是大批量生产的企业。由于定额法的成本计算对象既可以是最终完工产品，也可以是半成品，所以定额法既可以在整个企业运用，又可以只运用于企业中的某些车间。

成本计算方法由成本计算对象、成本计算期和在产品的计价方法等要素组成。成本计算对象是归集和分配生产费用的对象，即是为计算产品成本而确定的生产费用的承担者；成本计算对象是确定成本计算方法的核心因素，也是区分成本计算方法的主要标志，成本计算对象不同，成本计算方法也就不同。成本计算期是指每次计算产品成本的期间，即生产费用归集与分配及计入产品成本的期间，可以是会计期间，也可是产品的生产周期。在产品的计价方法是指在产品成本的计算方法。

任务三　选择产品成本核算方法

根据《企业产品成本核算制度》的规定，企业应当根据生产经营特点和管理要求，确定成本核算对象，归集成本费用，计算产品的生产成本。企业采用哪种方法核算产品成本一方面取决于企业的生产类型，另一方面取决于企业管理的要求，成本管理要求的不同，选择的成本核算方法也不同。

一、单一成本核算方法的选择

1. 大量大批单步骤生产的企业选择品种法

在大量大批单步骤生产的条件下，由于生产工艺过程不能间断，不可能或不需要划分为几个生产步骤来计算产品成本，只能以产品品种作为成本计算对象。由于生产是连续不断进行的，企业不断投入原材料并不断地生产出产品，一般要以会计报告期作为成本计算期，所以成本计算期是定期的，与会计报告期一致，按照成本管理要求，通常按月进行成本计算。在单步骤大量大批生产条件下，生产的连续不间断性和产品的生产周期短的特点，使生产过程中一般没有在产品，或期末在产品数量少，或各期在产品数量大致相同，因而期末在进行产品成本计算时，生产费用不需进行分配。

2. 大量大批多步骤生产的企业选择品种法或分步法

在多步骤生产中，由于工艺过程是由许多个可以间断的、分散在不同地点进行的生产步骤所组成的。因而，不仅可以以产品品种为成本计算对象，还可以以产品的生产步骤为成本计算对象。因为在大量大批生产的企业中，生产活动是连续不断地进行着，因而产品成本的计算要定期在月末进行，成本计算期与会计报告期一致，但与产品生产周期不一致。由于生产连续进行，投入与产出并存，投料与完工同在，各个生产步骤必然保持着一定数量但完工程度不同的在产品，而且它们在各期也不尽一致，因而期末在进行产品成本计算时，生产费用必须进行分配。

3. 单件小批单步骤生产的企业选择分批法

单件小批单步骤生产的企业，是按订货方的订单或企业生产计划部门下达的生产批号来组织生产，生产过程简单，一步完成，所以以订单或生产批号作为成本计算对象。在单件小批单步骤生产中，由于生产一般是不重复进行的，批量不大且批内产品基本同时完工，因此产品成本只能在某件产品或某批产品完工后才能最终确定，所以成本计算期是不定期的，与产品的生产周期一致。在单步骤生产条件下，生产的连续不间断性，使生产过程中一般没有在产品，因而期末在进行产品成本计算时，生产费用不需进行分配。

4. 单件小批多步骤生产的企业选择分批法或分步法

单件小批多步骤生产的企业与单件小批单步骤的企业比较，前者的生产步骤增多，所以企业既可以以订单或生产批号作为成本计算对象，也可以以生产步骤为成本计算对象，具体选择哪个，根据企业管理的具体需要来确定。如果管理上需要每一步产品成本的数据，则选择分步法；否则，选择分批法。如果选择分步法，成本计算按月定期计算，成本计算期与会计报告期一致；如果选择分批法，成本计算期是不定期的，与产品的生产周期一致。在单件小批多步骤生产企业中，一批产品一般同时投入，同时完工，成本要到该批产品完工后才能计算，同批产品未全部完工前，所归集的生产费用都是在产品成本，同批产品全部完工后，所归集的生产费用就是该批完工产品的成本，所以不存在生产费用在完工产品和在产品之间的分配。

二、多种成本核算方法的选择

实际工作中，由于生产特点和管理要求的不同，企业会同时采用几种方法，或将几种方法结合使用。

企业都是由若干个生产单位组成的，可能由若干个车间组成，也可能是若干个分厂组成，各个生产单位的生产特点和管理要求可能不同，不同生产单位就应采用不同的成本计算方法；同一个生产单位所生产的各种产品的生产特点和管理要求也不一定相同，不同的产品也应采用不同成本计算方法。因此，在一个企业或企业的生产单位中，往往同时采用多种成本计算方法。如企业的基本生产车间采用的是分步法，而辅助生产车间可能采用品种法。

在一个企业里，对某种产品也可能会同时应用几种成本计算方法，可能是几种基本方法同时应用，也可能是几种基本方法与辅助方法同时应用（表 2-1）。例如，在单件小批生产的电梯生产企业中，产品的主要生产过程是由铸造、机加工、装配等相互关联的各个生产阶段所组成的，其最终产品应采用分批法进行成本计算；但从各个生产步骤看，由于其特点和管理要求不同，计算方法就有所不同。如在铸造阶段，由于品种少，并可直接对外出售，可采用品种法进行成本计算；从铸造到机加工阶段，由于连续或多步骤生产，就可以采用分步法计算成本。再如服装制造企业，属于大量大批生产，可以采用品种法或分步法，但是，由于产品品种规格较多，且可以按照一定标准分为若干类别，因而，就可以在采用这些基本计算方法的基础上，结合采用分类法计算产品成本。

在一个企业里，所采用的成本计算方法并不是一成不变的，应根据企业生产的发展和企业管理水平的提高，修改成本计算方法，以适应新形势的需要。特别是我国经济体制改革不断深入发展，企业生产类型可能变动，由过去的单件生产转化为大量大批生产，由过去的单步骤生产转变为多步骤生产，或成本管理要求提供更多的成本资料，都要求企业对原有的成本计算方法进行调整，以适应新形势发展的需要。

表 2-1 产品成本计算方法与企业生产类型的关系表

成本计算方法	工艺过程特点和管理要求	生产组织特点	成本计算对象	成本计算期	在产品成本计算
品种法	单步骤生产	大量大批生产	产品品种	按月定期计算	不计算在产品成本
	管理上不要求计算每步骤成本的多步骤生产	大量大批生产	产品品种	按月定期计算	按需计算在产品成本
分批法	单步骤生产或管理上要求按批计算成本的多步骤生产	单件小批生产	产品批别	与生产周期一致	按需计算在产品成本
分步法	管理上要求分步骤计算成本的多步骤生产	大量大批生产	品种及步骤	按月定期计算	按需计算在产品成本
分类法	产品品种规格繁多，所用原材料、生产工艺过程基本相同的生产	大量大批生产	产品类别	按月定期计算	按需计算在产品成本
		单件小批生产	产品类别	与生产周期一致	
定额法	产品消耗定额合理、稳定且定额管理基础较好的生产	各种组织形式的生产	品种、批别及步骤	按月定期计算或与生产周期一致	按需计算在产品成本

通过前述分析，已经确定卡州公司是大量连续式多步骤生产的企业，由于在多步骤生产中，工艺过程是由许多个可以间断的、分散在不同地点进行的生产步骤所组成的。因而，不仅可以以产品品种为成本计算对象，还可以以产品的生产步骤为成本计算对象；也就是说，卡州公司可以选择品种法，也可以选择分步法作为成本计算的基本方法，这时就要看公司管理层的要求了，应根据公司管理的需要来具体确定用哪种计算方法。卡州公司在管理上不需要计算产品生产每步骤的成本，也就是说不需要采用分步法计算每一步骤中产品的成本，这样该公司就可以确定品种法为自己的成本计算方法了。

任务四 确定产品成本项目

成本是在商品经济的产物，是影响企业竞争力的重要因素。成本是对象化的生产费用；生产费用是生产产品或提供劳务所发生的费用；费用是企业的一种支出。可见，支出、费用及成本三者是相互联系的，为正确核算成本，确定成本项目，须正确认识支出、费用和成本。

一、认识支出、费用及成本

1. 支出、费用和成本

（1）支出。支出是会计主体在经济活动中所发生的所有开支与耗费，包括如下几个内容。

① 资本性支出。指该支出的发生不仅与本期的收入有关，还与以后会计期间的收入有关，如企业购置的固定资产、无形资产和对外投资等的支出。

② 收益性支出。指该支出的发生仅与本期收益相关，可以直接冲减当期收益，如企业生产经营过程中发生的材料、工资等支出。

③ 投资性支出。指让渡本企业资产的使用权形成的支出。它一般形成的是对外投资，如股票投资、债券投资等。

④ 营业外支出。指与企业的生产经营业务没有直接联系的支出，如企业支付的罚款、违约金、赔偿金、赞助费和非常损失等。

⑤ 利润分配支出。指企业利润分配过程中发生的开支，如企业支付的现金股利等。

（2）费用。费用是指企业日常活动中发生的会导致所有者权益减少的与向所有者分配利润无关的经济利益总流出。在成本核算中为了进行成本管理，正确计算产品成本和期间费用，需要对费用进行分类（图 2-3）。

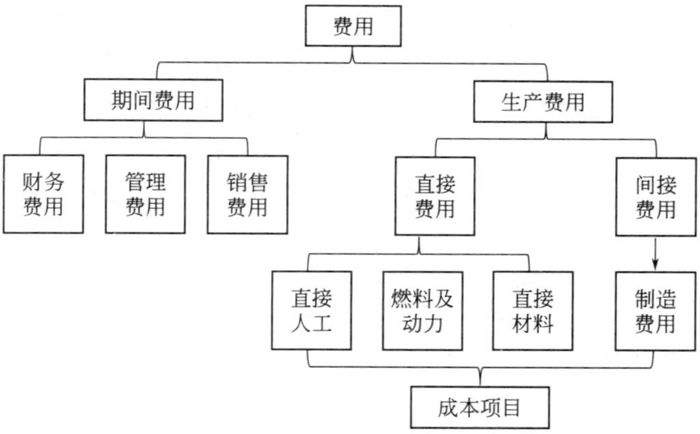

图 2-3 费用的经济用途分类

① 按费用的经济用途分为生产费用和期间费用。

生产费用是企业一定时期为生产产品和提供劳务所发生的各项耗费，是与产品生产直接相关的各种耗费，如生产产品所用的材料费用、职工薪酬和机器设备磨损费用等。生产费用按其计入产品成本的方法，又可以分为直接费用和间接费用：直接费用是指费用发生时就能明确归属于某成本计算对象，可以直接计入该成本计算对象的费用：如果直接材料、直接人工等费用；间接费用是指费用发生时无法归属于某成本计算对象，必须先进行归集，然后再分配计入各成本计算对象的费用，如制造费用是先车间进行归集，然后再按受益对象进行分配。

期间费用是企业一定会计期间内与企业的经营活动密切相关的各项开支，与产品生产无直接关系，应在发生的当期冲减收益，包括销售费用、管理费用和财务费用。

② 按费用的经济内容分为劳动对象的费用、劳动手段的费用和活劳动的费用三大类。

这种分类在会计上称为要素费用，可具体划分为外购材料与燃料、外购动力、工资及福利费、折旧与修理费、利息支出、税金及其他七项要素。区分要素费用，可以反映企业在一定会计期间发生哪些费用，分析各个时期要素费用的构成和水平，为企业控制流动资金占用及编制材料采购计划提供依据。

费用是企业支出的组成部分，在企业支出中，与企业生产经营相关的支出可以表现或转化为费用，否则是不能作为费用核算的。比如，为生产产品而购买材料的支出，生产领用时直接作为产品成本核算，购买固定资产的支出通过提取折旧的形式转化为费用，而企业经营过程中罚款、向投资者分配利润及上缴国库的所得税等支出都与产品的生产无关，不能作为费用核算，也不会转化为费用。

（3）成本。成本在不同领域，人们对成本有着不同的理解，即使在同一领域内，对成本的理解也不尽相同，按照我国《企业产品成本核算制度》的规定，产品是指企业日常生产经营活动中持有以备出售的产成品、商品、提供的劳务或服务。产品的成本是指企业在生产产品过程中所发生的材料费用、职工薪酬等，以及不能直接计入而按一定标准分配计入的各种间接费用。这里所说的产品是指广义的产品，不仅包括无实物形态的劳务或服务，还包括具有实物形态的狭义产品。狭义产品是指制造业加工完成具有使用价值，可以对外出售的物品。成本会计所核算的成本是指广义的产品成本。

2. 支出、费用、成本三者的关系

支出是企业经济活动过程中的所有开支与耗费，不仅包括与生产经营活动无关的开支，如罚款支出、利润分配支出等，还包括与生产经营活动相关的支出，如，收益性支出和资本性支出。收益性支出直接表现为费用，资本性支出可以转化为费用。由此可见，费用是支出的组成部分。如前所述，费用可分为生产费用和期间费用，对象化的生产费用是成本，也就是说，成本是费用的组成部分。由此可以判断，支出范围最大，支出包括费用，费用包括成本，成本的范围最小。三者之间的关系见图 2-4。

<table>
<tr><td colspan="12">支　出</td></tr>
<tr><td colspan="2">资本性支出（转化为费用）</td><td colspan="6">收益性支出</td><td rowspan="6">投资性支出</td><td rowspan="6">营业外支出</td><td rowspan="6">利润分配支出</td><td rowspan="6">所得税支出</td></tr>
<tr><td colspan="7">费用</td><td rowspan="5">税金及附加</td></tr>
<tr><td colspan="4">生产费用</td><td colspan="3">期间费用</td></tr>
<tr><td colspan="3">直接费用</td><td>间接费用</td><td rowspan="3">管理费用</td><td rowspan="3">销售费用</td><td rowspan="3">财务费用</td></tr>
<tr><td>直接材料</td><td>直接职工薪酬</td><td>燃料及动力</td><td>制造费用</td></tr>
<tr><td colspan="4">对象化为成本</td></tr>
</table>

图 2-4　支出、费用、成本三者之间的关系图

3. 正确划分成本、费用及支出界限

为了正确计算产品成本，为成本管理提供正确的成本资料，必须正确划分以下几个费用支出的界限。

（1）正确划分收益性支出与资本性支出的界限。企业应根据《企业会计准则》以及成本开支范围的要求，正确划分收益性支出和资本性支出的界限。

凡为日常生产经营活动所发生的并由当期收入补偿的各项支出，都属于收益性支出，其支出应视具体情况，计入产品成本或期间成本；反之，不是为日常生产经营活动所发生，并应由以后各期实现的收入逐步加以补偿的各项支出，都属于资本性支出，其支出应计入有关资产的价值，予以资本化，如购置和建造固定资产的支出、无形资产的支出等。

（2）正确划分产品成本与期间费用的界限。正确划分企业产品成本与期间费用的界限，对于明确产品成本与损益的概念，控制企业人为调节成本、减少亏损、避免利润虚增，具有重要意义。

企业发生的收益性支出，并不一定全部计入产品成本，只有为生产产品所发生的材料支出、工资支出、费用支出等才计入产品成本；而那些为销售产品所发生的销售费用，为管理和组织企业生产经营活动所发生的管理费用，为筹集资金所发生的财务费用，虽然都是在经营过程中发生，但与产品生产无直接关系，因此应计入期间费用，从当期利润中扣除。

（3）正确划分本期成本、费用和下期成本、费用的界限。企业会计核算遵循的是权责发生制。依据此原则，本期发生的费用不一定是本期支出，相反，本期的支出也不一定都形成本期费用。成本核算应该按照权责发生制和配比原则的规定计算，只有应由本期负担的费用，才能计入当月的产品成本和期间成本；反之，则不应计入。同样，对于应计入当月的产品成本和期间成本，也不应递延到下期和以后各期。

（4）正确划分不同产品成本的界限。企业生产的产品一般种类较多，为了正确计算各种产品的成本，必须按照费用归属对象划分各种不同产品的界限。

凡属于某种产品单独发生，能够直接计入该种产品的成本，均应直接计入该种产品成本；凡属于几种产品共同发生而不能直接计入某种产品的成本，均应采用适当的分配方法，分配给不同的产品。应当防止在盈利产品与亏损产品之间、可比产品与不可比产品之间任意转移生产成本，借以掩盖成本超支或以盈补亏的错误做法。

（5）正确划分完工产品成本和期末在产品成本的界限。期末计算产品成本时，如果某种产品已全部完工，那么，这种产品的生产成本之和就是该产品的完工入库成本；如果某种产品全部未完工，那么这种产品的各项生产成本之和就是该产品的期末在产品的成本。如果某种产品既有完工产品，又有在产品，则应将这种产品的各项生产成本，采用适当的分配方法在完工产品与期末在产品之间进行合理分配，分别计算完工产品成本和月末在产品成本。明确厘清完工产品成本和期末在产品成本界限的目的在于防止任意提高或降低期末在产品成本、人为调节完工产品成本的情况发生。

综上所述，划分成本费用界限的过程，就是计算产品成本和期间费用的过程；费用划分是否正确，直接影响产品成本计算的准确性。检查和评价成本计算工作是否正确、合理，也是主要看上述几个方面的费用界限划分得是否正确、合理。

二、确定成本项目

1. 成本项目的内容

成本项目是生产费用按经济用途进行分类核算的项目。制造业成本项目一般包括：直接材料、燃料及动力、直接人工和制造费用等项目。成本项目在生产成本明细账中作为栏目，用于反映产品成本的经济构成，以及在生产过程中耗费的不同资源情况。

2. 确定成本项目

企业应当根据生产经营特点和管理要求，按照成本的经济用途和生产要素内容相结合的原则或者成本性态等设置成本项目。制造企业一般设置直接材料、燃料及动力、直接人工和制造费用等成本项目。

直接材料是指构成产品实体的原材料以及有助于产品形成的主要材料和辅助材料；燃料及动力是指直接用于产品生产的燃料和动力；直接职工薪酬是指直接从事产品生产的工人的薪酬；制造费用是指企业为生产产品和提供劳务而发生的各项间接费用，包括企业生产部门（如生产车间）发生的水电费、固定资产折旧、无形资产摊销、管理人员的职工薪酬、劳动保护费、国家规定的有关环保费用、季节性和修理期间的停工损失等。

如果企业产生的废品数量比较多，且废品损失金额比较大，企业为加强废品损失的控制，应当设置“废品损失”账户，并在生产成本明细账中增设“废品损失”成本项目，便于废品损失的分析与控制；如果企业只是偶然产生废品，且废品损失金额不大，废品损失可以不单独核算，不需要增设“废品损失”账户，生产成本明细账中也不需要增设“废品损失”成本项目。如果企业经常有停工现象，为考核和控制企业停工期间发生的各项费用，应当设置“停工损失”账户，并在成本明细账中增设“停工损失”成本项目。

企业内部管理有相关要求的，还可以按照现代企业多维度、多层次的成本管理要求，利用现代信息技术对有关成本项目进行组合，输出有关成本信息。

通过前述分析，卡州公司是大量连续式多步骤生产的企业，在管理上不需要计算产品生产每步骤的成本，确定品种法为公司的成本计算方法。卡州公司属于制造企业，一般情况下必须设置“直接材料”“直接职工薪酬”和“制造费用”三个成本项目。由于卡州公司设有三个基本生产车间和三个辅助生产车间，第一车间需要消耗大量的燃料，说明燃料和动力消耗量大，应设“燃料及动力”成本项目。又由于该公司在产品的生产过程中，废品出现比较频繁且数额较大，为有效地控制产品成本，该公司管理层要求单独核算废品损失，应在生产成本明细账增设“废品损失”成本项目。综上所述，卡州公司应设“直接材料”“直接职工薪酬”“制造费用”“燃料及动力”和“废品损失”五个成本项目。

【课后演练】

一、单项选择题

1. 工业企业产品生产成本是为生产一定种类、一定数量的产品所支出的各项（　　）。

A. 生产费用之和　　B. 管理费用之和　　C. 销售费用之和　　D. 财务费用之和

2. 下列各项中不应计入产品成本的是（　　）。

A. 行政办公楼折旧费　　B. 销售人员差旅费

C. 车间主任的工资　　D. 银行借款的利息

3. 大量大批单步骤生产企业采用的成本计算方法是（　　）。

A. 品种法　　B. 分批法

C. 分步法　　D. 以上三种都可以

4. 产品生产在工艺流程上不能间断，不能分散在不同的地点进行生产，只能由一个企业独立完成，而不能由几个企业协作进行的生产类型是（　　）。

A. 单步骤生产　　B. 多步骤生产　　C. 大批生产　　D. 大量生产

5. 分步法适用于（　　）。

A. 单件小批生产　　B. 大批大量生产

C. 大量大批多步骤生产　　D. 单步骤生产

6. 精密仪器企业采用的成本计算方法是（　　）。

A. 单件小批生产　　B. 大批大量生产

C. 大量大批多步骤生产　　D. 单步骤生产

7. 炼油厂从原油中可以提炼出汽油、煤油和柴油等几种主要产品，同时在炼油过程中产生的渣油、石油焦，这些产品成本的计算采用（　　）。

A. 标准成本法　　B. 作业成本法　　C. 定额法　　D. 分类法

8. 企业购买股票的支出属于（　　）。

A. 收益性支出　　B. 资本性支出　　C. 投资性支出　　D. 利息支出

9. 在下列各项中，不能单独应用的是（　　）。

A. 品种法　　B. 分批法　　C. 分步法　　D. 定额法

10. 下列项目中不能计入产品成本的费用是（　　）。

A. 企业管理人员的工资及福利费　　B. 企业支付的动力费用

C. 生产工人的工资及福利费　　D. 车间管理人员工资及福利费

二、多项选择题

1. 成本计算的基本方法有（　　）。

A. 品种法　　B. 分批法　　C. 分步法　　D. 分类法

2. 品种法的基本特点包括（　　）。

A. 成本核算对象是产品品种

B. 一般定期计算产品成本

C. 一般不存在完工产品与在产品之间分配成本的问题

D. 成本计算期与产品的生产周期基本一致

3. 定额法应用的条件有（　　）。

A. 各项消耗定额比较准确、稳定

B. 各月份间接计入费用水平相差不多

C. 定额管理制度比较健全

D. 定额管理工作的基础较好

4. 产品成本计算的辅助方法包括（　　）。

A. 品种法　　B. 分类法　　C. 分批法　　D. 定额法

5. 下列属于直接生产费用的有（　　）。

A. 生产工人工资　　B. 原材料

C. 车间设备折旧费　　D. 煤炭

6. 下列属于间接生产费用的有（　　）。

A. 供水车间的费用　　B. 财务人员的差旅费

C. 车间技术员的工资　　D. 车间公用电费

7. 下列属于成本项目的是（　　）。

A. 直接材料　　B. 直接人工　　C. 制造费用　　D. 废品损失

8. 产品成本开支范围包括（　　）。

A. 行政管理部门的各种管理费用　　B. 生产产品消耗的材料费用

C. 生产产品消耗的动力费用　　D. 生产过程中发生的废品净损失

三、判断题

1. 根据企业生产经营特点和管理要求，单步骤大批量生产的产品一般采用品种法计算产品成本。（　　）

2. 同一产品、同一步骤、相同的成本项目可以采用不同的成本计算方法。（　　）

3. 在所有的成本计算方法中，品种法是最基本的方法，计算出每种产品的单位成本是企业进行成本计算的最终目的。（　　）

4. 实际工作中，由于生产特点和管理要求的不同，企业会同时采用几种方法，或将几种方法结合使用。（　　）

5. 产品成本是生产产品时发生的各种制造费用之和。（　　）

6. 分类法与产品的生产类型无关，可以在各种类型的生产中采用，产品品种、规格不多，并可以按照一定的标准进行分类的企业均可采用。（　　）

7. 定额法不是成本计算的基本方法，与企业生产类型没有直接联系，是为了加强成本管理，进行成本控制而采用的一种成本计算与成本管理相结合的辅助方法。（　　）

M2-1

参考答案

项目三

用品种法核算产品成本

【工作任务】

承接前述任务，卡州公司大量生产 BZ1、BZ2 两种产品，每种产品都依次经过第一车间、第二车间、第三车间三个基本生产车间的三道工序加工，最后由第三车间加工完成验收合格后包装移送至成品库。设有机修车间、供电车间和供汽车间三个辅助生产车间，机修车间从事设备维护及修理，运输车间为公司各个部门提供电力，供汽车间为基本生产提供蒸汽。生产过程中没有自制半成品，不设自制半成品库。各种费用分配率的计算保留至小数点后六位，分配金额保留至小数点后两位，分配金额的尾差计入最后的分配对象。卡州公司有关产品成本核算资料如下。

（1）卡州公司 2019 年 8 月各车间生产情况见表 3-1。

表 3-1　2019 年 8 月各车间生产情况表

项目	第一车间		第二车间		第三车间	
	BZ1	BZ2	BZ1	BZ2	BZ1	BZ2
月初在产品数量	9	6	9	7	12	8
本月投产量	80	100	78	94	72	92
本月完工产品产量	78	94	72	92	72	90
本月废品数量			5		4	
月末在产品数量	11	12	10	9	8	10

（2）卡州公司单位产品定额见表 3-2。

表 3-2　单位产品定额表

产品名称	工序	工时定额 / 工时	材料消耗定额 / 千克	燃料消耗定额 / 千克
BZ1	1	66	100	300
	2	68	110	
	3	86	130	
	小计	220	340	300
BZ2	1	46	80	228
	2	66	86	
	3	68	94	
	小计	180	260	228

要求：核算卡州公司 8 月份的产品成本。

【任务分析】

在模块二中，已经明确了卡州公司属于大量连续式多步骤生产的企业，由于卡州公司在管理上不需要计算产品生产中每步骤的成本，选择品种法作为该公司的成本计算方法；同时，确定了卡州公司的成本项目为“直接材料”“直接工资”“制造费用”“燃料及动力”和“废品损失”。本模块在此基础上，应按品种法的核算程序，为卡州公司进行成本核算。

【任务操作步骤】

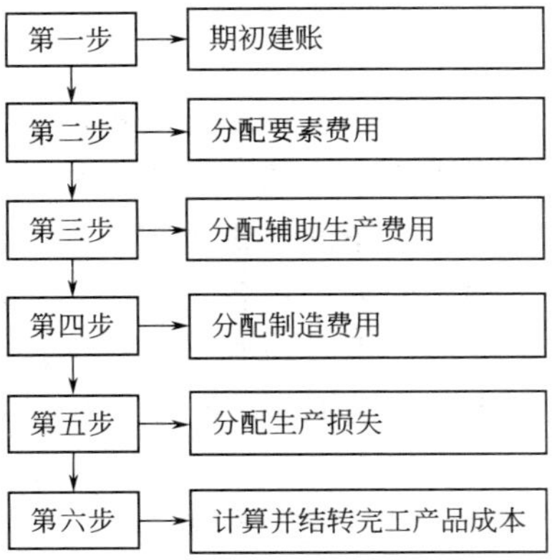

【任务操作】

品种法在企业成本核算中被广泛应用，是企业成本核算的最基本方法，成本计算基本方法中的分批法、分步法也是以品种法为基础的，是以品种法为基础发展起来的。

任务一　期初建账

采用品种法核算产品成本，期初应按产品的品种开设“基本生产成本”明细账，按辅助生产车间及其提供劳务（或产品）开设“辅助生产成本”明细账，按生产车间开设“制造费用”明细账。如果企业单独核算“废品损失”和“停工损失”，还应开设“废品损失”和“停工损失”明细账。以上账页均采用多栏式明细账。

一、按产品品种开设“基本生产成本”明细账

品种法下“基本生产成本”明细账的设账方式有两种：一种是将“生产成本”作为总账，“基本生产成本”作为二级账，产品的品种作为明细账；另一种是将“基本生产成本”作为总账，产品的品种作为二级账（即为明细账）。期初建账需要登记多栏式明细账的表头，注明“生产成本”或“基本生产成本”明细账，同时，在账页的右上角填写二、三级科目及名称，用于归集产品生产过程发生的各项生产费用。每年1月份期初建账有期初余额的明细账应登记期初余额，从2月份开始，如果需要启用新的账簿需要登记期初余额；如果不需要启用新的账簿，应在上个月月末在产品的下一行继续登记即可，因为，上个月月末在产品即为本月月初在产品成本，无须再登记月初余额。

二、按辅助生产车间及提供的劳务（或产品）开设“辅助生产成本”明细账

从事辅助生产的车间称为辅助生产车间。辅助生产车间是为企业生产经营活动提供辅助服务的，一般是为基本生产车间和管理部门生产产品或提供劳务，不对外销售，属于非商品性的生产。辅助生产车间一般有两种类型：一种是只生产一种产品或只提供一种劳务，如供电、供水、供气、供暖等辅助生产车间；另一种是生产多种产品或者提供多种劳务，如从事工具、模具、修理用备件的制造及机器设备修理等辅助生产车间。辅助生产费用是指辅助生产车间为生产产品、提供劳务所发生的各种费用，用“辅助生产成本”账户核算。

“辅助生产成本”用于归集和分配辅助生产车间在为基本生产车间提供服务时发生的各项辅助生产费用。“辅助生产成本”明细账的设账方式与“基本生产成本”明细账的设账方式类似，也有两种：一种是将“生产成本”作为总账，“辅助生产成本”为二级账，辅助车间的名称及提供的劳务（或产品）为明细账；另一种是将“辅助生产成本”作为总账，辅助生产车间的名称设为二级账，辅助车间提供的劳务（或产品）为明细账。“辅助生产成本”明细账内按照成本项目或费用项目设置专栏进行明细核算。由于“辅助生产成本”账户的余额一般在期末要分配计入相应的成本费用账户。所以，“辅助生产成本”账户期末一般无余额，如果有余额，表示辅助生产的月末在产品成本。

三、按生产车间开设“制造费用”明细账

产品成本中除了直接材料费用、燃料及动力和直接人工费用以外的费用就是制造费用。制造费用有直接用于产品生产，但在管理上不要求或核算上不方便单独核算，而没有专设成本项目的费用，如机器设备的折旧费、生产工具的摊销、设计制图费等；还有间接用于产品的生产的费用，如车间生产用房屋的折旧费、租赁费、车间生产用固定资产的季节性或大修理期间的停工损失等；此外，还包括车间在组织和管理生产过程中发生的费用，如车间管理人员工资与福利费用、车间生产用的照明费、取暖费、差旅费和办公费等。

制造费用是通过按生产车间开设的“制造费用”明细账核算，“制造费用”明细账中各栏目填写的制造费用项目要便于企业之间以及企业不同时期之间进行制造费用的分析和考核。为此，制造费用构成项目必须规定统一。为了简化制造费用的核算，制造费用的项目按费用的经济性质或经济用途设置，将性质相近或内容相同的费用合并进行设立的。构成制造费用明细项目主要有：工资及福利费、折旧费、修理费、保险费、机物料消耗费、经常性租赁费、水电费、取暖费、办公费、劳动保护费、差旅费、设计制图费、试验检验费、在产品盘亏、毁损与报废（减盘盈）以及季节性和修理期间停工损失等。实际工作中，企业也可以根据管理需要和费用发生的具体情况对上述部分费用项目进行合并或细分，但这种增删应遵循一致性的会计原则，以保证成本费用资料的可比性。

辅助生产车间制造费用的核算分为设置“制造费用”账户与不设置“制造费用”账户两种做法。如果辅助生产车间只生产一种产品或提供一种劳务，可将所发生的各种费用直接记入有关“辅助生产成本”的产品或劳务的明细账内，不用专设“制造费用”账户；如果辅助生产车间生产多种产品或提供多种劳务，则应设置“制造费用——××辅助生产车间”明细账，核算该车间发生的管理、服务等间接费用，通过辅助车间制造费用的分配计入“辅助生产成本”账户。

四、按车间及产品品种开设“废品损失”明细账

基本生产车间废品损失分为不单独核算废品损失和单独核算废品损失两种核算方式。辅助生产车间由于规模一般不大，为了简化核算工作，不单独核算废品损失。

生产中很少会产生废品、管理上也不需要单独考核废品损失的企业，可不单独核算废品损失，不需要设置“废品损失”明细账；单独核算废品损失，可以单独设置“废品损失”总账，也可在“生产成本”账户下设置“废品损失”明细账户组织核算。“废品损失”账户应按生产单位、产品品种进行明细分类核算，借方核算不可修复废品的生产成本和可修复废品的修复费用，对于不可修复废品的已耗成本应根据废品成本计算单登记；贷方核算回收的残料价值、应向责任人索赔及转入当期产品成本的净损失额；该账户月末没有余额。

五、按车间及产品品种开设“停工损失”明细账

停工是指企业生产过程中，由于停电、待料、机器设备故障、机器设备修理、发生非常灾害以及计划压缩产量等原因造成的生产中断。企业的停工可分为计划内停工和计划外停工。计划内停工是指企业制订生产计划时已经预计到的停工，如机器设备大修理、季节性停产等，计划内停工不核算停工损失；计划外停工是指企业制订生产计划时不能预计的各种事故造成的停工，如停电、停产待料、设备故障、非常灾害等停工，计划外停工要核算停工损失，但停工不满 1 个工作日的，一般不计算停工损失。

停工损失是指由于停工而损失的材料费用和停工期间发生的人工费用等各项费用。包括停工期内发生的燃料及动力费、损失的材料费用、应支付的生产工人工资及福利费等；不包括应由过失人赔偿的赔款。为了简化核算，生产单位不满 1 个工作日的停工，可以不计算停工损失。季节性生产的企业在停工期内发生的费用，由开工期内的生产成本负担，不作为停工损失处理。

为考核和控制企业停工期间发生的各项费用，企业可以单独设置“停工损失”账户并在成本项目中增设“停工损失”成本项目。“停工损失”账户的借方归集本月发生的停工损失，贷方登记分配结转的停工净损失，月末一般无余额。

卡州公司应根据所生产的产品品种 BZ1、BZ2 开设“生产成本”明细账，该公司选择将“生产成本”作为总账，期初建账如下：

（1）在多栏式明细分类账表头的双横线处写上“‘生产成本’明细账”；

（2）在账页的右上角处依次填写“二”“基本生产成本”“三”“BZ1 产品（或 BZ2 产品）”；

（3）在金额分析处的括号内填写“借”；

（4）在年前处填写“2019”；

（5）在第一至第五栏目内分别填写“直接材料”“燃料及动力”“直接人工”“制造费用”和“废品损失”5 个成本项目；

（6）在账簿的第一行登记期初余额。卡州公司 BZ1、BZ2 产品 8 月份的生产成本明细账继续用 7 月份的，无须登记期初余额，7 月份月末在产品成本为 8 月初期初余额。

卡州公司按辅助生产车间开设“辅助生产成本”明细账，参照“基本生产成本”明细账，把二级账“基本生产成本”换成“辅助生产成本”，三级账“BZ1”换成“机修车间”等辅助生产车间的名称，栏目内填写成本项目的名称。

根据卡州公司的生产情况，该公司按基本生产车间设置“制造费用”明细账，辅助生

产车间不开设“制造费用”明细账。

由于卡州公司在产品的生产过程中废品出现比较频繁且数额较大，为了有效控制产品成本，该公司管理层要求单独核算废品损失，该公司选择单独设置“废品损失”明细账。卡州公司单独设置“停工损失”明细账。

任务二 分配要素费用

要素费用是企业在生产过程中发生的外购材料费用、动力费用、职工薪酬、折旧及摊销费用、利息支出、税金及附加等费用。要素费用的归集与分配就是对这些费用进行确认、计量、分配计入产品成本。分配外购材料费用、动力费用、职工薪酬等要素费用没有先后顺序。

一、归集与分配材料费用

材料费用是指制造企业产品生产经营过程中实际消耗的原料及主要材料、辅助材料、燃料、外购半成品、修理备用件、包装物和低值易耗品等费用，分配材料费用应先对发生的材料费用进行归集，然后再按一定的标准进行分配。

1. 归集与分配原材料费用

（1）取得领（退）料凭证。领（退）料凭证主要包括限额领料单、领料登记表、退（废）料单和领料单。

① 限额领料单。限额领料单是一种在规定时期和规定限额内可多次使用的领发料累计凭证，一般一式三联：一联交领料部门，据以领料；另两联仓库留存，据以发料，月终，仓库汇总实际发料数和余额后，一联交给财务部门记账，另一联仓库登记账簿归档备查。采用限额领料单是为了有效控制材料的使用，适用于经常使用并已经制定消耗定额的材料领发。限额领料单的一般格式见表 3-3。

表 3-3 限额领料单

领料部门：　　　　　　　　　　　　　　　　　　　　　第号：

用途：　　　　　　　　　　年　月　　　　　　　　　　发料仓库：

材料编号	材料名称规格	计量单位	领用限额	实发		
				数量	单价 / 元	金额 / 元
日期	领用		退料			限额结余数量
	数量	领料人	数量	退料人	收料人	

第二联财务记账

生产部门负责人：　　　　　　供应部门负责人：　　　　　　仓库负责人：

② 领料登记表。领料登记表是一种多次使用的领料凭证，一般是一式三联，平时留存仓库，领料部门领料时由收料人签收，仓库根据领用数额登账；月终，仓库汇总领用金额后，一联交领料部门，一联仓库留存，一联交给财务部门登账。采用领料登记表可以节省领料单，便于汇总。领料登记表的一般格式见表 3-4。

表 3-4 领料登记表

年		领用部门	名称及规格	计量单位	数量 / 元	单价 / 元	金额 / 元	领用人签字	备注
月	日								

第二联财务记账

主管： 库管员：

③ 材料退料单。对于本期生产剩余的原材料，应由领用部门填写退料单，并据以退回仓库。退料单是一种已领用材料多余退库的凭证，一般一式三联，收退料单位、发料仓库、财务部门分别留存。月末生产车间多余材料退回有两种情况：当月末多余材料下月不再使用时，应办理退料手续，填制本月的退料单或红字领料单，以冲减本月领料数，同时将实物退回仓库；当月末多余材料下月还需要继续使用时，为保证车间成本计算的正确性及避免手续上的麻烦，应办理“假退料”手续，同时填制本月份的退料单或红字领料单和下月的领料单，以冲减本月领料数量，并转作下月领料数量，实际上“假退料”只做领料和退料的凭证传递，实物不需要退回仓库。材料退料单的一般格式见表 3-5。

表 3-5 材料退料单

年 月 日

退料部门：__________			生产通知单：____________ 退料原因：____________		
序号	原料名称	批号	计量单位	数量	备注

第二联财务记账

主管： 退料人： 复核： 制单：

④ 领料单。领料单是一种一次性使用的领发料凭证，一般是一式三联：一联留在领料单位备查；一联留在发料仓库，据以登记材料明细账；一联交给财务部门，据以进行材料收发和材料费用的核算。为节约篇幅，本教材的领料单是成本核算期内同一个生产部门所领用的原材料汇总在一个领料单内。

卡州公司材料发出采用计划成本法，公司的财务人员在 8 月份应把取得的领料单归集在一起，便于进行下一步的发料汇总，取得的领料单见表 3-6 ～表 3-11。

表 3-6 领料单

领料部门：第一车间 2019 年 8 月 4 日 No：1

材料类别	品名及规格	单位	数量		计划单价 / 元	计划金额 / 元	用途
			请领	实领			
原材料	A1	千克	580	580	20.00	11600.00	BZ1、BZ2 产品共用
原材料	A2	千克	610	610	23.00	14030.00	BZ1 产品用
原材料	B1	千克	710	710	34.00	24140.00	BZ1、BZ2 产品共用
原材料	B2	千克	560	560	26.00	14560.00	BZ2 产品用
合计						¥64330.00	

第二联财务记账

记账： 发料单位主管： 发料人： 领料单位主管： 领料人：

表 3-7　领料单

领料部门：第二车间　　2019 年 8 月 5 日　　No：2

材料类别	品名及规格	单位	数量		计划单价/元	计划金额/元	用途
			请领	实领			
原材料	A3	千克	380	380	15.00	5700.00	BZ1 产品用
辅助材料	A4	千克	740	740	24.00	17760.00	BZ1、BZ2 产品共用
原材料	B3	千克	1300	1300	38.00	49400.00	BZ1、BZ2 产品共用
辅助材料	B4	千克	620	620	40.00	24800.00	BZ2 产品用
合计						¥97600.00	

第二联财务记账

记账：　发料单位主管：　发料人：　领料单位主管：　领料人：

表 3-8　领料单

领料部门：第三车间　　2019 年 8 月 6 日　　No：3

材料类别	品名及规格	单位	数量		计划单价/元	计划金额/元	用途
			请领	实领			
原材料	A1	千克	560	560	20.00	11200.00	BZ1、BZ2 产品共用
原材料	A3	千克	500	500	15.00	7500.00	BZ1 产品用
原材料	B1	千克	580	580	34.00	19720.00	BZ2 产品用
原材料	B3	千克	320	320	38.00	12160.00	BZ1 产品用
合计						¥50580.00	

第二联财务记账

记账：　发料单位主管：　发料人：　领料单位主管：　领料人：

表 3-9　领料单

领料部门：　机修车间　　2019 年 8 月 8 日　　No：4

材料类别	品名及规格	单位	数量		计划单价/元	计划金额/元	用途
			请领	实领			
原材料	B2	千克	80	80	26.00	2080.00	修理用
辅助材料	A4	千克	120	120	24.00	2880.00	修理用
合计						¥4 960.00	

第二联财务记账

记账：　发料单位主管：　发料人：　领料单位主管：　领料人：

表 3-10　领料单

领料部门：运输车间　　2019 年 8 月 8 日　　No：5

材料类别	品名及规格	单位	数量		计划单价/元	计划金额/元	用途
			请领	实领			
原材料	B2	千克	120	120	26.00	3120.00	设备修理用
辅助材料	A4	千克	130	130	24.00	3120.00	设备修理用
合计						¥6240.00	

第二联财务记账

记账：　发料单位主管：　发料人：　领料单位主管：　领料人：

表 3-11 领料单

领料部门：供汽车间　　　　2019 年 8 月 8 日　　　　No：6

材料类别	品名及规格	单位	数量		计划单价 / 元	计划金额 / 元	用途
			请领	实领			
原材料	B2	千克	130	130	26.00	3380.00	设备修理用
辅助材料	A4	千克	100	100	24.00	2400.00	设备修理用
合计						¥5780.00	

第二联财务记账

记账：　　发料单位主管：　　发料人：　　领料单位主管：　　领料人：

（2）编制发料凭证汇总表。材料费用的归集就是根据发料凭证上注明的材料的名称、领料部门和用途来对领用原材料进行归类、整理，汇总发出材料的数量，根据企业所确定的材料计价方法计算出各部门、车间和产品应负担的材料费用。生产产品耗用的材料与车间一般耗用的材料应分别归类，生产产品领用的材料按与产品的关系进行归类整理，车间或部门领用的则分车间或部门进行归集，通过编制发料凭证汇总表完成材料费用的归集。发料凭证汇总表由企业材料核算人员或成本核算人员编制，编写人员根据发料凭证，将领料部门、材料用途、材料名称相同的材料进行汇总，计算材料的发出数量，根据发出材料计价方法计算所耗材料的金额。

卡州公司的财务人员根据领料单表（表 3-6 ～表 3-11）编制发料凭证汇总表见表 3-12，在材料费用归集过程中，基本生产车间的材料按材料名称和用途相同的进行归集，由于辅助生产车间不设“制造费用”账户，其材料按材料名称和领用部门相同的进行归集。

表 3-12 卡州公司发料凭证汇总表

2019 年 8 月 31 日

材料名称	发出数量 / 千克	计划单价 / 元	计划金额 / 元	领用部门	用途
A1	1140	20.00	22800.00	第一、三车间	BZ1、BZ2 产品共用
A2	610	23.00	14030.00	第一车间	BZ1 产品用
B1	710	34.00	24140.00	第一车间	BZ1、BZ2 产品共用
B2	560	26.00	14560.00	第一车间	BZ2 产品用
A3	880	15.00	13200.00	第二、三车间	BZ1 产品用
A4	740	24.00	17760.00	第二车间	BZ1、BZ2 产品共用
B3	1300	38.00	49400.00	第二车间	BZ1、BZ2 产品共用
B4	620	40.00	24800.00	第二车间	BZ2 产品用
B1	580	34.00	19720.00	第三车间	BZ2 产品用
B3	320	38.00	12160.00	第三车间	BZ1 产品用
B2	80	26.00	2080.00	机修车间	修理用
A4	120	24.00	2880.00	机修车间	修理用
B2	120	26.00	3120.00	运输车间	设备修理用
A4	130	24.00	3120.00	运输车间	设备修理用
B2	130	26.00	3380.00	供汽车间	设备修理用
A4	100	24.00	2400.00	供汽车间	设备修理用
合计			229550.00		

会计主管：　　复核：　　制单：

（3）编制材料费用分配表

① 编制原材料费用分配表。月末财务人员根据发料凭证汇总表，结合产量记录、定额资料或投料记录等按照材料的领用部门及用途分配材料费用，编制材料费用分配表。用于生产某种产品而耗用的材料费用，直接计入该产品成本；几种产品共同耗用的材料费用，需要采用合理的分配标准，分配计入各种产品的成本。材料费用分配的标准有很多，可以是产品的产量、重量、体积、材料的定额消耗量和定额费用等。采用定额消耗量比例进行分配时，应根据各种产品的产量和单位消耗定额，计算出各种产品的定额消耗量，并以定额消耗量作为分配标准在各种产品之间进行分配。

卡州公司材料费用以完工产品的定额消耗量为标准进行分配，公司财务人员根据发料凭证汇总表（表 3-12）编制材料费用分配表，见表 3-13。

表 3-13 卡州公司原材料费用分配表

2019 年 8 月 31 日 单位：元

应借账户			成本或费用项目	间接计入费用			直接计入费用	合计
总账账户	二级账户	明细账户		分配标准	分配率	分配额		
生产成本	基本生产成本	BZ1	直接材料	24480		58336.84	39390.00	97726.84
		BZ2	直接材料	23400		55763.16	59080.00	114843.16
		小计		47880	2.383041	114100.00	98470.00	212570.00
	辅助生产成本	机修车间	直接材料				4960.00	4960.00
		运输车间	直接材料				6240.00	6240.00
		供汽车间	直接材料				5780.00	5780.00
合计							115450.00	229550.00

会计主管： 复核： 制单：

表 3-13 的计算分配程序与公式如下。

A. 计算各种产品定额消耗量。

各产品定额消耗量 = 该产品产量 × 单位产品定额消耗量

BZ1 产品的定额消耗量 =72×340=24480（千克）（数据见表 3-1 和表 3-2）

BZ2 产品的定额消耗量 =90×260=23400（千克）（数据见表 3-1 和表 3-2）

B. 计算材料费用分配率。

材料费用分配率 = 待分配材料费用 ÷ 各产品定额消耗量之和

待分配材料费用 = 表 3-12 中 BZ1、BZ2 产品共用材料费用之和 =114100（元）

卡州公司材料费用分配率 =114100/47880=2.383041

C. 计算出各种产品应负担的材料费用。

某产品负担的材料费用 = 该产品定额消耗量 × 材料费用分配率

BZ1 产品负担的材料费用 =24480×2.383041=58336.84（元）

BZ2 产品负担的材料费用 =114100−58336.84=55763.16（元）

当生产多种产品共同耗用材料种类较多或所耗材料的实物量单位不同，无计算计算产品的定额消耗量时，可以按各种产品所耗材料定额费用的比例分配材料费用。采用定额费用比例进行分配时，应根据各种产品的产量和单位产品定额费用，计算出各种产品的定额费用，并以定额费用作为分配标准在各种产品之间进行分配。该种方法的计算分配程序与公式如下。

A. 计算各种产品定额费用。

各产品定额费用 = 该产品产量 × 单位产品定额费用

B. 计算材料费用分配率。

材料费用分配率 = 待分配材料费用 ÷ 各产品定额费用之和

C. 计算出各种产品应负担的材料费用。

某产品负担的材料费用 = 该产品定额费用 × 材料费用分配率

除上述方法之外，分配材料费用还可以按重量（体积、面积）的比例分配。这是以各种产品的重量（体积、面积）为分配标准分配材料费用的一种方法，适用于耗用原材料费用的多少与产品的重量（体积、面积）大小有一定关系的产品。该种方法的计算分配程序与公式如下。

A. 计算材料费用分配率

材料费用分配率 = 待分配材料费用 ÷ 各产品重量（体积、面积）之和

B. 计算出各种产品应负担的材料费用。

某产品负担的材料费用 = 该产品重量（体积、面积）× 材料费用分配率

② 编制材料成本差异计算表。材料的发出有实际成本和计划成本两种计价方法。

A. 材料发出按实际成本计价法。按实际成本计价的情况下，收入材料的金额应根据按实际成本计价的收料凭证进行登记；发出材料的金额，应按照先进先出法、个别计价法、月末一次加权平均法或移动加权平均法等方法计算出实际的单位成本，然后再计算发出材料的总金额。企业可以根据具体情况选择材料发出的计价方法，但一经确定不得随意变更，如有变更应在会计报表附注中说明变更的理由及影响数额，以保持前后各期一致。

B. 材料发出按计划成本计价法。按计划成本计价的情况下，材料入库、发出、结转都按材料的计划单位成本计价，材料明细账中收发材料的金额都应按计划成本登记。

本期成本差异率的计算公式为：

$$\text{本期材料成本差异率}=\frac{\text{期初结存材料的成本差异}+\text{本月验收入库材料的成本差异}}{\text{期初结存材料的计划成本}+\text{本月验收入库材料计划成本}}\times 100\%$$

根据本期材料成本差异率、发出材料和结存材料的计划成本，可计算出发出材料和结存材料应负担的成本差异和实际成本。

发出材料应负担的成本差异＝发出材料的计划成本 × 材料成本差异率

发出材料的实际成本＝发出材料的计划成本＋发出材料应负担的成本差异

结存材料的实际成本＝结存材料的计划成本＋结存材料应负担的成本差异

上列公式中的材料成本差异，如为超支差异，按正数计算；如为节约差异，按负数计算。为了汇总反映发出材料的计划成本和成本差异，应分别编制发料凭证汇总表和材料成本差异计算表。

卡州公司表 3-13 中分配的是原材料计划成本，产品的成本应是实际成本，为此，应编制原材料成本差异计算表，将表 3-13 中的计划成本调整为实际成本。卡州公司原材料的成本差异率为 −3%；原材料成本差异计算表见表 3-14。

表 3-14　卡州公司原材料成本差异计算表

2019 年 8 月 31 日　　单位：元

应借账户			成本或费用项目	材料计划成本	材料成本差异率	材料成本差异
总账账户	二级账户	明细账户				
生产成本	基本生产成本	BZ1	直接材料	97726.84	-3%	-2931.81
		BZ2	直接材料	114843.16	-3%	-3445.29
		小计		212570.00	-3%	-6377.10
	辅助生产成本	机修车间	直接材料	4960.00	-3%	-148.80
		运输车间	直接材料	6240.00	-3%	-187.20
		供汽车间	直接材料	5780.00	-3%	-173.40
合计				229550.00	-3%	-6886.50

会计主管：　　复核：　　制单：

表 3-14 中计划成本取自于表 3-13。

材料成本差异 = 计划成本 × 材料成本差异率

（4）填写分配材料费用的记账凭证。月终财会部门根据原材料费用分配表和发出材料明细表等原始凭证填制记账凭证，登记成本费用及其相关的账簿。在实际成本计价的情况下，企业应设立“原材料”“在途物资”等账户进行核算，并按材料的类别、品种设置材料明细账，账内按数量、金额反映材料的收发结存情况。在计划成本法下，企业应设置“材料采购”“原材料”及“材料成本差异”账户，分别核算原材料的实际成本、计划成本和计划成本与实际成本的差异，为了反映成本费用的实际数额，月末应根据计算的材料成本差异率，计算并结转材料成本差异。

卡州公司的财务人员在编制了原材料费用分配表和原材料成本差异计算表后，根据表 3-13、表 3-14 填写记账凭证的会计分录见表 3-15 和表 3-16。

表 3-15　会计分录表

凭证号数：1

摘要	借贷方向	总账科目	明细账科目			金额
分配材料费用	借：	生产成本	基本生产成本	BZ1	直接材料	97726.84
		生产成本	基本生产成本	BZ2	直接材料	114843.16
		生产成本	辅助生产成本	机修车间	直接材料	4960.00
		生产成本	辅助生产成本	运输车间	直接材料	6240.00
		生产成本	辅助生产成本	供汽车间	直接材料	5780.00
	贷：	原材料	A1			22800.00
		原材料	A2			14030.00
		原材料	A3			13200.00
		原材料	A4			26160.00
		原材料	B1			43860.00
		原材料	B2			23140.00
		原材料	B3			61560.00
		原材料	B4			24800.00

表 3-16 会计分录表

凭证号数：2

摘要	借贷方向	总账科目	明细账科目			金额
结转材料成本差异	借：	材料成本差异				6886.50
	贷：	生产成本	基本生产成本	BZ1	直接材料	2931.81
		生产成本	基本生产成本	BZ2	直接材料	3445.29
		生产成本	辅助生产成本	机修车间	直接材料	148.80
		生产成本	辅助生产成本	运输车间	直接材料	187.20
		生产成本	辅助生产成本	供汽车间	直接材料	173.40

2. 分配燃料费用

燃料是指企业在生产过程中用于燃烧获取热量的各种燃料，包括固体燃料、液体燃料和气体燃料，如煤炭、汽油、天然气等。燃料也属于材料，因此，燃料的分配与上述材料费用的分配相同，分配结果可以直接计入“直接材料”项目下；但是如果企业所用燃料费用的占比较大，为加强燃料的管理，可以与外购动力费用一起，在“基本生产成本”明细账中增设“燃料及动力”成本项目进行单独核算，同时，增设“燃料”账户。

（1）取得消耗燃料的原始凭证。卡州公司取得生产部门的燃料领料单见表 3-17。

表 3-17 领料单

领料部门：第一车间　　2019 年 8 月 6 日　　No：7

材料类别	品名及规格	单位	数量		计划单价 / 元	计划金额 / 元	用途
			请领	实领			
燃料	A5	千克	23000	23000	0.65	14950.00	BZ1、BZ2 产品共用
合计						¥14950.00	

第二联财务记账

记账：　　发料单位主管：　　发料人：　　领料单位主管：　　领料人：

（2）编制耗用燃料费用汇总表。由于燃料也属于材料，分配前可以先按燃料的领用部门、用途等进行汇总，计算各部门燃料消耗的数量及金额；但如果燃料的领料单很少，也可以不用汇总，直接根据领料单编制燃料费用的分配表。卡州公司燃料的领料单就很少，因此可以直接进入下一步，编制燃料费用分配表。

（3）编制耗用燃料费用分配表。燃料费用根据领用部门和用途分配计入相应的账户，生产产品所耗用的燃料计入“生产成本——基本生产成本（×× 产品）”，车间一般耗用的燃料计入“制造费用——×× 车间”，辅助生产车间耗用的燃料计入“生产成本——辅助生产成本（×× 车间）”，管理部门耗用的燃料计入“管理费用”，销售部门耗用的燃料计入“销售费用”。

卡州公司第一车间需要消耗大量的燃料，该公司“基本生产成本”明细账中增设“燃料及动力”成本项目进行单独核算。该公司燃料的成本差异率为 −3%，燃料按完工产品的定额消耗量为标准进行分配，根据燃料的领用部门和用途，卡州公司根据表 3-17 编制的燃料费用分配表见表 3-18。

表 3-18　卡州公司燃料费用分配表

2019 年 8 月 2 日　　单位：元

应借账户			成本项目	产量	单位产品消耗定额	燃料费用分配			差异率	差异额
总账账户	二级账户	明细账户				定额消耗量	分配率	分配额		
生产成本	基本生产成本	BZ1	燃料及动力	72	300	21600		7666.67	-3%	-230.00
		BZ2	燃料及动力	90	228	20520		7283.33	-3%	-218.50
合计						42120	0.354938	14950.00	-3%	-448.50

会计主管：　　复核：　　制单：

表 3-18 的燃料费用分配额是计划成本，单位产品消耗定额取自于表 3-2 中的燃料消耗定额，燃料费用的计算分配程序与公式如下：

定额消耗量 = 产量 × 单位产品消耗定额

BZ1 产品的定额消耗量 =72×300=21600（千克）

BZ2 产品的定额消耗量 =90×228=20520（千克）

分配率 = 待分配燃料费用 / 分配材料标准 =14950/42120=0.354938

BZ1 产品负担的燃料费用 = 定额消耗量 × 分配率 =21600×0.354938=7666.67（元）

BZ2 产品负担的燃料费用 = 定额消耗量 × 分配率 =14950.00−7666.67=7283.33（元）

（4）填制分配燃料费用的记账凭证。财务人员在编制了燃料费用分配表后，应根据其填制分配燃料费用的记账凭证，记账凭证的应借账户在编制燃料费用分配表时已经确定，贷方账户根据企业所用燃料费用的占比确定，如果占比较大，为加强燃料的管理，增设“燃料”账户；如果占比较小，在“原材料”账户下核算。

卡州应根据表 3-18 填写分配燃料费用和结转燃料费用成本差异的记账凭证，会计分录见表 3-19 和表 3-20。

表 3-19　会计分录表　　凭证号数：3

摘要	借贷方向	总账科目	明细账科目			金额
分配燃料费用	借：	生产成本	基本生产成本	BZ1	燃料及动力	7666.67
		生产成本	基本生产成本	BZ2	燃料及动力	7283.33
	贷：	燃料	A5			14950.00

表 3-20　会计分录表　　凭证号数：4

摘要	借贷方向	总账科目	明细账科目			金额
结转燃料的材料成本差异	借：	材料成本差异				448.50
	贷：	生产成本	基本生产成本	BZ1	燃料及动力	230.00
		生产成本	基本生产成本	BZ2	燃料及动力	218.50

3. 摊销周转材料

周转材料包括单位价值较低、使用期限较短的包装物和低值易耗品，如各种包装容器和工具等。周转材料的摊销应根据具体情况采用一次摊销法、分次摊销法、五五摊销法。

（1）选择摊销方法

① 一次摊销法。一次摊销法是在领用低值易耗品时，就将其全部价值一次计入当月成本费用。借记“制造费用”“管理费用”“其他业务成本”等账户，贷记“周转材料”账户。一次摊销法的核算简便，一般适用于单位价值较低、使用期限较短或者容易破损的低值易耗品。

② 分次摊销法。分次摊销法是将周转材料的价值按其使用期限分月摊销计入成本费用。领用时，借记“长期待摊费用”账户，贷记“周转材料”账户；摊销时，借记“制造费用”“管理费用”“销售费用”账户，贷记“长期待摊费用”账户。该方法一般适用于一些单位价值较高、使用期限较长又不易损坏的低值易耗品，或单位价值较低但领用数量较多的周转材料。

③ 五五摊销法。五五摊销法是指在领用周转材料时，摊销其价值的一半，报废时再摊销另一半。为了反映周转材料的在库、在用和摊余价值，应在“周转材料”账户下分设“在库”“在用”及“摊销”三个三级账户。领用周转材料时，借记“周转材料——××（在用）”，贷记“周转材料——××（在库）”；同时，按其价值的50%计算摊销额，借记“制造费用”“管理费用”等，贷记“周转材料——××（摊销）”。报废时如有残值，借记“原材料”等科目，按报废周转材料价值的50%减去残值后的差额，借记“制造费用”“管理费用”等，贷记“周转材料——××（摊销）”。此外，还应将报废周转材料的价值及其累计摊销额注销，借记“周转材料——××（摊销）”，贷记“周转材料——××（在用）”。一般适用于每月领用数量和报废数量比较均衡、各月摊销额相差不多的周转材料。

（2）取得发出周转材料的原始凭证。财务人员分配周转材料时，应先从生产部门取得有关领用周转材料的原始凭证。

卡州公司发出包装物和低值易耗品的原始凭证见表3-21～表3-29。

表3-21 领料单

领料部门：第三车间　　2019年8月4日　　No：8

材料类别	品名及规格	单位	数量		计划单价/元	计划金额/元	用途
			请领	实领			
包装物	D1	千克	8000	8000	8.00	64000.00	BZ1、BZ2产品共用
包装物	D2	盒	6000	6000	6.00	36000.00	BZ1、BZ2产品共用
合计						¥100000.00	

第二联 财务记账

记账：　　发料单位主管：　　发料人：　　领料单位主管：　　领料人：

表3-22 领料单

领料部门：行政部门　　2019年8月5日　　No：9

材料类别	品名及规格	单位	数量		计划单价/元	计划金额/元	用途
			请领	实领			
包装物	D1	米	100	100	8.00	800.00	办公用
包装物	D2	盒	20	20	6.00	120.00	办公用
合计						¥920.00	

第二联 财务记账

记账：　　发料单位主管：　　发料人：　　领料单位主管：　　领料人：

表 3-23　领料单

领料部门：销售部门　　2019 年 8 月 5 日　　No：10

材料类别	品名及规格	单位	数量		计划单价 / 元	计划金额 / 元	用途
			请领	实领			
包装物	D1	米	80	80	8.00	640.00	销售用产品用
包装物	D2	盒	60	60	6.00	360.00	销售用产品用
合计						¥1000.00	

第二联财务记账

记账：　发料单位主管：　发料人：　领料单位主管：　领料人：

表 3-24　领料单

领料部门：第一车间　　2019 年 8 月 4 日　　No：11

材料类别	品名及规格	单位	数量		计划单价 / 元	计划金额 / 元	用途
			请领	实领			
低值易耗品	C1	个	30	30	150.00	4500.00	车间一般耗用
低值易耗品	C2	件	50	50	80.00	4000.00	车间一般耗用
合计						¥8500.00	

第二联财务记账

记账：　发料单位主管：　发料人：　领料单位主管：　领料人：

表 3-25　领料单

领料部门：第二车间　　2019 年 8 月 3 日　　No：12

材料类别	品名及规格	单位	数量		计划单价 / 元	计划金额 / 元	用途
			请领	实领			
低值易耗品	C1	个	20	20	150.00	3000.00	车间一般耗用
低值易耗品	C2	件	34	34	80.00	2720.00	车间一般耗用
合计						¥5720.00	

第二联财务记账

记账：　发料单位主管：　发料人：　领料单位主管：　领料人：

表 3-26　领料单

领料部门：第三车间　　2019 年 8 月 4 日　　No：13

材料类别	品名及规格	单位	数量		计划单价 / 元	计划金额 / 元	用途
			请领	实领			
低值易耗品	C1	个	30	30	150.00	4500.00	车间一般耗用
低值易耗品	C2	件	60	60	80.00	4800.00	车间一般耗用
合计						¥9300.00	

第二联财务记账

记账：　发料单位主管：　发料人：　领料单位主管：　领料人：

表 3-27　领料单

领料部门：机修车间　　2019 年 8 月 4 日　　No：14

材料类别	品名及规格	单位	数量		计划单价 / 元	计划金额 / 元	用途
			请领	实领			
低值易耗品	C1	个	40	40	150.00	6000.00	修理用
低值易耗品	C2	件	50	50	80.00	4000.00	修理用
合计						¥10000.00	

第二联财务记账

记账：　发料单位主管：　发料人：　领料单位主管：　领料人：

表 3-28 领料单

领料部门：供汽车间　　2019 年 8 月 4 日　　No：15

材料类别	品名及规格	单位	数量		计划单价 / 元	计划金额 / 元	用途
			请领	实领			
低值易耗品	C1	个	25	25	150.00	3750.00	车间一般耗用
低值易耗品	C2	件	30	30	80.00	2400.00	车间一般耗用
合计						¥6150.00	

第二联财务记账

记账：　　发料单位主管：　　发料人：　　领料单位主管：　　领料人：

表 3-29 领料单

领料部门：运输车间　　2019 年 8 月 4 日　　No：16

材料类别	品名及规格	单位	数量		计划单价 / 元	计划金额 / 元	用途
			请领	实领			
低值易耗品	C1	个	30	30	150.00	4500.00	车间一般耗用
低值易耗品	C2	件	20	20	80.00	1600.00	车间一般耗用
合计						¥6100.00	

第二联财务记账

记账：　　发料单位主管：　　发料人：　　领料单位主管：　　领料人：

（3）编制周转材料汇总表。若领用周转材料的原始凭证数量比较少，可不用编制周转材料汇总表，直接根据领料单编制周转材料分配表；若领用周转材料的原始凭证数量比较多，应先编制周转材料汇总表，再依据其编制周转材料的分配表。

卡州公司低值易耗品的领料单数量比较多，应先根据周转材料的领料单（表 3-21 ～表 3-29）编制低值易耗品领用汇总表，见表 3-30。

表 3-30 卡州公司低值易耗品领用汇总表

2019 年 8 月 31 日

名称	发出数量	计划单价 / 元	计划金额 / 元	领用部门	用途
C1	30	150.00	4500.00	第一车间	车间一般耗用
C2	50	80.00	4000.00	第一车间	车间一般耗用
C1	20	150.00	3000.00	第二车间	车间一般耗用
C2	34	80.00	2720.00	第二车间	车间一般耗用
C1	30	150.00	4500.00	第三车间	车间一般耗用
C2	60	80.00	4800.00	第三车间	车间一般耗用
C1	40	150.00	6000.00	机修车间	修理用
C2	50	80.00	4000.00	机修车间	修理用
C1	25	150.00	3750.00	供汽车间	车间一般耗用
C2	30	80.00	2400.00	供汽车间	车间一般耗用
C1	30	150.00	4500.00	运输车间	车间一般耗用
C2	20	80.00	1600.00	运输车间	车间一般耗用

会计主管：　　复核：　　制单：

（4）编制周转材料摊销表。财务人员将周转材料汇总后，应根据周转材料的领用部门、用途及所选用的摊销方法进行分配。属于某种产品直接耗用的借记“生产成本——基本生产成本（×× 产品）”，属于基本生产车间一般耗用的借记“制造费用——×× 车间”，属于辅助生产部门耗用的借记“生产成本——基本生产成本（×× 产品）”，属于管理部门耗用的借记“管理费用”。

卡州公司低值易耗品差异率为 2%，采用一次摊销法；包装物差异率为 -1%，采用五五摊销法；根据低值易耗品领用汇总表（表 3-30），将基本生产车间第一、二、三车间耗用的周转材料计入各车间“制造费用”明细账，辅助生产车间耗用的周转材料计入各辅助车间的“生产成本——辅助生产成本”明细账，行政部门耗用的周转材料计入“管理费用”，销售部门耗用的周转材料计入“销售费用”，所编制的低值易耗品摊销表见表 3-31。由于该公司包装物的领用比较少，可以不编制汇总表，直接根据包装物的领料单（表 3-21 ～表 3-29）编制包装物摊销表，见表 3-32。

表 3-31 卡州公司低值易耗品摊销表

2019 年 8 月 31 日　　单位：元

<table>
<tr><th colspan="3">应借账户</th><th rowspan="2">成本或费用项目</th><th rowspan="2">摊销方法</th><th rowspan="2">摊销金额</th><th rowspan="2">差异率</th><th rowspan="2">差异额</th></tr>
<tr><th>总账账户</th><th>二级账户</th><th>明细账户</th></tr>
<tr><td colspan="2" rowspan="3">制造费用</td><td>第一车间</td><td>物料消耗</td><td>一次摊销法</td><td>8500.00</td><td>2%</td><td>170.00</td></tr>
<tr><td>第二车间</td><td>物料消耗</td><td>一次摊销法</td><td>5720.00</td><td>2%</td><td>114.40</td></tr>
<tr><td>第三车间</td><td>物料消耗</td><td>一次摊销法</td><td>9300.00</td><td>2%</td><td>186.00</td></tr>
<tr><td rowspan="3">生产成本</td><td rowspan="3">辅助生产成本</td><td>机修车间</td><td>直接材料</td><td>一次摊销法</td><td>10000.00</td><td>2%</td><td>200.00</td></tr>
<tr><td>供汽车间</td><td>直接材料</td><td>一次摊销法</td><td>6150.00</td><td>2%</td><td>123.00</td></tr>
<tr><td>运输车间</td><td>直接材料</td><td>一次摊销法</td><td>6100.00</td><td>2%</td><td>122.00</td></tr>
<tr><td colspan="5">合计</td><td>45770.00</td><td>2%</td><td>915.40</td></tr>
</table>

会计主管：　　复核：　　制单：

表 3-32 卡州公司包装物摊销表

2019 年 8 月 31 日　　单位：元

<table>
<tr><th colspan="3">应借账户</th><th rowspan="2">成本项目</th><th rowspan="2">摊销方法</th><th rowspan="2">摊销金额</th><th rowspan="2">差异率</th><th rowspan="2">差异额</th></tr>
<tr><th>总账账户</th><th>二级账户</th><th>明细账户</th></tr>
<tr><td colspan="2">制造费用</td><td>第三车间</td><td>物料消耗</td><td>五五摊销法</td><td>50000.00</td><td>-1.00%</td><td>-500.00</td></tr>
<tr><td colspan="3">管理费用</td><td>物料消耗</td><td>五五摊销法</td><td>460.00</td><td>-1.00%</td><td>-4.60</td></tr>
<tr><td colspan="3">销售费用</td><td>物料消耗</td><td>五五摊销法</td><td>500.00</td><td>-1.00%</td><td>-5.00</td></tr>
<tr><td colspan="4">合计</td><td></td><td>50960.00</td><td>-1.00%</td><td>-509.60</td></tr>
</table>

会计主管：　　复核：　　制单：

（5）填写摊销周转材料的记账凭证。月末财务人员应根据周转材料的摊销表确定的应借账户，以低值易耗品的领料单（表 3-24 ～表 3-29）和低值易耗品汇总表（表 3-30）、低值易耗品摊销表（表 3-31）为原始凭证，填写摊销低值易耗品和结转低值易耗品成本差异记账凭证的会计分录见表 3-33 和表 3-34；以包装物的领料单（表 3-21 ～表 3-23）和包装物摊销表（表 3-32）为原始凭证，填写摊销包装物和结转包装物成本差异的记账凭证的会计分录见表 3-35 和表 3-36。

表 3-33 会计分录表 凭证号数：5

摘要	借贷方向	总账科目	明细账科目			金额
摊销低值易耗品	借：	制造费用	第一车间	物料消耗		8500.00
		制造费用	第二车间	物料消耗		5720.00
		制造费用	第三车间	物料消耗		9300.00
		生产成本	辅助生产成本	机修车间	直接材料	10000.00
		生产成本	辅助生产成本	供汽车间	直接材料	6150.00
		生产成本	辅助生产成本	运输车间	直接材料	6100.00
	贷：	周转材料	低值易耗品	C1		26250.00
		周转材料	低值易耗品	C2		19520.00

表 3-34 会计分录表 凭证号数：6

摘要	借贷方向	总账科目	明细账科目			金额
结转低值易耗品的材料成本差异	借：	制造费用	第一车间	物料消耗		170.00
		制造费用	第二车间	物料消耗		114.40
		制造费用	第三车间	物料消耗		186.00
		生产成本	辅助生产成本	机修车间	直接材料	200.00
		生产成本	辅助生产成本	供汽车间	直接材料	123.00
		生产成本	辅助生产成本	运输车间	直接材料	122.00
	贷：	材料成本差异				915.40

表 3-35 会计分录表 凭证号数：7

摘要	借贷方向	总账科目	明细账科目		金额
摊销包装物	借：	制造费用	第三车间	物料消耗	100000.00
		管理费用	物料消耗		920.00
		销售费用	物料消耗		1000.00
	贷：	周转材料	包装物	D1	65440.00
		周转材料	包装物	D2	36480.00

表 3-36 会计分录表 凭证号数：8

摘要	借贷方向	总账科目	明细账科目		金额
结转包装物的材料成本差异	借：	材料成本差异			1019.20
	贷：	制造费用	第三车间	物料消耗	1000.00
		管理费用	物料消耗		9.20
		销售费用	物料消耗		10.00

二、归集与分配外购动力费用

企业消耗的动力可以自制，也可以外购。自制动力费用是由企业辅助生产部门提供，将在辅助生产费用归集与分配中阐述；外购动力是指企业从外单位购入的电力、风力、蒸汽等动力费用，企业外购的动力使用仪表记录其使用量，一般是先使用后付款，企业在使用后应根据仪表记录按照其用途归集并分配。

1. 取得外购动力费用耗用量统计表

企业使用外购动力有总表和各个部门的分表时，动力费用可以直接根据仪表记录的各部门耗用量进行分配。由于企业内部输电线、变压器等也消耗电量，使各分电表电量之和会与总电表电量不等，二者之间的差额称为电损，电损也应该由于各用电部门承担。如果企业外购动力费用只有总表，没有各部门的分表，则应根据企业实际情况选择适当的分配标准在各部门之间进行分配，从而计算出各个部门所耗用的外购动力费用；基本生产车间的外购动力费用应按一定的标准在各种产品之间进行分配；外购动力费用的分配标准一般是生产工时、机器工时和定额耗用量等。卡州公司总电表和分电表记录见表 3-37，用水量统计表见表 3-38。

表 3-37　2019 年 8 月卡州公司耗用电量统计表

部门			电表记录 / 度	单价 /（元 / 度）
总电表			60800	1.2
分电表	第一车间	生产用电	14500	—
		照明用电	2860	—
	第二车间	生产用电	14850	—
		照明用电	2980	—
	第三车间	生产用电	14720	—
		照明用电	3660	—
	机修车间		1180	—
	供汽车间		1660	—
	运输车间		1000	—
	管理部门		1160	—
	销售部门		1080	—
	小计		59650	—

表 3-38　2019 年 8 月卡州公司耗用水量统计表

部门		水表记录 / 吨	单价 /（元 / 吨）
第一车间	生产用水	3200	4.1
	一般用水	75	4.1
第二车间	生产用水	3450	4.1
	一般用水	80	4.1
第三车间	生产用水	3420	4.1
	一般用水	60	4.1
机修车间		65	4.1
供汽车间		2860	4.1
运输车间		90	4.1
管理部门		66	4.1
销售部门		67	4.1
小计		13433	4.1

2. 编制外购动力费用分配表

基本生产车间直接用于产品生产的外购动力费用，计入“生产成本——基本生产成本（×× 产品）”，明细账的“燃料及动力”（或“直接材料”）；辅助车间直接用于辅助生产部门的外购动力费用，计入“生产成本——辅助生产成本（×× 车间）”，明细账的“燃料及动力”（或“直接材料”）成本项目；基本生产车间和辅助生产车间不能直接归属于某种产品生产或劳务的外购动力费用，计入“制造费用”账户；企业管理部门、销售部门的外购动力费用，应当计入“管理费用”“销售费用”账户。

卡州公司辅助车间不设“制造费用”账户，根据耗用电量统计表（表 3-37）编制电费分配表（表 3-39），根据耗用水量统计表（表 3-38）编制水费分配表（表 3-40）。

表 3-39　卡州公司电费分配表

2019 年 8 月 31 日　　　　单位：元

应借账户			成本或费用项目	电表记录	单价	间接计入费用			直接计入费用	合计
总账账户	二级账户	明细账户				定额工时	分配率	分配额		
生产成本	基本生产成本	BZ1	燃料及动力		1.22	15840		26648.95		26648.95
		BZ2	燃料及动力		1.22	16200		27254.61		27254.61
		小计		44070	1.22	32040	1.682383	53903.56		53903.56
	辅助生产成本	机修车间	燃料及动力	1180	1.22				1443.30	1443.30
		供汽车间	燃料及动力	1660	1.22				2030.40	2030.40
		运输车间	燃料及动力	1000	1.22				1223.13	1223.13
制造费用		第一车间	水电费	2860	1.22				3498.17	3498.17
		第二车间	水电费	2980	1.22				3644.94	3644.94
		第三车间	水电费	3660	1.22				4476.67	4476.67
管理费用			水电费	1160	1.22				1418.84	1418.84
销售费用			水电费	1080	1.22				1320.99	1320.99
合计				59650	1.22			53903.56	19056.44	72960.00

会计主管：　　　　复核：　　　　制单：

表 3-39 中的计算公式如下：

电表记录小计为第一至第三车间生产用电的总和

电表记录小计 =14500+14850+14720=44070（度）

分电表单价 = 总电表电量 × 总电表单价 ÷ 分电表电量 =60800×1.2÷59650=1.22（元 / 度）

间接费用分配额小计 = 仪表记录小计 × 分电表单价 =44070×1.22=53903.56（元）

BZ1 产品的定额工时 = 单位产品工时定额 × 完工数量 =220（见表 3-2）×72（见表 3-1）=15840（工时）

BZ2 产品的定额工时 = 单位产品工时定额 × 完工数量 =180（见表 3-2）×90（见表 3-1）=16200（工时）

分配率 = 待分配动力费用 ÷ 分配标准之和

电费分配率 = 间接费用分配额小计 ÷ 定额工时小计 =53903.56÷32040=1.682383

分配额 = 分配标准 × 分配率

BZ1 产品的分配额 = 定额工时 × 分配率 =15840×1.682383=26648.95（元）

BZ2 产品的分配额 =53903.56−26648.95=27254.61（元）

其他项目是直接计入费用 = 仪表记录 × 分电表电量单价，计算略。

表 3-40　卡州公司水费分配表

2019 年 8 月 31 日　　　　单位：元

应借账户			成本或费用项目	间接计入费用			直接计入费用	合计
总账账户	二级账户	明细账户		定额工时	分配率	分配额		
生产成本	基本生产成本	BZ1	燃料及动力	15840		20411.55		20411.55
		BZ2	燃料及动力	16200		20875.45		20875.45
		小计		32040	1.288608	41287.00		41287.00
	辅助生产成本	机修车间	燃料及动力				266.50	266.50
		供汽车间	燃料及动力				11726.00	11726.00
		运输车间	燃料及动力				369.00	369.00
制造费用		第一车间	水电费				307.50	307.50
		第二车间	水电费				328.00	328.00
		第三车间	水电费				246.00	246.00
管理费用			水电费				270.60	270.60
销售费用			水电费				274.70	274.70
合计						41287.00	13788.30	55075.30

会计主管：　　　　复核：　　　　制单：

表 3-40 中的计算公式如下：

分配率 = 待分配费用 ÷ 分配标准 = 产品共用水费 ÷ 定额工时 =41287÷32040=1.288608

分配额 = 分配率 × 分配标准 = 分配率 × 定额工时

BZ1 产品分配额 =1.288608×15840=20411.55（元）

BZ1 产品分配额 =1.288608×16200=20875.45（元）

其他各部门的水费根据用量及单价计算。

3. 填制分配外购动力费用的记账凭证

月末财务人员应根据外购动力费用分配表确定应借账户，以外购动力费用耗用量统计表和外购动力费用分配表为原始凭证填写分配电费记账凭证。一般企业在期末分配电费时，款项尚未支付，因此，贷记“应付账款”。

卡州公司以耗用电量统计表（表 3-37）和电费分配表（表 3-39）为原始凭证填写分配

电费记账凭证会计分录见表3-41。

表3-41 会计分录表 凭证号数：9

摘要	借贷方向	总账科目	明细账科目			金额
分配电费	借：	生产成本	基本生产成本	BZ1	燃料及动力	26648.95
		生产成本	基本生产成本	BZ2	燃料及动力	27254.61
		生产成本	辅助生产成本	机修车间	燃料及动力	1443.30
		生产成本	辅助生产成本	供汽车间	燃料及动力	2030.40
		生产成本	辅助生产成本	运输车间	燃料及动力	1223.13
		制造费用	第一车间	水电费		3498.17
		制造费用	第二车间	水电费		3644.94
		制造费用	第三车间	水电费		4476.67
		管理费用	水电费			1418.84
		销售费用	水电费			1320.99
	贷：	应付账款	供电公司			72960.00

卡州公司以耗用水量统计表（表3-38）和水费分配表（表3-40）为原始凭证填写分配电费记账凭证会计分录见表3-42。

表3-42 会计分录表 凭证号数：10

摘要	借贷方向	总账科目	明细账科目			金额
分配水费	借：	生产成本	基本生产成本	BZ1	燃料及动力	20411.55
		生产成本	基本生产成本	BZ2	燃料及动力	20875.45
		生产成本	辅助生产成本	机修车间	燃料及动力	266.50
		生产成本	辅助生产成本	供汽车间	燃料及动力	11726.00
		生产成本	辅助生产成本	运输车间	燃料及动力	369.00
		制造费用	第一车间	水电费		307.50
		制造费用	第二车间	水电费		328.00
		制造费用	第三车间	水电费		246.00
		管理费用	水电费			270.60
		销售费用	水电费			274.70
	贷：	应付账款	自来水公司			55075.30

三、归集与分配职工薪酬

职工薪酬是指企业为获得职工提供的服务或终止劳动合同关系而给予职工的各种形式的报酬，包括职工在职期间和离职后提供给职工的全部货币性薪酬和非货币性福利。职工薪酬包括短期薪酬、离职后福利、辞退福利和其他长期职工福利，其中辞退福利直接计入当期损益，不计入产品成本。企业提供给职工配偶、子女、受赡养人、已故员工遗属及其他受益人等的福利，也属于职工薪酬。短期薪酬包括：职工工资、奖金、津贴和补贴、职工福利费、医疗保险费、养老保险费、工伤保险费和生育保险费等社会保险费、住房公积金、工会经费和职工教育经费、短期带薪缺勤、短期利润分享计划、非货币性福利以及其他短期薪酬。

1. 取得结算职工薪酬的原始凭证

（1）取得职工薪酬结算单。企业的职工薪酬是由人事劳资部门（或人力资源部门）计算的，每个月人事劳资人员会从各个职能部门取得当月的考勤记录、产量记录、代扣款项通知单及废品通知单等原始记录，并根据这些原始记录计算计时工资、计件工资、奖金、津贴和补贴，依据国家规定计算社保（即社会保险）费、住房公积金，编制职工薪酬结算单。

① 计算计时工资。计时工资是根据职工工作时间和规定的工资标准计算的，工作时间以考勤记录为依据，工资标准按其计算时间的不同，有年薪、月薪、日薪和小时薪等。企业固定职工的计时工资一般按月薪计算；临时职工的计时工资大多按日薪计算，也有按小时薪计算的。采用月薪制的企业，不论各月日历天数多少，不论各月星期六、日和法定假日多少，每一职工的各月标准工资相同。月薪制下计时工资的计算方法有以下两种。

A. 按月标准工资扣除缺勤天数应扣工资额计算（减法）：

计时工资 = 月标准工资 − 缺勤日数 × 日标准工资

B. 按出勤天数直接计算（加法）：

计时工资 = 出勤日数 × 日标准工资 + 病假天数 × 日标准工资 ×（1− 病假扣除率）

由于各月日历日数不同，有的月份 30 天，有的月份 31 天，2 月份则只有 28 天或 29 天，因而同一职工各月的日标准工资不尽相同。在实际工作中，为了简化计算工作，日标准工资一般采用每月固定按 30 天或每月平均按 20.83 天（年日历天数 365 减去 104 个双休日和 11 个法定节假日，再除以全年 12 个月，计算求得）计算。按 20.83 天计算日工资，节假日不算工资，在连续缺勤期间内含有节假日，也不扣工资。在实际工作中，结合上述两种方法，计时工资一般有以下 4 种计算方法：一是按 30 天计算日工资率，按缺勤日数从月工资中扣除；二是按 30 天计算日工资率，按出勤日数计算月工资；三是按 20.83 天计算日工资率，按缺勤日数从月工资中扣除；四是按 20.83 天计算日工资率，按出勤日数计算月工资。具体采用哪种方法由企业自行确定，但确定以后不应随意变动。

日薪制下，职工的工资是按照出勤天数和日标准工资计算的，一般用于计算企业临时工的计时工资。在按日薪制计算计时工资的企业里，职工每月的全勤月工资是不确定的，随着当月的日历天数的多少而变化。

② 计算计件工资。计件工资，是根据职工或班组的实际产量乘以规定的计件单价计算的工资。产品的实际产量包括合格品数量和料废数量，但由于工人本人过失导致的废品，即工废数量，不能计算支付计件工资。计算公式如下：

计件工资＝∑［（合格品数量＋料废数量）× 该产品计件单价］

个人计件工资按上述公司直接计算计件工资；若是以小组为单位计算的计件工资，则应在小组内各工人之间进行合理的分配。由于工资标准一般体现工人的技术水平和劳动的质量，工作时间一般体现劳动的数量，因而集体计件工资在集体内部一般按照工人的日工资标准和工作天数的乘积为比例进行分配。

③ 计算奖金、津贴和补贴。奖金是支付给职工的超额劳动报酬和增收节支等的劳动报酬，如：生产奖、节约奖、劳动竞赛奖等。津贴和补贴是为补偿职工特殊或额外劳动消耗和其他特殊原因支付给职工的津贴，以及为了保证职工工资水平不受物价上升影响而支付给职工的物价补贴。加班加点工资是按国家规定根据职工加班加点的时间支付给职工的劳动报酬。特殊情况下支付的工资是依据国家有关劳动法规和企业规定，按计时工资标准或工资标准的一定比例在职工工伤、病假、产假、计划生育假、婚丧假、探亲假、定期休假等非工作时间支付的工资。奖金、津贴和补贴、加班加点工资和特殊情况下支付的工资应计入工资，由企业按有关规定计算。

④ 计算应从职工工资扣除的社保费及住房公积金。按照国家规定，职工个人应缴纳医疗保险费、养老保险费、失业保险费和住房公积金，社保费的缴费基数根据各地区上一年度的平均工资来确定，最低缴费基数为上一年度平均工资的60%，最高缴费基数不超过上一年度平均工资的300%。缴费比例一般为：医疗保险2%、养老保险8%、失业保险0.5%、住房公积金5%～12%。企业的人事劳资部门每月计算应由职工个人承担的社保费及住房公积金，从职工的当月工资中扣除。

⑤ 编制职工薪酬结算单。每月月末，人事劳资部门依据取得的职工工资的原始凭证，根据企业的规定，采用上述计算方法计算出每位职工的计时工资、计件工资、奖金、津贴和补贴、社保费、住房公积金，依据个人所得税法规计算出每位职工的个人所得税，编制职工薪酬结算单，并将职工薪酬结算单交给财务部门，由财务部门进行工资汇总及分配。卡州公司第一车间职工薪酬结算单见表3-43，其他部门的职工薪酬结算单略。

（2）取得社保费及住房公积金计算表。按照国家规定，企业应为职工缴纳医疗保险费、养老保险费、失业保险费、工伤保险费、生育保险费等社保费，并统一规定了计提基础和计提比例。企业为职工缴纳社保费的计提基数与职工个人缴纳社保费的计提基数相同，计提比例一般为：医疗保险9%、养老保险16%、失业保险1%、工伤保险0.5%、生育保险0.8%，住房公积金5%～12%。每月月末，人事劳资部门依据职工薪酬结算单，按规定的比例计算应由企业负担的每位职工的社保费及住房公积金，编制社保费和住房公积金的计算。卡州公司社保费和住房公积金的计算表见表3-44。

2. 编制职工薪酬结算汇总表

每个月财务部门从人事劳资部门取得的职工薪酬结算单是企业所有职工的职工薪酬，月末财务人员应根据职工薪酬结算单按职工所在的部门、班组及人员类别进行汇总，编制职工薪酬结算汇总表。

卡州公司财务人员根据各部门的职工薪酬结算单编制的职工薪酬结算汇总表，见表3-45，其中车间管理人员包括车间主任、技术员和统计员。

表 3-43 卡州公司职工薪酬结算表

所属部门： 第一车间　　　　2019 年 8 月　　　　单位：元

序号	姓名	职位	基本工资	计件工资		奖金	津贴补贴	加班工资	应扣工资		应付工资	代扣款项				实发工资	领款人签章
				BZ1	BZ2				病假	事假		社保费	住房公积金	个人所得税	小计		
1	张冬	车间主任	5000.00			1500.00	1000.00	600.00		200.00	7900.00	237.00	790.00	56.19	1083.19	6816.81	……
2	赵红娟	技术员	4500.00			1000.00	1000.00	200.00			6700.00	201.00	670.00	24.87	895.87	5804.13	……
3	孙凤	统计员	4500.00			1000.00	1000.00	400.00			6900.00	207.00	690.00	30.09	927.09	5972.91	……
4	束玉良	生产工人	4000.00	1200.00		800.00	2000.00	1000.00			9000.00	270.00	900.00	84.90	1254.90	7745.10	……
……	……	……	……	……	……	……	……	……	……	……	……	……	……	……	……	……	……
合计			……	13000.00	8000.00	……	……	……	……	……	76500.00	2295.00	7650.00	1265.12	11210.12	65289.88	……

审核：　　　　制单：

表 3-44 卡州公司社保费和住房公积金计算表

2019 年 8 月　　　　单位：元

序号	姓名	部门	人员类别	工资总额	医疗保险费（9%）	养老保险费（20%）	失业保险费（1.5%）	工伤保险费（0.5%）	生育保险费（0.8%）	住房公积金（10%）	合计
1	张冬	第一车间	车间管理人员	9100.00	819.00	1820.00	136.50	45.50	72.80	910.00	12903.80
2	赵红娟	第一车间	车间管理人员	7700.00	693.00	1540.00	115.50	38.50	61.60	770.00	10918.60
3	孙凤	第一车间	车间管理人员	7700.00	693.00	1540.00	115.50	38.50	61.60	770.00	10918.60
4	束玉良	第一车间	生产工人	8400.00	756.00	1680.00	126.00	42.00	67.20	840.00	11911.20
……	……	……	……	……	……	……	……	……	……	……	……
23	钱悦	第二车间	车间管理人员	9000.00	810.00	1800.00	135.00	45.00	72.00	900.00	12762.00
24	张萍	第二车间	车间管理人员	8100.00	729.00	1620.00	121.50	40.50	64.80	810.00	11485.80
……	……	……	……	……	……	……	……	……	……	……	……
合计			—	509000.00	45810.00	101800.00	7635.00	2545.00	4072.00	50900.00	721762.00

审核：　　　　制单：

表 3-45 卡州公司职工薪酬结算汇总表

2019 年 8 月　　单位：元

部门	人员类别	除计件工资以外工资	计件工资		应付工资
			BZ1	BZ2	
第一车间	车间管理人员	21500.00			21500.00
第一车间	生产工人	34000.00	13000.00	8000.00	55000.00
第二车间	车间管理人员	21900.00			21900.00
第二车间	生产工人	36700.00	15000.00	12000.00	63700.00
第三车间	车间管理人员	21700.00			21700.00
第三车间	生产工人	39000.00	14500.00	12300.00	65800.00
机修车间	生产工人	24000.00			24000.00
供汽车间	生产工人	32000.00			32000.00
运输车间	生产工人	40000.00			40000.00
行政部门	管理人员	86700.00			86700.00
销售部门	销售人员	76700.00			76700.00
合计		434200.00	42500.00	32300.00	509000.00

审核：　　制单：

表 3-45 中的计算公式为：

基本生产车间的计件工资 = 该车间职工薪酬结算单的计件工资合计数

基本生产车间工人的计时工资 = 该车间应付工资合计 − 该车间管理人员工资 − 该车间计件工资

其他车间或部门的工资 = 该车间或部门职工薪酬结算单的应付工资合计数

3. 编制职工薪酬分配表

财务人员根据工资结算汇总表，按照职工所在的部门、班组及人员类别分配工资。在计件工资制下，生产工人的工资是按产品产量和单件人工费计算的，可以直接计入所生产产品的成本，不需要在各种产品之间进行分配。在计时工资制下，如果生产车间或工人只生产一种产品，工资可以直接计入所生产产品的成本，也不需要在各种产品之间进行分配；如果生产多种产品，应将生产工人工资按合理的分配标准在各种产品之间进行分配，分配标准包括产品的生产工时、定额工时和直接材料成本等。分配的工资额应计入相应的账户，属于生产工人的工资分配计入“生产成本——基本生产成本（×× 产品）”，辅助生产车间人员工资计入“生产成本——辅助生产成本（×× 车间）”，车间管理人员工资计入“制造费用——×× 车间”，行政人员工资计入“管理费用”，销售人员工资计入“销售费用”，在建工程人员工资借记“在建工程”账户，研究与开发无形资产人员工资借记“研发支出”账户，贷记“应付职工薪酬——工资”；生产成本明细中人工费的成本项目为“直接人工”，“制造费用”“管理费用 ”和“销售费用”明细账中人工费的成本项目为“职工薪酬”。

卡州公司工资按完工产品的定额工时分配，该公司产量和定额工时见表 3-1 和表 3-2，根据职工薪酬结算汇总表（表 3-45），编制职工薪酬分配表见表 3-46。

表 3-46　卡州公司职工薪酬分配表

2019 年 8 月　　单位：元

应借账户			成本或费用项目	间接计入费用			直接计入费用	工资总额
总账	二级账	明细账		分配标准	分配率	分配额		
生产成本	基本生产成本	BZ1	直接人工	15840		54233.71	42500.00	96733.71
		BZ2	直接人工	16200		55466.29	32300.00	87766.29
	小计			32040	3.423845	109700.00	74800.00	184500.00
	辅助生产成本	机修车间	直接人工				24000.00	24000.00
		供汽车间	直接人工				32000.00	32000.00
		运输车间	直接人工				40000.00	40000.00
制造费用		第一车间	工资				21500.00	21500.00
		第二车间	工资				21900.00	21900.00
		第三车间	工资				21700.00	21700.00
管理费用			工资				86700.00	86700.00
销售费用			工资				76700.00	76700.00
合计						109700.00	399300.00	509000.00

审核：　　制单：

表 3-46 中的计算公式为：

生产 BZ1 和 BZ2 产品生产工人的工资总和 109700 元，为第一车间至第三车间三个生产车间生产工人工资的合计，定额工时的计算同电费，此处略。

分配率 = 待分配的人工费用 ÷ 分配标准 = 109700÷32040=3.423845

分配额 = 各产品的分配标准 × 分配率 = 各产品的定额工时 × 分配率

BZ1 产品应负担的生产工人的工资 =15840×3.423845=54233.71（元）

BZ2 产品应负担的生产工人的工资 =109700−54233.71=55466.29（元）

生产车间管理人员工资直接计入“制造费用”，其他部门人员的工资也是直接计入相应的账户，不需要分配。

4. 编制社保费、住房公积金分配表

同工资一样，财务部门每月会从人事劳资部门取得社保费和住房公积金计算表（见表 3-44），财务人员应按职工所在的部门、班组及人员类别进行汇总编制社保费和住房公积金分配表，所计入的应借账户同工资分配的账户，贷记“应付职工薪酬——社保费和住房公积金”；生产成本明细中社保费和住房公积金的成本项目为“直接人工”，“制造费用”“管理费用 ”和“销售费用”明细账中社保费和住房公积金的成本项目为“职工薪酬”或“社保费和住房公积金”。

卡州公司与职工薪酬相关的费用所设的成本项目为“职工薪酬”（以下同），公司财务人员编制的社保费和住房公积金分配表见表 3-47。表 3-47 中的工资总额为职工薪酬分配表（表 3-46）中最后列的工资总额，其他各列数据为工资总额与社保费和住房公积金的计提比例的乘积。

表 3-47　卡州公司社保费和住房公积金分配表

2019 年 8 月

单位：元

应借账户			成本或费用项目	工资总额	医疗保险费（9%）	养老保险费（20%）	失业保险费（1.5%）	工伤保险费（0.5%）	生育保险费（0.8%）	住房公积金（10%）	合计
总账	二级账	明细账									
生产成本	基本生产成本	BZ1	直接人工	96733.71	8706.03	19346.74	1451.01	483.67	773.87	9673.37	40434.69
		BZ2	直接人工	87766.29	7898.97	17553.26	1316.49	438.83	702.13	8776.63	36686.31
	小计			184500.00	16605.00	36900.00	2767.50	922.50	1476.00	18450.00	77121.00
	辅助生产成本	机修车间	直接人工	24000.00	2160.00	4800.00	360.00	120.00	192.00	2400.00	10032.00
		供汽车间	直接人工	32000.00	2880.00	6400.00	480.00	160.00	256.00	3200.00	13376.00
		运输车间	直接人工	40000.00	3600.00	8000.00	600.00	200.00	320.00	4000.00	16720.00
制造费用		第一车间	社保费和住房公积金	21500.00	1935.00	4300.00	322.50	107.50	172.00	2150.00	8987.00
		第二车间	社保费和住房公积金	21900.00	1971.00	4380.00	328.50	109.50	175.20	2190.00	9154.20
		第三车间	社保费和住房公积金	21700.00	1953.00	4340.00	325.50	108.50	173.60	2170.00	9070.60
管理费用			社保费和住房公积金	86700.00	7803.00	17340.00	1300.50	433.50	693.60	8670.00	36240.60
销售费用			社保费和住房公积金	76700.00	6903.00	15340.00	1150.50	383.50	613.60	7670.00	32060.60
合计				509000.00	45810.00	101800.00	7635.00	2545.00	4072.00	50900.00	212762.00

审核：　　　　　　制单：

5. 编制工会经费和职工教育经费计算表

企业于每个季度末缴纳工会经费和职工教育经费，企业根据配比原则每月末应根据职工工资总额和所在地区规定的计提比例计提工会经费和职工教育经费，编制工会经费和职工教育经费计算表；工会经费和职工教育经费的应借账户同工资分配的账户，贷记“应付职工薪酬——工会经费和职工教育经费”；生产成本明细中工会经费和职工教育经费的成本项目为“直接人工”,“制造费用”“管理费用”和“销售费用”明细账中工会经费和职工教育经费的成本项目为“职工薪酬”或“工会经费和职工教育经费”。

卡州公司按工资总额的 2% 和 8% 分别计提工会经费和职工教育经费，编制的工会经费和职工教育经费计算表（表 3-48），表中工资总额见表 3-46，其他各列数据为工资总额与工会经费和职工教育经费的计提比例的乘积。

表 3-48 卡州公司工会及职工教育经费计算表

2019 年 8 月　　　　单位：元

应借账户			成本或费用项目	工资总额	工会经费（2%）	职工教育经费（8%）	合计
总账	二级账	明细账					
生产成本	基本生产成本	BZ1	直接人工	96733.71	1934.67	7738.70	9673.37
		BZ2	直接人工	87766.29	1755.33	7021.30	8776.63
	小计			184500.00	3690.00	14760.00	18450.00
	辅助生产成本	机修车间	直接人工	24000.00	480.00	1920.00	2400.00
		供汽车间	直接人工	32000.00	640.00	2560.00	3200.00
		运输车间	直接人工	40000.00	800.00	3200.00	4000.00
制造费用		第一车间	工会经费和职工教育经费	21500.00	430.00	1720.00	2150.00
		第二车间	工会经费和职工教育经费	21900.00	438.00	1752.00	2190.00
		第三车间	工会经费和职工教育经费	21700.00	434.00	1736.00	2170.00
管理费用			工会经费和职工教育经费	86700.00	1734.00	6936.00	8670.00
销售费用			工会经费和职工教育经费	76700.00	1534.00	6136.00	7670.00
合计				509000.00	10180.00	40720.00	50900.00

审核：　　　　制单：

6. 编制职工福利费用分配表

职工福利是企业向职工提供的生活困难补助、丧葬补助费、抚恤费、职工异地安家费、防暑降温费等职工福利支出。根据《企业会计准则》的规定，企业发生的职工福利费，应当在实际发生时，根据实际发生额计入当期损益或相关资产成本；职工福利费为非货币性福利的，应当按照公允价值计量。因此，当企业实际发生职工福利费时，应根据职工所在部门及人员类别分配职工福利，并编制职工福利费用分配表；职工福利费的应借账户同工资分配的账户，贷记“应付职工薪酬——货币性福利或非货币性福利”；生产成本明细中职工福利费的成本项目为“直接人工”,“制造费用”“管理费用”和“销售费用”明细账中职工福利费的成本项目为“职工薪酬”。卡州公司本月按工资总额的 10% 发放货币性福利，财务人员编制的职工福利费用分配表见表 3-49，表中工资总额见表 3-46，职工福利为工资总额与职工福利发放比例的乘积。

表 3-49 卡州公司职工福利费用分配表

2019 年 8 月　　　　单位：元

应借账户			成本或费用项目	工资额	职工福利（10%）
总账	二级账	明细账			
生产成本	基本生产成本	BZ1	直接人工	96733.71	9673.37
		BZ2	直接人工	87766.29	8776.63
	小计			184500.00	18450.00
	辅助生产成本	机修车间	直接人工	24000.00	2400.00
		供汽车间	直接人工	32000.00	3200.00
		运输车间	直接人工	40000.00	4000.00
制造费用		第一车间	职工薪酬	21500.00	2150.00
		第二车间	职工薪酬	21900.00	2190.00
		第三车间	职工薪酬	21700.00	2170.00
管理费用			职工薪酬	86700.00	8670.00
销售费用			职工薪酬	76700.00	7670.00
合　计				509000.00	50900.00

审核：　　　　制单：

7. 填制分配职工薪酬的记账凭证

以上述原始记录、汇总表及分配表为原始凭证填写记账凭证，记账凭证的应借账户在编制分配表 3-46 ～表 3-49 时已经确定，贷方账户为“应付职工薪酬”明细账。卡州公司以“职工薪酬结算表”“职工薪酬结算汇总表”和“职工薪酬分配表”为原始凭证，填写分配职工薪酬记账凭证的会计分录见表 3-50；以“社保费和住房公积金计算表”和“社保费和住房公积金分配表”为原始凭证，填写分配职工社保费和住房公积金记账凭证的会计分录见表 3-51；分别以“工会经费和职工教育经费计算表”和“职工福利费分配表”为原始凭证填写记账凭证的会计分录见表 3-52 和表 3-53；同时，根据记账凭证登记“生产成本”“制造费用”“管理费用”“销售费用”“在建工程”“研发支出”明细账。

表 3-50 会计分录表　　　　凭证号数：11

摘要	借贷方向	总账科目	明细账科目			金额
分配工资	借：	生产成本	基本生产成本	BZ1	直接人工	96733.71
		生产成本	基本生产成本	BZ2	直接人工	87766.29
		生产成本	辅助生产成本	机修车间	直接人工	24000.00
		生产成本	辅助生产成本	供汽车间	直接人工	32000.00
		生产成本	辅助生产成本	运输车间	直接人工	40000.00
		制造费用	第一车间	职工薪酬		21500.00
		制造费用	第二车间	职工薪酬		21900.00
		制造费用	第三车间	职工薪酬		21700.00
		管理费用	职工薪酬			86700.00
		销售费用	职工薪酬			76700.00
	贷：	应付职工薪酬	职工薪酬			509000.00

表 3-51　会计分录表

凭证号数：12

摘要	借贷方向	总账科目	明细账科目			金额
分配社保费和住房公积金	借：	生产成本	基本生产成本	BZ1	直接人工	40434.69
		生产成本	基本生产成本	BZ2	直接人工	36686.31
		生产成本	辅助生产成本	机修车间	直接人工	10032.00
		生产成本	辅助生产成本	供汽车间	直接人工	13376.00
		生产成本	辅助生产成本	运输车间	直接人工	16720.00
		制造费用	第一车间	职工薪酬		8987.00
		制造费用	第二车间	职工薪酬		9154.20
		制造费用	第三车间	职工薪酬		9070.60
		管理费用	职工薪酬			36240.60
		销售费用	职工薪酬			32060.60
	贷：	应付职工薪酬	社会保险费	医疗保险		45810.00
		应付职工薪酬	社会保险费	养老保险		101800.00
		应付职工薪酬	社会保险费	失业保险		7635.00
		应付职工薪酬	社会保险费	工伤保险		2545.00
		应付职工薪酬	社会保险费	生育保险		4072.00
		应付职工薪酬	住房公积金			50900.00

表 3-52　会计分录表

凭证号数：13

摘要	借贷方向	总账科目	明细账科目			金额
计提工会经费和职工教育经费	借：	生产成本	基本生产成本	BZ1	直接人工	9673.37
		生产成本	基本生产成本	BZ2	直接人工	8776.63
		生产成本	辅助生产成本	机修车间	直接人工	2400.00
		生产成本	辅助生产成本	供汽车间	直接人工	3200.00
		生产成本	辅助生产成本	运输车间	直接人工	4000.00
		制造费用	第一车间	职工薪酬		2150.00
		制造费用	第二车间	职工薪酬		2190.00
		制造费用	第三车间	职工薪酬		2170.00
		管理费用	职工薪酬			8670.00
		销售费用	职工薪酬			7670.00
	贷：	应付职工薪酬	工会经费			10180.00
		应付职工薪酬	职工教育经费			40720.00

表 3-53 会计分录表 凭证号数：14

摘要	借贷方向	总账科目	明细账科目			金额
分配职工福利	借：	生产成本	基本生产成本	BZ1	直接人工	9673.37
		生产成本	基本生产成本	BZ2	直接人工	8776.63
		生产成本	辅助生产成本	机修车间	直接人工	2400.00
		生产成本	辅助生产成本	供汽车间	直接人工	3200.00
		生产成本	辅助生产成本	运输车间	直接人工	4000.00
		制造费用	第一车间	职工薪酬		2150.00
		制造费用	第二车间	职工薪酬		2190.00
		制造费用	第三车间	职工薪酬		2170.00
		管理费用	职工薪酬			8670.00
		销售费用	职工薪酬			7670.00
	贷：	应付职工薪酬	货币性福利			50900.00

四、计提折旧

企业在生产经营过程中必然会使用固定资产，固定资产虽然在使用过程中保持着原有的实物形态，但其价值会随着固定资产的磨损而逐渐减少，减少的价值通过计提折旧的形式转移到成本费用中去。根据《企业会计准则》的规定，企业应对除已提足折旧继续使用的固定资产和按规定单独估价入账的土地外计提折旧。

1. 确定固定资产折旧率

企业在计提折旧时可以选择按个别固定资产折旧率计算折旧，也可以为了简化工作，选择按综合折旧率或分类折旧率计算折旧。

（1）个别固定资产折旧率。根据《企业会计准则》的规定，个别固定资产计提折旧可选择的折旧方法包括平均年限法、工作量法、双倍余额递减法和年数总和法等。企业选用不同的固定资产折旧方法，将影响固定资产使用寿命期间内不同时期的折旧费用，因此，固定资产的折旧方法一经确定，不得随意变更。如需变更应当符合《企业会计准则第 4 号——固定资产》第十九条的规定。

① 平均年限法。又称直线法，是按固定资产的预计使用年限平均计算折旧的一种方法。计算公式如下：

年折旧额 =（固定资产原值 − 预计净残值）÷ 预计使用年限

年折旧率 = 年折旧额 ÷ 固定资产原值 ×100%

月折旧率 = 年折旧率 ÷12

② 工作量法。这是按固定资产预计完成的工作量均计算折旧的一种方法。计算公式如下：

单位工作量折旧额 =（固定资产原值 − 预计净残值）÷ 总工作量

该项固定资产月折旧额 = 该固定资产当月实际完成的工作量 × 单位工作量折旧额

③ 双倍余额递减法。双倍余额递减法是在不考虑固定资产预计净残值的情况下，根据每年年初固定资产账面净值和双倍直线法折旧率计算固定资产折旧的一种方法。计算公式如下：

年折旧率 =2÷ 折旧年限 ×100%

年折旧额 = 年初固定资产账面净值 × 年折旧率

月折旧额 = 年折旧额 ÷12

实行双倍余额递减法计提折旧的固定资产，应在其折旧年限到期前二年内，将固定资产净值扣除预计净残值后的余额平均摊销。

④ 年数总和法。这是将固定资产原值减预计净残值后的净额乘以固定资产尚可使用的年数，除以固定资产预计使用年限年数总和计算折旧的一种方法。计算公式如下：

年折旧额 =（固定资产原值 − 预计净残值）× 尚可使用年数 ÷ 预计使用年限年数总和

预计使用年限年数总和 = 预计使用年限 ×（预计使用年限 +1）÷2

（2）综合折旧率。综合折旧率是以企业全部固定资产的加权平均折旧率为依据计提折旧。采用综合折旧率计提折旧，可以简化折旧的计算工作，但因固定资产的使用年限不同，固定资产的结构经常变动，因而不能正确地计算固定资产的折旧额，一般不宜用来计算固定资产的实际折旧额。综合折旧率的公式为：

综合折旧率 = 按个别折旧率计算的全部固定资产折旧总额 ÷ 全部固定资产原值总额 ×100%

（3）分类折旧率。分类折旧率是指把结构相似或其他条件大致相同的固定资产归为一类，用该类固定资产的折旧额除以固定资产原值计算的平均折旧率。固定资产的类别一般是根据固定资产的性质（如结构、质量或耐用性）划分的，如，房屋建筑物为一类，机器设备为一类。采用分类折旧率计提折旧，同类固定资产可以汇总计算折旧，计算工作较简便，但同类固定资产中的各项固定资产，在使用年限上并不完全相同，因而不如按个别折旧率计提折旧符合固定资产损耗的实际情况，但是比起按综合折旧率提取折旧又准确一些。分类折旧率的计算公式为：

某类固定资产年折旧率 = 该类固定资产年折旧额 ÷ 该类固定资产原值 ×100%

某类固定资产月折旧率 = 某类固定资产年折旧率 ÷12

用个别固定资产折旧率计算折旧，结果准确，但工作量大。用综合折旧率计算折旧，工作量小，但结果不准确。所以，在实际工作中，一般用分类折旧率按月计提折旧，为了简化核算，当月增加的固定资产在当月不计提折旧，从下月起计提折旧；当月减少的固定资产在当月继续计提折旧，从下月起不再计提折旧。固定资产本月计提折旧额的计算公式为：

本月应计提折旧额 = 上月固定资产应计提的折旧额 + 上月增加固定资产应计提的折旧额－上月减少固定资产应计提的折旧额

上月增加（或减少）固定资产应计提的折旧额 =Σ［上月增加（或减少）某类固定资产原值 × 该类固定资产的分类折旧率］

2. 编制固定资产折旧计算表

企业应在每个月月末编制固定资产折旧计算表，由于采用的折旧率不同，固定资产折旧计算表的格式也不同。卡州公司月折旧额是按分类折旧率计提折旧；该公司固定资产折旧计算表见表 3-54。

表 3-54　卡州公司固定资产折旧计算表

2019 年 8 月　　　　单位：元

使用部门	固定资产类别	固定资产上月初余额	月折旧率	上月增加固定资产原值	上月减少固定资产的原值	本月应计提折旧额
第一车间	房屋建筑物	500000.00	0.30%			1500.00
	生产设备	800000.00	0.50%		120000.00	3400.00
第二车间	房屋建筑物	350000.00	0.30%			1050.00
	生产设备	600000.00	0.50%	180000.00		3900.00
第三车间	房屋建筑物	400000.00	0.30%			1200.00
	生产设备	900000.00	0.50%			4500.00
机修车间	房屋建筑物	300000.00	0.30%			900.00
	生产设备	23000.00	0.50%			115.00
运输车间	房屋建筑物	180000.00	0.30%			540.00
	生产设备	860000.00	0.50%		230000.00	3150.00
供汽车间	房屋建筑物	460000.00	0.30%			1380.00
	生产设备	800000.00	0.50%			4000.00
行政部门	房屋建筑物	124000.00	0.30%			372.00
	办公设备	260000.00	0.50%	130000.00	80000.00	1550.00
销售部门	房屋建筑物	132000.00	0.30%			396.00
	办公设备	230000.00	0.50%			1150.00
折旧额合计		6919000.00	6919000.00	—	—	—

会计主管：　　　　复核：　　　　制单：

表 3-54 的计算公式如下：

本月应计提折旧额 = 上月固定资产应计提的折旧额 + 上月增加固定资产应计提的折旧额 − 上月减少固定资产应计提的折旧额

第一车间房屋建筑物本月应计提折旧额 =（固定资产月初余额 + 上月增加固定资产原值 − 上月减少固定资产原值）× 月折旧率 =500000×0.30%=1500（元）

其他车间和部门折旧额与此相同，此处略。

3. 编制固定资产折旧费用分配表

根据固定资产折旧计算表编制固定资产折旧费用分配表：生产车间的固定资产折旧借记“制造费用”账户，若辅助生产车间没有开设“制造费用”账户，辅助生产车间的折旧费用借记“辅助生产成本”账户，行政管理部门的固定资产折旧费借记“管理费用”账户，销售部门固定资产折旧费借记“销售费用”账户，经营性出租固定资产的折旧费用借记“其他业务成本”账户，贷记“累计折旧”；计入生产成本明细的折旧额成本项目为“制造费用”，计入“制造费用”“管理费用 ”和“销售费用”明细账的折旧额成本项目为“折旧费”。

卡州公司财务人员根据表 3-54 编制的固定资产折旧费用分配表见表 3-55。

表 3-55 卡州公司固定资产折旧费用分配表

2019 年 8 月　　单位：元

应借账户			成本或费用项目	折旧费用金额
总账	二级账	明细账		
生产成本	辅助生产成本	机修车间	制造费用	1015.00
		运输车间	制造费用	3690.00
		供汽车间	制造费用	5380.00
制造费用		第一车间	折旧费	4900.00
		第二车间	折旧费	4950.00
		第三车间	折旧费	5700.00
管理费用			折旧费	1922.00
销售费用			折旧费	1546.00
合计				29103.00

会计主管：　　复核：　　制单：

4. 填制分配折旧费的记账凭证

每月末财务人员以编制的固定资产折旧计算表和固定资产折旧分配表为原始凭证，填写记账凭证。卡州公司财务人员以编制的固定资产折旧计算表（表 3-54）和固定资产折旧费用分配表（表 3-55）为原始凭证填写记账凭证的会计分录见表 3-56。

表 3-56 会计分录表　　凭证号数：15

摘要	借贷方向	总账科目	明细账科目			金额
计提折旧	借：	生产成本	辅助生产成本	机修车间	制造费用	1015.00
		生产成本	辅助生产成本	运输车间	制造费用	3690.00
		生产成本	辅助生产成本	供汽车间	制造费用	5380.00
		制造费用	第一车间	折旧费		4900.00
		制造费用	第二车间	折旧费		4950.00
		制造费用	第三车间	折旧费		5700.00
		管理费用	折旧费			1922.00
		销售费用	折旧费			1546.00
	贷：	累计折旧				29103.00

五、归集与分配其他费用

其他费用是指除上述要素费用外的费用，如，差旅费、办公费、取暖费、业务招待费、租赁费、保险费、印刷费、书报费、误餐补助费、交通费等。这些费用一般与产品的生产没有直接关系，属于间接计入费用；费用发生时，按发生的车间、部门和用途借记“制造费用”“管理费用”“销售费用”等账户，贷记“银行存款”等，期末再分配计入产品成本。

卡州公司 2019 年 8 月差旅费报销单见表 3-57 和表 3-58。会计人员应以职工的差旅费报销单为原始凭证填写记账凭证的会计分录见表 3-59。

表 3-57 卡州公司差旅费报销单（一）

工作部门： 第一车间 2019 年 8 月 21 日 单位：元 附单据 3 张

姓名				张冬	职别	车间主任	随行人员		无		出差事由：参观学习			
起止日期				起止地点	交通费		交通补助		伙食补助		住宿费		其他费用	金额合计
月	日	月	日		实际费用	核准报销	天数	金额	天数	金额	天数	金额		
7	2	7	2	北京至南京	63	63	4	320	4	400	3	1050		1833.00
7	5	7	5	南京至北京	63	63								63.00
核准报销金额总计人民币（大写）					壹仟捌佰玖拾陆元整						¥1896.00			
备注：已预借 2000 元，余款现金支付。														

主管： 会计： 出差人：

表 3-58 卡州公司差旅费报销单（二）

工作部门： 第二车间 2019 年 8 月 21 日 单位：元 附单据 3 张

姓名				钱悦	职别	车间主任	随行人员		无		出差事由：参观学习			
起止日期				起止地点	交通费		交通补助		伙食补助		住宿费		其他费用	金额合计
月	日	月	日		实际费用	核准报销	天数	金额	天数	金额	天数	金额		
7	2	7	2	北京至南京	63	63	4	320	4	400	3	1050		1833.00
7	5	7	5	南京至北京	63	63								63.00
核准报销金额总计人民币（大写）					壹仟捌佰玖拾陆元整						¥1896.00			
备注：已预借 2000 元，余款现金支付。														

主管： 会计： 出差人：

表 3-59 会计分录表 凭证号数：16

摘要	借贷方向	总账科目	明细账科目		金额
报销差旅费	借：	制造费用	第一车间	差旅费	1896.00
		制造费用	第二车间	差旅费	1896.00
		库存现金			208.00
	贷：	其他应收款	张冬		2000.00
		其他应收款	钱悦		2000.00

根据记账凭证表 3-59 登记“制造费用”明细账。

任务三 分配辅助生产费用

在要素费用分配过程中发生的辅助生产费用已经计入辅助生产车间的“生产成本——辅助生产成本（×× 车间）”或“制造费用——×× 车间”明细账，也就是说要素费用的分配过程就是辅助生产费用的归集过程。由于辅助生产费用是辅助生产车间为生产产品或提供劳务的发生费用，应分配给基本生产车间和有关部门。如前所述，辅助生产车间可能设置“制造费用”账户，也可能不设置“制造费用”账户。若辅助生产车间设置“制造费用”明细账，分配辅助生产费用前应先分配辅助生产车间的“制造费用”；如果辅助生产车间只生产一种产品或只提供一种劳务，则辅助车间的制造费用直接转入该产品或劳务的成本即可，如果辅助生产车间生产多种产品或提供多种劳务，应选择合理的分配标准分配制造费用，分配标准可以是生产工时、生产工人的工资、产品产量等。

一、取得各辅助生产车间劳务耗用量通知单

辅助生产车间是为生产及管理部门服务的，发生的费用应按其提供给受益对象的劳务量进行分配。每月末财务人员应从各辅助生产车间取得各辅助生产车间劳务耗用量通知单。

卡州公司财务人员取得的各辅助生产车间的劳务耗用量通知单见表 3-60。

表 3-60 卡州公司劳务耗用量通知单

2019 年 8 月

受益对象	耗用量		
	机修车间 / 工时	运输车间 / 千米	供汽车间 / 立方米
机修车间		20	180
运输车间	220		150
供汽车间	230	30	
第一车间	350	150	3500
第二车间	400	200	4200
第三车间	360	160	3800
管理部门	130	10	140
销售部门	80	90	100
合计	1770	660	12070

制表人：

二、选择辅助生产费用分配方法

要素费用的分配（包括辅助生产车间“制造费用”的分配）过程就是辅助生产费用的归集过程，“辅助生产成本”明细账余额为待分配的辅助生产费用，月末应分配计入产品成本。由于辅助生产车间提供的可能是产品，也可能是劳务，所以核算的方法也不太一样。若提供的是产品，其核算同于基本生产车间的产品；若提供的是劳务，则应根据辅助生产车间所提供劳务的数量及其受益单位和程序等情况的差异采用适当的方法进行分配。通常采用的辅助生产费用的分配方法有直接分配法、交互分配法、代数分配法、计划成本分配法和顺序分配法。企业应根据企业规模、辅助车间之间提供劳务情况及计算机应用情况等选择适合的辅助生产费用分配方法。一般辅助生产部门相互提供劳务不多，并且辅助生产费用较少的中小型企业宜选择直接分配法；各辅助生产车间之间相互提供产品或劳务较多且差异较大的企业宜选择交互分配法；在成本会计中已运用电子计算技术的企业宜选择代数分配法；计划成本资料健全准确、成本核算基础工作较好的企业宜选择计划成本分配法；辅助生产部门交互服务的数量有较明显顺序的企业宜选择顺序分配法。

1. 直接分配法

直接分配法是指将各辅助生产车间发生的费用，直接分配给辅助生产车间以外的各受益单位，辅助生产车间之间相互提供的产品和劳务，不互相分配费用。直接分配法下可以

先做出“辅助生产成本”明细账的本月合计，以其余额为辅助生产费用的分配额；也可以先不做本月合计，按本月最后一笔业务的余额为分配额。卡州公司是采用先做出“辅助生产成本”明细账的本月合计，再分配辅助生产费用。

（1）编制辅助生产费用分配表。辅助生产费用的分配一般是通过编制辅助生产费用分配表进行的。直接分配法下，各辅助生产车间归集的辅助生产费用直接分配给辅助车间以外的受益对象，基本生产车间生产产品耗用的辅助生产费用借记“生产成本——基本生产成本（×× 产品）”，基本生产车间一般耗用的辅助生产费用借记“制造费用——×× 车间”，管理部门耗用的辅助生产费用借记“管理费用”，销售部门耗用的辅助生产费用借记“销售费用”，贷记“生产成本——辅助生产成本（×× 车间）”。

假设卡州公司辅助生产费用采用直接分配法进行分配，该公司辅助生产费用分配表见表 3-61，表中的应借账户是根据卡州公司基本生产车间耗用的辅助生产费用为一般耗用，分配表中应借账户为“制造费用”。

表 3-61　卡州公司辅助生产费用（直接分配法）的分配表

2019 年 8 月 31 日　　单位：元

项目				机修车间	运输车间	供汽车间	金额合计
辅助生产成本明细账户余额				56568.00	82276.93	82792.00	221636.93
提供给辅助车间以外的劳务量				1320	610	11740	
辅助生产费用分配率				42.854545	134.880221	7.052130	
应借账户	制造费用	第一车间	接受劳务量	350	150	3500	
			应负担成本	14999.09	20232.03	24682.45	59913.57
		第二车间	接受劳务量	400	200	4200	
			应负担成本	17141.82	26976.04	29618.95	73736.81
		第三车间	接受劳务量	360	160	3800	
			应负担成本	15427.64	21580.84	26798.09	63806.57
	管理费用		接受劳务量	130	10	140	
			应负担成本	5571.09	1348.80	987.30	7907.19
	销售费用		接受劳务量	80	90	100	
			应负担成本	3428.36	12139.22	705.21	16272.79
分配费用额合计				56568.00	82276.93	82792.00	221636.93

会计主管：　　复核：　　制单：

表 3-61 中计算公式如下：

某辅助生产车间费用分配率＝该辅助生产车间发生的费用总额 ÷ 该辅助生产车间提供给辅助生产车间以外的劳务数量

如：机修车间的费用分配率 =56568.00÷1320=42.854545，其他车间以此类推。

受益单位应负担成本 = 接受劳务量 × 费用分配率

如：第一车间应负担机修车间的成本费用 =350×42. 854545=14999.09（元）

（2）填制记账凭证。根据直接分配法的分配表（表 3-61）填写记账凭证的会计分录见表 3-62，根据表 3-62 登记账簿略。

表 3-62 会计分录表 凭证号数：17

摘要	借贷方向	总账科目	明细账科目		金额
分配辅助生产费用	借：	制造费用	第一车间	修理费	14999.09
		制造费用	第一车间	运输费	20232.03
		制造费用	第一车间	蒸汽费	24682.45
		制造费用	第二车间	修理费	17141.82
		制造费用	第二车间	运输费	26976.04
		制造费用	第二车间	蒸汽费	29618.95
		制造费用	第三车间	修理费	15427.64
		制造费用	第三车间	运输费	21580.84
		制造费用	第三车间	蒸汽费	26798.09
		管理费用	修理费		5571.09
		管理费用	运输费		1348.80
		管理费用	蒸汽费		987.30
		销售费用	修理费		3428.36
		销售费用	运输费		12139.22
		销售费用	蒸汽费		705.21
	贷：	生产成本	辅助生产成本	机修车间	56568.00
		生产成本	辅助生产成本	运输车间	82276.93
		生产成本	辅助生产成本	供汽车间	82792.00

采用直接分配法情况下，由于各辅助生产费用只是进行对外分配，所以只需分配一次，计算工作简便；但由于没有考虑辅助生产部门之间产品、劳务或作业的提供，对成本计算的准确性有一定的影响。这种方法一般适用于辅助生产部门相互提供劳务不多且辅助生产费用较少的中小型企业。

2. 交互分配法

交互分配法是先将归集的辅助生产费用在辅助生产车间之间进行交互分配，然后，将交互分配后的各辅助车间的费用余额在辅助车间以外的受益对象之间进行分配。

（1）编制辅助生产费用交互分配表。交互分配首先应将“辅助生产成本”明细账的余额在辅助车间之间相互分配，接受劳务的一方向提供劳务的一方支付费用，当辅助生产车间支付费用时，使其辅助生产费用增加，应借记“生产成本——辅助生产成本”账户，即为交互分配表的应借账户。当辅助生产车间收到费用时，使其费用减少，应贷记“生产成本——辅助生产成本”。卡州公司采用交互分配法得出的分配表见表 3-63。

表 3-63 卡州公司辅助生产费用（交互分配法）分配表

2019 年 8 月 31 日 单位：元

项目	机修车间	运输车间	供汽车间	金额合计
辅助生产成本明细账账户余额	56568.00	82276.93	82792.00	221636.93
辅助车间提供的劳务总量	1770	660	12070	

续表

项目					机修车间	运输车间	供汽车间	金额合计
辅助生产费用分配率					31.959322	124.662023	6.859321	
应借账户	生产成本	辅助生产成本	机修车间	接受劳务量		20	180	
				应负担成本		2493.24	1234.68	3727.92
			运输车间	接受劳务量	220		150	
				应负担成本	7031.05		1028.90	8059.95
			供汽车间	接受劳务量	230.00	30.00		
				应负担成本	7350.64	3739.86		11090.50
分配费用额合计					14381.69	6233.10	2263.58	22878.37

会计主管：　　　　复核：　　　　制单：

表3-63中计算公式如下：

辅助生产费用交互分配率＝辅助生产成本明细账账户余额 ÷ 辅助生产车间提供的劳务总量

如：机修车间交互分配率 =56568.00÷1770=31.959322

某辅助生产车间应负担成本＝该辅助生产车间接受劳务量 × 交互分配率

如：运输车间应负担的机修车间成本 =220×31.959322=7031.05（元）

（2）以表3-63为原始凭证，填制记账凭证的会计分录见表3-64。

表3-64　会计分录表　　　　凭证号数：18

摘要	借贷方向	总账科目	明细账科目			金额
交互分配辅助生产费用	借：	生产成本	辅助生产成本	机修车间	制造费用	3727.92
		生产成本	辅助生产成本	运输车间	制造费用	8059.95
		生产成本	辅助生产成本	供汽车间	制造费用	11090.50
	贷：	生产成本	辅助生产成本	机修车间		14381.69
		生产成本	辅助生产成本	运输车间		6233.10
		生产成本	辅助生产成本	供汽车间		2263.58

（3）根据表3-64登记“辅助生产成本”明细账，并得出各辅助车间交互分配后的辅助生产成本明细账的本月合计。

交互分配辅助生产成本账户本月合计＝辅助生产车间交互分配前的账户余额 + 交互分配借方发生额 − 交互分配贷方发生额

（4）编制辅助生产费用对外分配表，见表3-65。

表3-65　卡州公司辅助生产费用（交互分配法）对外分配表

2019年8月31日　　　　单位：元

项目	机修车间	运输车间	供汽车间	金额合计
辅助生产成本明细账账户余额	45914.22	84103.78	91618.93	221636.93
提供给辅助车间以外的劳务量	1320	610	11740	
辅助生产费用对外分配率	34.783502	137.875054	7.803998	

续表

项目				机修车间	运输车间	供汽车间	金额合计
应借账户	制造费用	第一车间	接受劳务量	350	150	3500	
			应负担成本	12174.23	20681.26	27313.99	60169.48
		第二车间	接受劳务量	400	200	4200	
			应负担成本	13913.40	27575.01	32776.79	74265.20
		第三车间	接受劳务量	360	160	3800	
			应负担成本	12522.06	22060.01	29655.19	64237.26
	管理费用		接受劳务量	130	10	140	
			应负担成本	4521.86	1378.75	1092.56	6993.17
	销售费用		接受劳务量	80	90	100	
			应负担成本	2782.68	12408.75	780.40	15971.83
分配费用额合计				45914.22	84103.78	91618.93	221636.93

会计主管： 复核： 制单：

表 3-65 中计算公式如下：

提供给辅助车间以外的劳务量 = 辅助车间提供劳务总量 − 各辅助车间所耗用的劳务量

辅助生产费用对外分配率＝交互分配后辅助生产成本明细账余额 ÷ 辅助生产车间对外提供的劳务总量

如：机修车间对外分配率 =45914.22÷1320=34.783502，其他车间以此类推。

某部门车间应负担成本＝该部门接受劳务量 × 对外分配率

如：第一车间应负担的机修车间成本 =350×34.783502 =12174.23（元），其他车间以此类推。

（5）根据表 3-65 填写对外分配记账凭证的会计分录见表 3-66。

表 3-66 会计分录表 凭证号数：19

摘要	借贷方向	总账科目	明细账科目		金额
对外分配辅助生产	借：	制造费用	第一车间	修理费	12174.23
		制造费用	第一车间	运输费	20681.26
		制造费用	第一车间	蒸汽费	27313.99
		制造费用	第二车间	修理费	13913.40
		制造费用	第二车间	运输费	27575.01
		制造费用	第二车间	蒸汽费	32776.79
		制造费用	第三车间	修理费	12522.06
		制造费用	第三车间	运输费	22060.01
		制造费用	第三车间	蒸汽费	29655.19
		管理费用	修理费		4521.86
		管理费用	运输费		1378.75
		管理费用	蒸汽费		1092.56
		销售费用	修理费		2782.68
		销售费用	运输费		12408.75
		销售费用	蒸汽费		780.40

续表

摘要	借贷方向	总账科目	明细账科目		金额
对外分配辅助生产	贷：	生产成本	辅助生产成本	机修车间	45914.22
		生产成本	辅助生产成本	运输车间	84103.78
		生产成本	辅助生产成本	供汽车间	91618.93

采用交互分配法情况下，首先辅助生产车间内部相互提供的产品或劳务进行了交互分配，与直接分配法相比，提高了费用分配结果的准确性。但由于交互分配法需要进行两次分配，工作量较大，一般适用于各辅助生产车间之间相互提供产品或劳务较多且差异较大的企业。

3. 代数分配法

代数分配法是运用代数中建立多元一次方程组的方法，设辅助生产车间产品或劳务的单位成本为未知数，根据各个辅助车间提供产品或劳务的数量、相互提供产品或劳务的数量及待分配费用总额，建立方程组，通过求解方程组计算出产品或劳务的单位成本，从而分配辅助生产成本的一种方法。

（1）建立方程组。设辅助生产车间的单位成本为未知数，建立方程组的方程式为：

“辅助生产成本”明细账账户余额 + 耗用其他辅助生产车间的劳务数量 × 其他辅助生产车间劳务的单位成本 = 该辅助生产车间提供劳务总量 × 该辅助生产车间劳务的单位成本

卡州公司设机修车间、运输车间和供汽车间的单位成本分别为 X、Y 和 Z，建立的方程组为：

$56568.00+20Y+180Z=1770X$

$82276.93+220X+150Z=660Y$

$82792.00+230X+30Y=12070Z$

（2）求解方程组，计算出辅助生产车间的单位成本。卡州公司求解上述方程组得：

$X=34.316268$ $Y=137.886222$ $Z=7.855951$

（3）根据上述计算结果编制辅助生产费用（代数分配法）的分配表，见表 3-67。

表 3-67 卡州公司辅助生产费用（代数分配法）的分配表

2019 年 8 月 31 日　　单位：元

项目					机修车间	运输车间	供汽车间	金额合计
辅助生产成本明细账账户余额					56568.00	82276.93	82792.00	221636.93
辅助车间提供的劳务总量					1770	660	12070	—
辅助生产车间的单位成本					34.316268	137.886222	7.855951	—
应借账户	生产成本	辅助生产成本	机修车间	接受劳务量	0	20	180	—
				应负担成本	0.00	2757.72	1414.07	4171.79
			运输车间	接受劳务量	220	0	150	—
				应负担成本	7549.58	0.00	1178.39	8727.97
			供汽车间	接受劳务量	230	30	0	—
				应负担成本	7892.74	4136.59	0.00	12029.33

续表

项目				机修车间	运输车间	供汽车间	金额合计
应借账户	制造费用	第一车间	接受劳务量	350	150	3500	—
			应负担成本	12010.69	20682.93	27495.83	60189.45
		第二车间	接受劳务量	400	200	4200	—
			应负担成本	13726.51	27577.24	32995.00	74298.75
		第三车间	接受劳务量	360	160	3800	—
			应负担成本	12353.86	22061.80	29852.62	64268.28
	管理费用		接受劳务量	130	10	140	—
			应负担成本	4461.11	1378.86	1099.83	6939.80
	销售费用		接受劳务量	80	90	100	—
			应负担成本	2745.30	12409.76	785.60	15940.66
分配费用额合计				60739.79	91004.91	94821.33	246566.03

会计主管：　　　　复核：　　　　制单：

表3-67中计算公式如下：

应负担成本 = 辅助生产车间的单位成本 × 接受劳务量

如机修车间应负担的运输费用 =20×137.886222=2757.72（元），其他各车间以此类推。

（4）根据表3-67填写记账凭证的会计分录见表3-68，登记“辅助生产费用”明细账略。

表3-68　会计分录表　　　　凭证号数：20

摘要	借贷方向	总账科目	明细账科目			金额
分配辅助生产费用	借：	生产成本	辅助生产成本	机修车间	制造费用	4171.80
		生产成本	辅助生产成本	运输车间	制造费用	8727.97
		生产成本	辅助生产成本	供汽车间	制造费用	12029.33
		制造费用	第一车间	修理费		12010.69
		制造费用	第一车间	运输费		20682.93
		制造费用	第一车间	蒸汽费		27495.83
		制造费用	第二车间	修理费		13726.51
		制造费用	第二车间	运输费		27577.24
		制造费用	第二车间	蒸汽费		32995.00
		制造费用	第三车间	修理费		12353.86
		制造费用	第三车间	运输费		22061.80
		制造费用	第三车间	蒸汽费		29852.62
		管理费用	修理费			4461.11
		管理费用	运输费			1378.86
		管理费用	蒸汽费			1099.83
		销售费用	修理费			2745.30
		销售费用	运输费			12409.76
		销售费用	蒸汽费			785.60
	贷：	生产成本	辅助生产成本	机修车间		60739.79
		生产成本	辅助生产成本	运输车间		91004.91
		生产成本	辅助生产成本	供汽车间		94821.33

采用代数分配法分配辅助生产费用，结果最精确，但计算较为复杂。该方法一般适用于在成本会计中已运用电子计算技术的企业。采用手工计算的企业，较少采用代数分配法。

4. 计划成本分配法

计划成本分配法是指根据辅助生产车间提供产品或劳务数量和预先确定的产品或劳务的计划单位成本，计算各车间、部门应负担辅助生产费用的一种分配方法。一般为了简化核算，辅助生产车间发生的实际成本与按计划成本计算的分配额之间的差额不再进行分配，直接调整管理费用。

（1）编制辅助生产分配表。假设卡州公司机修车间、运输车间和供汽车间的计划单位成本分别为34元/工时、136元/千米和6.5元/立方米，采用计划分配法分配辅助生产费用，卡州公司辅助生产费用的分配表见表3-69。

表3-69　卡州公司辅助生产费用（计划成本分配法）的分配表

2019年8月31日　　　　单位：元

项目					机修车间	运输车间	供汽车间	金额合计
辅助生产成本明细账账户余额					56568.00	82276.93	82792.00	221636.93
辅助车间提供的劳务总量					1770	660	12070	—
辅助生产车间的计划单位成本					34	136	6.5	—
应借账户	生产成本	辅助生产成本	机修车间	接受劳务量	—	20	180	—
				应负担成本	—	2720	1170	3890.00
			运输车间	接受劳务量	220	—	150	—
				应负担成本	7480.00	—	975.00	8455.00
			供汽车间	接受劳务量	230	30	—	—
				应负担成本	7820.00	4080.00	0.00	11900.00
	制造费用	第一车间		接受劳务量	350	150	3500	—
				应负担成本	11900.00	20400.00	22750.00	55050.00
		第二车间		接受劳务量	400	200	4200	—
				应负担成本	13600.00	27200.00	27300.00	68100.00
		第三车间		接受劳务量	360	160	3800	—
				应负担成本	12240.00	21760.00	24700.00	58700.00
	管理费用			接受劳务量	130	10	140	—
				应负担成本	4420.00	1360.00	910.00	6690.00
	销售费用			接受劳务量	80	90	100	—
				应负担成本	2720.00	12240.00	650.00	15610.00
计划成本金额合计					60180.00	89760.00	78455.00	228395.00
辅助生产车间实际成本					60458.00	90731.93	94692.00	245881.93
实际成本与计划成本的差异					278.00	971.93	16237.00	17486.93

会计主管：　　　　复核：　　　　制单：

表3-69中计算公式如下：

各部门应负担成本 = 辅助生产车间的计划单位成本 × 接受劳务量

如机修车间应负担的运输费用 =136×20=2720（元），其他各车间以此类推。

某辅助车间计划成本金额合计 = 该辅助生产车间的计划单位成本 × 提供劳务总量（各车间和各部门应负担成本之和）

辅助生产车间实际成本 = 辅助生产成本明细账账户余额 +（该辅助生产车间接受某辅助车间的劳务量 × 其他辅助生产车间的计划单位成本）

实际成本与计划成本的差异 = 辅助生产车间实际成本 − 计划成本

（2）根据表 3-69 填写记账凭证的会计分录见表 3-70，登记账簿略。

表 3-70 会计分录表 凭证号数：21

摘要	借贷方向	总账科目	明细账科目			金额
分配辅助生产费用	借：	生产成本	辅助生产成本	机修车间	制造费用	3890.00
		生产成本	辅助生产成本	运输车间	制造费用	8455.00
		生产成本	辅助生产成本	供汽车间	制造费用	11900.00
		制造费用	第一车间	修理费		11900.00
		制造费用	第一车间	运输费		20400.00
		制造费用	第一车间	蒸汽费		22750.00
		制造费用	第二车间	修理费		13600.00
		制造费用	第二车间	运输费		27200.00
		制造费用	第二车间	蒸汽费		27300.00
		制造费用	第三车间	修理费		12240.00
		制造费用	第三车间	运输费		21760.00
		制造费用	第三车间	蒸汽费		24700.00
		管理费用	修理费			4698.00
		管理费用	运输费			2331.93
		管理费用	蒸汽费			17147.00
		销售费用	修理费			2720.00
		销售费用	运输费			12240.00
		销售费用	蒸汽费			650.00
	贷：	生产成本	辅助生产成本	机修车间		60458.00
		生产成本	辅助生产成本	运输车间		90731.93
		生产成本	辅助生产成本	供汽车间		94692.00

采用计划成本分配法情况下，各辅助生产车间产品或劳务的计划单位成本是预先确定的，因而简化了核算工作。通过差异的计算，可以检查辅助生产车间计划完成情况。该方法适于计划成本资料健全准确、成本核算基础工作较好的企业。

5. 顺序分配法

顺序分配法是指各辅助生产车间之间的费用是按照受益多少的顺序依次排列，受益少的排在前面，先将费用分配出去，受益多的排在后面，后将费用分配出去。分配时，前者分配给后者，而后者不分配给前者，后者的分配额为排在之前各辅助生产车间分配金额登记入账后的账户余额。

（1）将各辅助生产车间按受益多少排序。确定各辅助生产车间受益金额多少，应先计算各辅助生产车间的分配率，根据各辅助生产车间接受的劳务量与分配率的乘积计算确定各辅助生产车间受益金额，然后按受益多少排序。具体公式为：

某辅助生产车间的分配率＝该车间辅助生产成本账户余额 ÷ 该车间提供的劳务总量

某辅助生产车间的受益金额＝∑（接受某辅助生产车间劳务量 × 该辅助生产车间分配率）

假设卡州公司采用顺序分配法分配辅助生产费用，各辅助生产车间的分配率计算如下：

机修车间分配率 =56568.00÷1770=31.959322

运输车间分配率 =82276.93÷660=124.662015

供汽车间分配率 =82792.00÷12070=6.859321

机修车间辅助生产车间的受益金额 =20×124.662015+180×6.859321=3727.92

运输车间辅助生产车间的受益金额 =220×31.959322+150×6.859321=8059.95

供汽车间辅助生产车间的受益金额 =230×31.959322+30×124.662015=11090.5

通过计算可以看出按受益金额由少到多的顺序为机修车间、运输车间、供汽车间。

（2）编制顺序排第一位的辅助生产费用分配表，即机修车间生产费用分配表，如表3-71 所示。

表 3-71　卡州公司机修车间生产费用分配表

2019 年 8 月 31 日　　　　单位：元

<table>
<tr><td colspan="5">项目</td><td>机修车间</td></tr>
<tr><td colspan="5">辅助生产成本明细账账户余额</td><td>56568.00</td></tr>
<tr><td colspan="5">辅助车间提供的劳务总量</td><td>1770</td></tr>
<tr><td colspan="5">辅助生产费用分配率</td><td>31.959322</td></tr>
<tr><td rowspan="14">应借账户</td><td rowspan="4">生产成本</td><td rowspan="4">辅助生产成本</td><td rowspan="2">运输车间</td><td>接受劳务量</td><td>220</td></tr>
<tr><td>应负担成本</td><td>7031.05</td></tr>
<tr><td rowspan="2">供汽车间</td><td>接受劳务量</td><td>230</td></tr>
<tr><td>应负担成本</td><td>7350.64</td></tr>
<tr><td rowspan="6">制造费用</td><td colspan="2" rowspan="2">第一车间</td><td>接受劳务量</td><td>350</td></tr>
<tr><td>应负担成本</td><td>11185.76</td></tr>
<tr><td colspan="2" rowspan="2">第二车间</td><td>接受劳务量</td><td>400</td></tr>
<tr><td>应负担成本</td><td>12783.73</td></tr>
<tr><td colspan="2" rowspan="2">第三车间</td><td>接受劳务量</td><td>360</td></tr>
<tr><td>应负担成本</td><td>11505.36</td></tr>
<tr><td colspan="3" rowspan="2">管理费用</td><td>接受劳务量</td><td>130.00</td></tr>
<tr><td>应负担成本</td><td>4154.71</td></tr>
<tr><td colspan="3" rowspan="2">销售费用</td><td>接受劳务量</td><td>80</td></tr>
<tr><td>应负担成本</td><td>2556.75</td></tr>
<tr><td colspan="5">分配费用额合计</td><td>56568.00</td></tr>
</table>

会计主管：　　　　复核：　　　　制单：

表 3-71 中计算公式如下：

机修车间费用分配率＝机修车间辅助生产成本明细账账户余额 / 机修车间提供的劳务总量

各车间、部门应负担成本 = 接受机修车间的劳务量 × 机修车间的费用分配率

（3）根据表 3-71 填写记账凭证的会计分录见表 3-72，并登记有关成本费用明细账（略）

表 3-72　会计分录表　　　　凭证号数：22

摘要	借贷方向	总账科目	明细账科目			金额
分配机修车间费用	借：	生产成本	辅助生产成本	运输车间	制造费用	7031.05
		生产成本	辅助生产成本	供汽车间	制造费用	7350.64
		制造费用	第一车间	修理费		11185.76
			第二车间	修理费		12783.73
			第三车间	修理费		11505.36
		管理费用	修理费			4154.71
		销售费用	修理费			2556.75
	贷：	生产成本	辅助生产成本	机修车间		56568.00

（4）编制顺序排第二位的辅助生产费用分配表，即运输车间生产费用分配表，如表 3-73 所示。

表 3-73　卡州公司运输车间生产费用分配表

2019 年 8 月 31 日　　　　单位：元

项　目					运输车间
辅助生产成本明细账账户余额					89307.99
辅助车间提供的除顺序第一位以外的劳务总量					640
辅助生产费用分配率					139.543728
应借账户	生产成本	辅助生产成本	供汽车间	接受劳务量	30
				应负担成本	4186.31
	制造费用	第一车间		接受劳务量	150
				应负担成本	20931.56
		第二车间		接受劳务量	200
				应负担成本	27908.75
		第三车间		接受劳务量	160
				应负担成本	22327.00
	管理费用			接受劳务量	10.00
				应负担成本	1395.44
	销售费用			接受劳务量	90
				应负担成本	12558.94
分配费用额合计					89308.00

会计主管：　　　　复核：　　　　制单：

表 3-73 中计算公式如下：

运输车间费用分配率

=运输车间辅助生产成本明细账账户余额 /（运输车间提供的劳务总量 − 机修车间耗用的劳务量）

各车间、部门应负担成本 = 接受运输车间的劳务量 × 运输车间费用分配率

（5）根据表 3-73 填写记账凭证表 3-74，并登记有关成本费用明细账（略）。

表 3-74　会计分录表

凭证号数：23

摘要	借贷方向	总账科目	明细账科目			金额
分配运输车间费用	借：	生产成本	辅助生产成本	供汽车间	制造费用	4186.31
		制造费用	第一车间	运输费		20931.56
			第二车间	运输费		27908.75
			第三车间	运输费		22327.00
		管理费用	运输费			1395.44
		销售费用	运输费			12558.94
	贷：	生产成本	辅助生产成本	运输车间		89308.00

（6）编制顺序排第三位的辅助生产费用分配表，即供汽车间生产费用分配表，如表 3-75 所示。

表 3-75　卡州公司供汽车间生产费用分配表

2019 年 8 月 31 日　　单位：元

项目				供汽车间
辅助生产成本明细账账户余额				94328.96
辅助车间提供的除辅助车间以外的劳务总量				11740
辅助生产费用分配率				8.03483474
应借账户	制造费用	第一车间	接受劳务量	3500
			应负担成本	28121.92
		第二车间	接受劳务量	4200
			应负担成本	33746.31
		第三车间	接受劳务量	3800
			应负担成本	30532.37
	管理费用		接受劳务量	140.00
			应负担成本	1124.88
	销售费用		接受劳务量	100
			应负担成本	803.48
分配费用额合计				94328.96

会计主管：　　复核：　　制单：

（7）根据表 3-75 填写记账凭证的会计分录见表 3-76，并登记有关成本费用明细账（略）。

表 3-76 会计分录表 凭证号数：24

摘要	借贷方向	总账科目	明细账科目		金额
分配供汽车间费用	借：	制造费用	第一车间	蒸汽费	28121.92
			第二车间	蒸汽费	33746.31
			第三车间	蒸汽费	30532.37
		管理费用	蒸汽费		1124.88
		销售费用	蒸汽费		803.48
	贷：	生产成本	辅助生产成本	供汽车间	94328.96

注：如果只有多个辅助生产车间，顺序分配法下辅助生产费用的分配继续重复前述分配过程，以此类推。

顺序分配法的优点是比直接分配法前进了一步，有重点地反映了辅助生产车间交互服务的关系，并且分配方法也较简便；缺点是未全面考虑辅助生产部门之间交互服务的关系，分配结果也不够准确，另外，各辅助生产部门费用分配的先后顺序也较难确定。顺序分配法一般只适用于辅助生产部门交互服务的数量有较明显顺序的单位。

任务四 分配制造费用

经过要素费用和辅助生产费用的分配，“制造费用”明细账已归集了成本核算期内所发生的制造费用，也就是说，要素费用和辅助生产费用的分配过程就是制造费用的归集过程。由于制造费用是企业生产车间生产产品或提供劳务所发生的费用，应分配计入产品或劳务成本。如果企业基本生产车间只生产一种产品，该车间的制造费用不需要分配，直接全额结转至该种产品的“生产成本——基本生产成本”账户即可。如果企业基本生产车间同时生产多种产品，需要按照一定的标准进行分配。

一、确定待分配制造费用总额

生产车间发生的所有费用登记入账后，“制造费用”账户的余额即为待分配制造费用。企业可以选择先做出“制造费用”明细账的本月合计，再分配制造费用，这样可以一目了然地知道本月“制造费用”账户各项费用的总金额，同时，也便于结转时冲销各项费用。

卡州公司选择先做出“制造费用”明细账的本月合计，再分配制造费用。

二、选择制造费用的分配方法

分配制造费用要正确选择分配标准，分配标准应与制造费用存在客观的因果关系且数据必须容易取得，一般情况下分配标准包括生产工时、生产工人的工资和机器工时等。与分配标准相应的制造费用的分配方法通常有生产工时比例法、生产工人工资比例法、机器工时比例法和按年度计划分配率分配法等。以生产工时为分配标准是较为常用的一种分配方法，能将劳动生产率的高低与产品负担费用的联系起来，分配结果比较合理；以生产工人工资为标准分配制造费用操作简便，原因是人工费用分配表中有现成的生产工人工资的资料，适用于机械化程度不高的车间；以机器工时为分配标准必须具备各种产品所用机器工时的完整的原始记录。如果基本生产车间归集的制造费用中，与机器设备使用有关的费用（如折旧、修理和动力等费用）占比较大，而这一部分费用与机器设备运转的时间有着密切的联系；因此按机器工时分配制造费用是比较合理的，适合于机械化程度和自动化程度较高的生产车间。企业的生产工时和机器工时有生产工时记录表和机器工时记录表等原始凭证，生产工人的工资见职工薪酬结算汇总表（表 3-45）。

假设卡州公司的制造费用采用生产工时比例法分配制造费用，该公司产品生产工时记录表见表 3-77 ～表 3-79。

表 3-77　卡州公司产品生产工时记录表

部门：第一车间　　2019 年 8 月

序号	产品名称	规格型号	数量	总工时	备注
1	BZ1	XY009	72	5760	
2	BZ2	ZX007	90	5220	

审核：　　制单：

表 3-78　卡州公司产品生产工时记录表

部门：第二车间　　2019 年 8 月

序号	产品名称	规格型号	数量	总工时	备注
1	BZ1	XY009	72	6192	
2	BZ2	ZX007	90	5580	

审核：　　制单：

表 3-79　卡州公司产品生产工时记录表

部门：第三车间　　2019 年 8 月

序号	产品名称	规格型号	数量	总工时	备注
1	BZ1	XY009	72	4032	
2	BZ2	ZX007	90	6210	

审核：　　制单：

三、编制制造费用分配表

分配制造费用是将制造费用计入产品成本的过程，应借账户按基本生产车间生产产品的种类确定，借记“生产成本——基本生产成本（×× 产品）”。分配制造费用通过编制制造费用分配表完成。卡州公司根据“制造费用”明细账余额及生产工时记录编制制造费用分配表，见表 3-80 ～表 3-82。

表 3-80　卡州公司制造费用分配表

生产车间：第一车间　　2019 年 8 月 31 日　　单位：元

借方账户			成本项目	分配标准	分配率	制造费用
总账账户	二级账户	明细账户				
生产成本	基本生产成本	BZ1	制造费用	5760		59922.96
		BZ2	制造费用	5220		54305.18
合计				10980	10.403292	114228.14

会计主管：　　复核：　　制单：

表 3-81 卡州公司制造费用分配表

生产车间：第二车间　　2019 年 8 月 31 日　　单位：元

借方账户			成本项目	分配标准	分配率	制造费用
总账账户	二级账户	明细账户				
生产成本	基本生产成本	BZ1	制造费用	6192		82703.88
		BZ2	制造费用	5580		74529.66
合计				11772	13.3565699	157233.54

会计主管：　　复核：　　制单：

表 3-82 卡州公司制造费用分配表

生产车间：第三车间　　2019 年 8 月 31 日　　单位：元

借方账户			成本项目	分配标准	分配率	制造费用
总账账户	二级账户	明细账户				
生产成本	基本生产成本	BZ1	制造费用	4032		171843.46
		BZ2	制造费用	6210		264669.61
合计				10242	42.619905	436513.07

会计主管：　　复核：　　制单：

表 3-80 ～表 3-82 的分配标准是生产工时（表 3-77 ～表 3-79），其他项目计算公式如下：

分配率＝制造费用明细账本月合计的余额 ÷ 分配标准

如：第一车间制造费用分配率 =114228.14÷10980=10.403292（元 / 工时）

某种产品应负担的制造费用＝该种产品分配标准 × 分配率

如：第一车间 BZ1 产品负担的制造费用 =5760×10.403292=59922.96（元）

第一车间 BZ2 产品负担的制造费用 =114228.14−59922.96=54305.18（元）

采用年度计划分配率分配制造费用时，不管各月实际发生的制造费用多少，每个月的制造费用都按年度计划分配率进行分配。年度内如果发现全年制造费用的实际数和产品的实际产量与计划数发生较大的差额时，应及时调整计划分配率。年度计划分配率分配法适用于季节性的生产企业，因为季节性生产企业其淡季和旺季的产量相差悬殊，按实际发生额分配制造费用，会使单位产品成本不稳定，不便于进行成本分析（表 3-83）。

表 3-83 ×× 公司制造费用分配表

生产车间：　　年　月　日　　单位：元

借方账户			工时定额	计划产量	全年预计制造费用总额	计划分配率	实际产量	分配额
总账账户	二级账户	明细账户						
合计								

会计主管：　　复核：　　制单：

表 3-83 是按年度计划分配率分配制造费用的分配表，表中计算公式如下：

计划分配率 = 全年预计制造费用总额 /Σ（工时定额 × 计划产量）

分配额 = 工时定额 × 实际产量 × 计划分配率

四、根据制造费用分配表填写记账凭证

编制制造费用分配表时，分配制造费用的应借账户已经确定，由于制造费用减少，应贷记“制造费用——×× 车间”。卡州公司分配制造费用填制记账凭证的会计分录见表 3-84。

表 3-84 会计分录表 凭证号数：25

摘要	借贷方向	总账科目	明细账科目		金额
分配制造费用	借：	生产成本	基本生产成本	BZ1	314470.29
			基本生产成本	BZ2	393504.45
	贷：	制造费用	第一车间		114228.14
			第一车间		157233.53
			第一车间		436513.07

按年度计划分配率分配制造费时，“制造费用”账户月末可能有借方或贷方余额，借方余额表示超支，贷方余额表示节余。每月末余额，一般不进行处理，年末时一次性处理计入 12 月份的产品成本。借方余额做一个与表 3-84 相同的记账凭证，贷方余额做一个与表 3-84 相反的记账凭证，结转年末余额。

任务五 分配生产损失

生产损失是指企业在产品生产过程中由于原材料质量不符合要求、生产工人加工失误、企业停工等原因，导致生产的产品为废品或不能正常生产产品而发生的损失。生产损失包括废品损失和停工损失，这两种情况都与产品的生产直接相关，应计入产品成本。停工损失是指企业在停工期间内（非季节性停工期间）发生的各项费用，包括停工期内支付的职工薪酬和应负担的费用。废品是指不符合规定的技术标准，不能按照原定用途使用，或者需要加工修理后才能使用的在产品、半成品和产成品。

一、分配废品损失

废品按其能否修复的可能性和经济性分为可修复废品和不可修复废品。可修复废品是指技术上可修复、经济上合算的废品；不可修复废品是指技术上无法修复或可以修复但经济上不合算的废品。废品按其产生的原因分为工废品和料废品。工废品是指由于加工质量不符合规定而产生的废品；料废品是原材料质量不符合要求而产生的废品。

废品损失是指在生产过程中发现的和入库后发现的不可修复废品的净损失和可修复废品的修复费用。净损失是指不可修复废品的实际成本减去残料、废料价值和应收赔款后的净额。废品损失不包括可以降价出售的不合格品的降价损失、入库后管理不善造成的损坏变质损失和“三包”企业产品出售后发现的废品损失。

1. 不单独核算废品损失的企业

若企业不单独核算废品损失，不需要结转废品成本，只扣除不可修复废品的产量；可修复废品的修复费用直接计入“生产成本——基本生产成本”明细账的有关成本项目。废品的残料价值直接冲减“生产成本——基本生产成本”明细账的“直接材料”项目，责任

人的赔偿款直接冲减“生产成本——基本生产成本”明细账的“直接人工”项目。

2. 单独核算废品损失的企业

（1）取得核算废品损失的原始凭证。核算废品损失的原始凭证一般有废品通知单、废品入库单（废品残料入库单）、返修领料单等。生产人员在生产环节发现废品或企业质检人员在质量检查环节发现废品时，都应首先填写废品通知单一式三联，分别由质检部门、生产部门和财会部门各持一联。不可修复废品经批准后，应移交给废品库，由移交人员填写废品入库单一式三联，一联由移交人员所在部门留存，另外两联交给生产部门和财会部门。

假设卡州公司的废品是在生产过程中发现，出现第二、三车间，废品通知单见表 3-85 和表 3-86；废品已经移交废品仓库，废品入库单见表 3-87。

表 3-85 废品通知单

车间：第三车间　　2019 年 8 月 9 日　　编号：1

产品名称	BZ1	规格型号	ZX007
工序名称	1	废品数量	5
责任者工号	106	责任者姓名	
废品类别：□原材料；□外协件；☑半成品；□客退品；□耗材；□其他			
检验员：王某 2019 年 8 月 9 日			
质检主管：赵某 2019 年 8 月 9 日			
废品原因：□工人粗心大意；□工装设备不良；☑来料不良；□量具失效；□工艺错误；□设计不当；□其他			
车间确认意见：工废________个；　料废 5 个。			
责任者：张某 2019 年 8 月 9 日			
车间主任：张冬 2019 年 8 月 9 日			
批准处理情况：卖出________个；回收残料 5 个；退修____个；丢弃____个。			
批准人：李一 2019 年 8 月 9 日			

表 3-86 废品通知单

车间：第二车间　　2019 年 8 月 12 日　　编号：2

产品名称	BZ1	规格型号	XY009
工序名称	2	废品数量	4
责任者工号	208	责任者姓名	季某
废品类别：□原材料；□外协件；☑半成品；□客退品；□耗材；□其他			
检验员：王某 2019 年 8 月 12 日			
质检主管：赵某 2019 年 8 月 12 日			
废品原因：☑工人粗心大意；☑工装设备不良；□来料不良；□量具失效；□工艺错误；□设计不当；□其他			
车间确认意见：工废 4 个；　料废____个。			
责任者：季某 2019 年 8 月 12 日			
车间主任：钱悦 2019 年 8 月 12 日			
批准处理情况：卖出____个；回收残料____个；退修 4 个；丢弃____个。			
批准人：李一 2019 年 8 月 12 日			

表 3-87 废品入库单

2019 年 8 月　　编号：1

废品名称	规格型号	废品数量		批准处理意见	责任人	检验员
		工废	料废			
BZ1			5	退修	季某	王某
BZ1		4		回收残料	张某	王某

批准人：李一　　车间主任：张冬　　仓管人员：顾某

（2）根据上述原始凭证编制不可修复废品成本计算表。财务人员取得废品通知单、废品入库单后，单独核算废品损失的企业，需要结转废品成本，应编制废品成本计算表。废品成本的计算与发现废品的环节密切相关；若废品是产品完工入库后发现的，按产品完工入库成本计算单上合格品的单位成本和废品数量计算废品成本；若废品是在生产过程中发现的，应按实际成本（分步法下适用）或额定成本计算废品成本。按实际成本计算需要将废品报废前产品成本账上所归集的生产费用在合格品与废品之间进行分配，分配标准应根据其与费用发生的相关性合理选择，可以选择产量为标准，也可以是直接材料以产量为标准、直接人工和制造费用以生产工时为标准；当企业具备比较准确的消耗定额或费用定额资料时，废品成本可以按定额计算，实际成本与定额成本的差额全部由合格品负担。

卡州公司发现的废品有可修复废品和不可修复废品：可修复废品不需要结转废品成本，所以，不需要编制废品成本计算表，该公司有准确的费用定额（表 3-88）；不可修复废品的成本按额定成本计算。不可修复废品成本计算表见表 3-88。

表 3-88 卡州公司不可修复废品成本计算表（按定额成本计算）

生产部门：第三车间　　2019 年 8 月 31 日　　产品名称：BZ1

项目	直接材料	燃料及动力	直接人工	制造费用	合计
单位产品费用定额 /（元 / 件）	1300.00	480.00	2200.00	2560.00	6540.00
废品数量 / 件	5	5	5	5	5
废品成本 / 元	6500.00	2400.00	11000.00	12800.00	32700.00

会计主管：　　审核：　　制单：

表 3-88 中废品成本的计算公式如下：

废品成本 = 废品数量 × 单位产品费用定额

按定额成本核算不可修复废品损失，计算工作比较简便，且有助于废品损失和产品成本的分析和考核。该方法适用于有比较准确的消耗定额和费用定额的企业。

（3）根据前述原始记凭证填写结转不可修复废品成本记账凭证。单独核算废品损失的企业结转不可修复的废品成本，使废品损失增加，单独核算废品损失的企业，应借记“废品损失”或“生产成本——废品损失”，贷记“生产成本——基本生产成本（×× 产品）”。以废品通知单、废品入库单和废品成本计算表为原始凭证，填写结转废品成本的记账凭证，并登记“废品损失”及“生产成本”明细账。卡州公司以表 3-85 ～表 3-88 为原始凭证填写记账凭证的会计分录，见表 3-89。

表 3-89　会计分录表　　凭证号数：26

摘要	借贷方向	总账科目	明细账科目			金额
结转不可修复废品的成本	借：	废品损失	第三车间	BZ1		32700.00
	贷：	生产成本	基本生产成本	BZ1	直接材料	6500.00
		生产成本	基本生产成本	BZ1	燃料及动力	2400.00
		生产成本	基本生产成本	BZ1	直接人工	11000.00
		生产成本	基本生产成本	BZ1	制造费用	12800.00

（4）取得不可修复废品处理环节的原始凭证。废品仓库处理废品将残料移交材料仓库，应填写废品残料入库单一式三联，一般格式见表 3-90，由废品仓库、材料仓库和财务部门各持一联。财务部门应收责任人赔偿款，如果是现金，应填写现金收据见表 3-91。卡州公司不可修复废品的废品残料入库单和收取责任人赔款的收据见表 3-90 和表 3-91。

表 3-90　废品残料入库单

部门：材料仓库　　2019 年 8 月 31 日　　No:004

序号	材料名称	计量单位	规格型号	数量	单价 / 元	金额 / 元
1	A2	千克	略	125	23	2875
2	A4	千克	略	128	24	3072
3	B3	千克	略	124	38	4712
4	B4	千克	略	122	40	4880
合计（大写）			壹万伍仟伍佰叁拾玖元整			¥15539.00

验收：　　审核：　　制单：

表 3-91　收款收据　No0323481

日期：2019 年 8 月 31 日

单位：	张某	收款方式：	现金
人民币（大写）	贰仟元整	金额（小写）	¥2000.00
收款事由：	赔偿废品损失		

（5）根据不可修复废品处理环节的原始凭证填写记账凭证。不可修复废品收回的残料应借记“原材料”，收回的责任人赔偿款应借记“库存现金”，如果从责任人的工资中扣除，可先计入“其他应收款”，发工资时，再冲减“其他应收款”，贷记“废品损失”。卡州公司以表 3-90 和表 3-91 为原始凭证填写记账凭证的会计分录见表 3-92 和表 3-93。

表 3-92　会计分录表　　凭证号数：27

摘要	借贷方向	总账科目	明细账科目			金额
回收废料	借：	原材料	A2			2875.00
		原材料	A4			3072.00
		原材料	B3			4712.00
		原材料	B4			4880.00
	贷：	废品损失	第三车间	BZ1	直接材料	15539.00

表 3-93　会计分录表　　凭证号数：28

摘要	借贷方向	总账科目	明细账科目			金额
收回赔偿款	借：	库存现金				2000.00
	贷：	废品损失	第三车间	BZ1	直接人工	2000.00

（6）取得可修复废品修复过程中的原始凭证。可修复废品在返修前发生的生产费用不确认为废品损失，不需要从“生产成本”账户中转出；修复过程领用的原材料、发生的人工费等修复费用计入“废品损失”，收回的残料和应收的赔偿款冲减“废品损失”。如果修复费用单独发生，应填制领料单和人工费用结算单等原始凭证；如果修复费用不能与产品生产费用区分开，或修复费用是几种废品共同发生的，需要编制材料费用分配表、人工费用分配表和制造费用分配表等原始凭证。卡州公司修复废品发生的材料费用和人工费用见表 3-94 和表 3-95。

表 3-94　领料单

领料部门：第三车间　　2019 年 8 月 31 日　　No:17

材料类别	品名及规格	单位	数量		计划单价 / 元	计划金额 / 元	用途
			请领	实领			
原材料	A1	千克	2000	2000	20	40000.00	用于修复废品 BZ1
原材料	A3	千克	1600	1600	15	24000.00	
原材料	B1	千克	1500	1500	38	57000.00	
合计						¥121000.00	

第二联财务记账

记账：　发料单位主管：　发料人：　领料单位主管：　领料人：

表 3-95　废品修复人工费结算单

2019 年 8 月

序号	姓名	工时	计划小时工资率	工资 / 元
1	李红	66	15	990.00
2	刘萍	56	15	840.00
合计		122	—	1830.00

会计主管：　会计主管：　制单：

（7）根据废品修复过程中的原始凭证填制记账凭证。修复废品发生的原材料费用和人工费用使废品损失增加，应借记“废品损失”；收回的残料和应收的赔偿款，冲减“废品损失”，贷记“废品损失”。卡州公司根据废品修复过程中的原始凭证（表 3-94 和表 3-95），填制记账凭证的会计分录见表 3-96 和表 3-97。

表 3-96　会计分录表　　凭证号数：29

摘要	借贷方向	总账科目	明细账科目			金额
修复废品领料	借：	废品损失	第三车间	BZ1	直接材料	121000.00
	贷：	原材料	A1			40000.00
		原材料	A3			24000.00
		原材料	B1			57000.00

表 3-97 会计分录表

凭证号数：30

摘要	借贷方向	总账科目	明细账科目			金额
结算废品修复人工费	借：	废品损失	第三车间	BZ1	直接人工	1830.00
	贷：	应付职工薪酬	工资			1830.00

由于卡州公司采用计划成本核算，修复废品领料需要同时结转材料成本差异，编制材料成本差异计算表（表 3-98）。

表 3-98 材料成本差异计算表

2019 年 8 月 31 日

单位：元

应借账户			成本项目	材料计划成本	材料成本差异率	材料成本差异
总账账户	二级账户	明细账户				
废品损失	第三车间	BZ1	直接材料	121000.00	−3%	−3630.00
合计				121000.00	−3%	−3630.00

会计主管： 会计主管： 制单：

根据表 3-98 填制记账凭证的会计分录见表 3-99。

表 3-99 会计分录表

凭证号数：31

摘要	借贷方向	总账科目	明细账科目			金额
结转材料成本差异	借：	材料成本差异				3630.00
	贷：	废品损失	第三车间	BZ1	直接材料	3630.00

（8）结转废品净损失。经过上述废品损失的核算，“废品损失”账户的余额为废品净损失，期末应将其结转至“生产成本——基本生产成本（×× 产品）”账户。卡州公司结转废品损失记账凭证的会计分录见表 3-100。

表 3-100 会计分录表

凭证号数：32

摘要	借贷方向	总账科目	明细账科目			金额
结转废品净损失	借：	生产成本	基本生产成本	BZ1	废品损失	134361.00
	贷：	废品损失	第三车间	BZ1		134361.00

通过上述结转废品净损失，已将废品损失转至“生产成本——基本生产成本”账户及其“废品损失”成本项目。为加强成本管理，减少废品损失，引起管理者重视，废品损失通常只计入本月完工产品成本，而在产品、自制半成品一般不负担。

二、分配停工损失

1. 不单独核算停工损失的企业

不经常发生停工、停工损失不大的企业，可以不设置“停工损失”账户和成本项目，将因停工回收的残料和应收赔偿款直接冲减“基本生产成本”的直接材料和直接人工两个成本项目，发生的停工损失直接计入“制造费用”“营业外支出”及“其他应收款”等账户。

2. 单独核算停工损失的企业

单独核算停工损失的企业，应填写记录停工损失的原始凭证，计算停工损失，登记

“停工损失”和“基本生产成本”明细账。

（1）取得停工报告单。企业发生停工时，应填写停工报告单一式多联，由经理、部门主管、责任者等人审核签字后交给财务部门一联。卡州公司停工报告单见表 3-101。

表 3-101 停工报告单

编号：1　　　　2019 年 8 月 28 日

停工部门	第三车间		停工范围	车间生产人员	
停工时间	2019 年 8 月 29 日 7 时 30 分至 2019 年 8 月 29 日 17 时 30 分				
停工产品	BZ2	产品订单号	—	进度状况	—
停工人数	6 人	停工材料损失		停产数量	4
停工原因	☑机器故障　□质量异常　□待料　□安全事故　□其他				
此类停工本月份已发生次数：1 次					
停工应对措施	全体生产人员休息一天				
处理情况	按正常上班发工资				

公司主管：　　部门主管：　　责任者：　　制单：

（2）根据停工报告单编制停工损失计算表。如果停工造成了在产品的损失，应将在产品的料、工、费用从“基本生产成本”账户转至“停工损失”账户，财务人员应根据领导及有关部门审核签章后的停工报告单核算停工损失，编制停工成本计算表。停工损失可根据停产数量与单位产品材料定额及费用定额计算，也可通过材料费用、人工费用及制造费用的分配计算。卡州公司停工成本计算表见表 3-102。

表 3-102 停工成本计算表

生产部门：第三车间　　2019 年 8 月 31 日　　产品名称：BZ2

项目	直接材料	燃料及动力	直接人工	制造费用	合计
定额成本 /（元 / 件）	1200.00	380.00	1640.00	2190.00	5410.00
停产数量 / 件	4	4	4	4	
停工成本 / 元	4800.00	1520.00	6560.00	8760.00	21640.00

会计主管：　　审核：　　制单：

（3）以停工报告单和停工成本计算表为原始凭证填制记账凭证。财务人员根据上述原始凭证并结合企业的实际情况，进行停工损失的账务处理：由于自然灾害引起的停工损失计入“营业外支出”；因停工待料、设备故障及计划减产等原因发生的停工损失，在规定的期限内（全厂连续停产 10 天以内，生产车间连续 30 天以内）计入产品成本，超过规定期限的转作“营业外支出”。卡州公司财务人员根据原始凭证，即停工成本计算表（表 3-102），填制记账凭证见表 3-103。

表 3-103 会计分录表　　凭证号数：33

摘要	借贷方向	总账科目	明细账科目			金额
结转停工成本	借：	停工损失	第一车间	BZ2		21640.00
	贷：	生产成本	基本生产成本	BZ2	直接材料	4800.00
		生产成本	基本生产成本	BZ2	燃料及动力	1520.00
		生产成本	基本生产成本	BZ2	直接人工	6560.00
		生产成本	基本生产成本	BZ2	制造费用	8760.0

（4）取得停工期间支付人工费和收回残料的原始凭证。停工期间支付的人工费用，应编制停工期间的职工薪酬结算单；收回残料应填写残料入库单。卡州公司停工期间的职工薪酬结算单和残料入库单见表 3-104 和表 3-105。

表 3-104　第三车间停工期间的职工薪酬结算单

2019 年 8 月 31 日　　单位：元

序号	姓名	工时	计划小时工资率	工资
1	陈平	8	15	120.00
2	李一	8	15	120.00
……	……	……	……	……
合计		48	-	720.00

会计主管：　　会计主管：　　制单：

表 3-105　残料入库单

部门：材料仓库　　2019 年 8 月 31 日　　No:006

序号	材料名称	计量单位	规格型号	数量	单价 / 元	金额 / 元
1	A4	千克	略	17	24.00	408.00
2	B3	千克	略	18	38.00	684.00
3	B4	千克	略	16	40.00	640.00
合计（大写）			壹仟柒佰叁拾贰元整			¥1732.00

会计主管：　　审核：　　制单：

（5）根据停工期间支付人工费和收回残料的原始凭证，填写记账凭证。停工造成人工费的损失，应借记“停工损失”；收回残料应冲减“停工损失”，贷记“停工损失”；财务部门应收责任人赔偿款，如果是现金，应填写现金收据，冲减“停工损失”，贷记“停工损失”；如果从责任人的工资中扣除，可先计入“其他应收款”，发工资时，再冲减“其他应收款”。

卡州公司以表 3-104 和表 3-105 为原始凭证填制的记账凭证见表 3-106 和表 3-107。

表 3-106　会计分录表　　凭证号数：34

摘要	借贷方向	总账科目	明细账科目		金额
结算停工损失人工费	借：	停工损失	第一车间	BZ2	720.00
	贷：	应付职工薪酬	工资		720.00

表 3-107　会计分录表　　凭证号数：35

摘要	借贷方向	总账科目	明细账科目		金额
收回停工期间的残料	借：	原材料	A4		408.00
		原材料	B3		684.00
		原材料	B4		640.00
	贷：	停工损失	第一车间	BZ2	1732.0

（6）填制结转停工净损失的记账凭证。由于企业停工的原因多种多样，发生的停工损失应根据不同情况进行账务处理。进行损失结转时，应根据不同的原因和情况进行处理：由责任单位或保险公司赔偿的停工损失，转作“其他应收款”；属于非常灾害引起的停工损

失，列为“营业外支出”；对于其他原因引起的停工损失，全部计入当月生产的产品成本中并由当月完工产品成本负担。

卡州公司的停工损失应全部计入完工产品的成本，期末财务人员填制结转停工净损失记账凭证的会计分录见表 3-108。

表 3-108 会计分录表 凭证号数：36

摘要	借贷方向	总账科目	明细账科目		金额
结转停工净损失	借：	生产成本	基本生产成本	BZ2	20628.00
	贷：	停工损失	第一车间	BZ2	20628.00

任务六 计算并结转完工产品成本

经过要素费用、辅助生产费用、制造费用和生产损失的分配，“生产成本——基本生产成本”已归集了成本核算期内生产产品所发生的生产费用，也就是说，前述费用的分配过程就是产品成本费用的归集过程。在成本核算期内，若产品全部完工，“生产成本”明细账中归集的生产费用（包括月初在产品成本），就是完工产品的成本，直接结转入成品库，无须分配；若产品全部未完工，“生产成本”明细账中归集的生产费用，就是在产品的成本，下期在此基础上继续登记所发生的生产费用，也无须分配；若月末既有完工产品又有在产品，则“生产成本”明细账中归集的生产费用，必须在完工产品与月末在产品之间，采用适当的分配方法进行分配，以计算出完工产品成本和月末在产品成本。

一、取得产成品入库单，确定完工产品的数量

完工产品有狭义和广义之分：狭义完工产品是指已经完成全部生产过程并验收入库，随时可供销售的产品，即产成品；广义完工产品不仅包括产成品，而且还包括已完成部分生产过程，已由生产车间交半成品仓库验收，但尚未完成全部生产过程，有待在本企业进一步加工的自制半成品。企业完工产品应由生产单位填制产成品入库单，连同产品和质量检验部门出具的质量合格凭证一并送交仓库，仓库保管人员将产品验收入库后，在入库单上确认签字，并将一联传递给财务部门，月末财务人员应取得的产成品入库单进行归类整理，确定每种产品完工产品的数量。卡州公司本月产成品入库单见表 3-109。

表 3-109 卡州公司产成品入库单

生产部门：第三车间　　2019 年 8 月 31 日

产品名称	规格型号	包装规格	单位	数量	生产日期	批号	检验单号
BZ1	Y-120	密封	件	72	2019/8/31	8-101	12006
BZ2	X-136	密封	件	90	2019/8/31	8-102	12007

第三联交财务

入库员：　　复核员：　　仓管员：

二、依据在产品台账和在产品的清查确定在产品的数量

在产品是指企业已经投入生产，但尚未完工，不能作为商品销售的产品。在产品有广义

和狭义之分。广义在产品，是基于整个企业来说的在产品，是指产品生产从投料开始，到最终制成产成品并验收入库前的全部在产品和半成品，具体包括：尚在本步骤加工中的在产品，正在等待返修的可修复废品，本步骤已完工转入半成品库的结存半成品，从半成品库转到以后各步骤进一步加工而尚未最终加工成产成品的在产品，尚未验收入库的产成品等。狭义在产品，是基于某一部门或某一生产步骤来说的在产品，仅指该生产部门或该生产步骤正在加工的在产品。除特别说明外，在产品一般指狭义在产品。

1. 根据在产品收发存台账确定在产品的账存数量

在产品实物数量是依据账面资料和实地盘点资料确定的。企业的在产品数量规格较多，流动性较大，为了加强管理，企业通常在生产部门按在产品的名称设置“在产品收发存台账”（表 3-110），由车间核算人员依据领料单、在产品内部转移单、自制半成品入库单等原始凭证进行登记，用来反映生产部门各种在产品的收入、发出和结存的数量，进行在产品的日常核算，从账面上反映其结存量。卡州公司第三车间在产品收发存台账见表 3-110 和表 3-111，其他车间略。

表 3-110 在产品收发存台账

生产部门：第三车间　　工序：3　　产品名称：BZ1　　单位：件

2019 年		凭证号数	摘要	收入数量	发出		结存		备注
月	日				合格品	废品	完工	未完工	
7	31	略	上月结转					12	
8	12	略	本期投入	72					
8	16	略	转出		72	4		8	
合 计				72	72	4		8	

制单：

表 3-111 在产品收发存台账

生产部门：第三车间　　工序：3　　产品名称：BZ2　　单位：件

2019 年		凭证号数	摘 要	收入数量	发出		结存		备注
月	日				合格品	废品	完工	未完工	
7	31	略	上月结转					8	
8	12	略	本期投入	92				0	
8	16	略	转出		90				
合 计				92	90			10	

制单：

2. 通过盘点确定在产品实存数量

在产品台账记录的是在产品的账存数，为保证在产品实存与账存数相等，必须对在产品进行清查。在产品清查采用实地盘点法，一般于月末结账前进行，可以是定期清查，也可以不定期清查。盘点的结果，应填制在产品盘存单，并与在产品台账进行核对。若账实不符，应按在产品的数量实存数分配生产费用，并应填制在产品盈亏报告表，并说明发生盈亏的原因及处理意见；对于毁损的在产品还要登记残值。卡州公司在产品盘存单和在产品盈亏报告表见 3-112 和表 3-113。

表 3-112 在产品盘存单

单位名称：第三车间　　盘点时间：2019 年 8 月 31 日　　编号：1

财产类别：在产品　　存放地点：第三车间

编号	名称	计量单位	数量	单价 / 元	金额 / 元	备注
Y-120	BZ1	件	10			
X-136	BZ2	件	9			

盘点人签章：　　保管人签章：

表 3-113 在产品盈亏报告表

填报单位：第三车间　　2019 年 8 月 31 日

编号	产品名称	计量单位	账面数量	实存数量	单位定额成本 / 元	盘盈		盘亏		备注
						数量	金额 / 元	数量	金额 / 元	
Y-120	BZ1	件	8	10	6540.00	2	13080.00			
X-136	BZ2	件	10	9	5410.00			1	5410.00	
盈亏原因	保管不善				处理意见	冲减管理费用		批准意见	计入管理费用	

经理：　　会计主管：　　审核：　　制单：

3. 对盈亏结果进行账务处理

企业会计人员根据领导批准审核后的在产品盈亏报告表，对清查的结果编制记账凭证。卡州公司根据盘存单和在产品盈亏报告表编制记账凭证的会计分录见表 3-114 ～表 3-117。

表 3-114 会计分录表　　凭证号数：37

摘要	借贷方向	总账科目	明细账科目		金额
在产品盘盈	借：	生产成本	基本生产成本	BZ1	13080.00
	贷：	待处理财产损溢	待处理流动资产损溢		13080.00

表 3-115 会计分录表　　凭证号数：38

摘要	借贷方向	总账科目	明细账科目		金额
在产品盘亏	借：	待处理财产损溢	待处理流动资产损溢		6113.30
	贷：	生产成本	基本生产成本	BZ2	5410.00
		应交税费	应交增值税（进项税额转出）		703.30

表 3-116 会计分录表　　凭证号数：39

摘要	借贷方向	总账科目	明细账科目	金额
在产品盘盈处理	借：	待处理财产损溢	待处理流动资产损溢	13080.00
	贷：	管理费用		13080.00

表 3-117 会计分录表　　凭证号数：40

摘要	借贷方向	总账科目	明细账科目	金额
在产品盘亏处理	借：	管理费用		6113.30
	贷：	待处理财产损溢	待处理流动资产损溢	6113.30

在产品与完工产品在数量上存在如下的关系：

月初在产品数量＋本月投产数量＝本月完工产品数量＋月末在产品数量

如果企业在产品管理基础好，可以根据上述公式倒推出月末在产品数量，并据以分配生产费用。

三、选择生产费用的分配方法

从价值上看，在产品与完工产品存在着如下关系：

月初在产品成本＋本月生产费用＝本月完工产品成本＋月末在产品成本

上式中的月初在产品成本就是上月末的在产品成本，是已知数，本月生产费用通过前述费用分配登记在“生产成本——基本生产成本（×× 产品）”明细账上的余额，只要确定月末在产品成本，就能计算出本月完工产品成本。企业应根据在产品清查确定月末在产品结存数量、完工程度及企业定额管理水平等，从企业实际情况出发，选择生产费用的分配方法，计算在产品成本，从而计算出完工产品成本。

1. 不计算在产品成本法

不计算在产品成本法是对月末在产品成本忽略不计，当月发生的生产费用全部由完工产品负担。适用于每月月末在产品数量很小，不计算在产品成本对完工产品成本影响很小，且管理上不要求计算在产品成本，如自来水生产企业、发电企业、采掘企业等都可以采用这种方法计算完工产品成本。假设卡州公司选择不计算在产品成本法，BZ1 产品生产费用分配表见表 3-118，BZ2 产品生产费用分配表见表 3-119。

表 3-118　卡州公司 BZ1 产品生产费用分配表

2019 年 8 月 31 日　　单位：元

项目	成本项目					合计
	直接材料	燃料及动力	直接人工	制造费用	废品损失	
生产成本明细账余额	87497.33	51403.69	145587.22	298259.40	134361.00	717108.64
月末在产品成本	0.00	0.00	0.00	0.00	0.00	0.00
本月完工产品成本	87497.33	51403.69	145587.22	298259.40	134361.00	717108.64
本月完工产品产量	72	72	72	72	72	72
本月完工产品单位成本	1215.24	713.94	2022.04	4142.49	1866.13	9959.84

会计主管：　　复核：　　制单：

表 3-118 中生产成本明细账余额是 BZ1 产品生产成本明细账本月合计的余额，由于在产品成本忽略不计，则：

本月完工产品成本＝生产成本明细账余额

本月完工产品单位成本＝本月完工产品成本 / 本月完工产品产量

表 3-119　卡州公司 BZ2 产品生产费用分配表

2019 年 8 月 31 日　　单位：元

项目	成本项目					合计
	直接材料	燃料及动力	直接人工	制造费用	停工损失	
生产成本明细账余额	108931.56	53704.24	139930.03	386037.24	20628.00	709231.07
月末在产品成本	0.00	0.00	0.00	0.00	0.00	0.00

续表

项目	成本项目					合计
	直接材料	燃料及动力	直接人工	制造费用	停工损失	
本月完工产品成本	108931.56	53704.24	139930.03	386037.24	20628.00	709231.06
本月完工产品产量	90	90	90	90	90	—
本月完工产品单位成本	1210.35	596.71	1554.78	4289.30	229.20	7880.24

会计主管： 复核： 制单：

2. 在产品成本按年初固定成本计价法

在产品成本按年初固定成本计价法是指每月月末的在产品成本固定按年初的在产品成本计算。该方法适用于在产品数量较小或者在产品数量虽然较多，但各月末在产品数量变动不大，月初、月末在产品成本的差额对完工产品成本的影响不大，为了简化核算工作，在产品成本可以按年初数固定计价，如钢铁企业和化工企业。采用这种方法一般每年前 11 个月按固定数计价；年终时，必须对在产品进行实地盘点，根据实地盘点的在产品数量，计算确定第 12 月月末的在产品成本，并将其作为下一会计年度前 11 个月在产品成本的固定数，以提高成本计算的准确性。卡州公司如果选择在产品成本按年初固定成本计价法，BZ1 产品生产费用分配表见表 3-120，BZ2 产品生产费用分配表略。

表 3-120　卡州公司 BZ1 产品生产费用分配表

2019 年 8 月 31 日　　单位：元

项目	成本项目					合计
	直接材料	燃料及动力	直接人工	制造费用	废品损失	
生产成本明细账余额	87497.33	51403.69	145587.22	298259.40	134361.00	717108.64
在产品年初数额	1200.00	450.00	3400.00	3200.00	—	8250.00
本月完工产品成本	86297.33	50953.69	142187.22	295059.40	134361.00	708858.64
本月完工产品产量	72	72	72	72	72	—
本月完工产品单位成本	1198.57	707.69	1974.82	4098.05	1866.13	9845.26
月末在产品成本	1200.00	450.00	3400.00	3200.00	—	8250.00

会计主管： 复核： 制单：

表 3-120 中生产成本明细账余额如前所述，在产品年初数额为固定数，表中的计算公式为：

本月完工产品成本 = 生产成本明细账余额 − 在产品年初数额

本月完工产品单位成本 = 本月完工产品成本 / 本月完工产品产量

月末在产品成本 = 在产品年初数额

3. 约当产量法

约当产量，是将月末在产品数量按其完工程度或投料程度，折算为相当于完工产品的数量。约当产量法是将生产费用按完工产品数量与月末在产品约当产量的比例分配计算完工产品成本与月末在产品成本的一种方法。该方法适用于月末在产品数量较大，各月末在产品数量变化也较大，产品成本中材料费用、人工费用及其他费用所占比重又相差不多的产品。

采用约当产量法分配生产费用时，由于月末在产品的投料程度和完工程度不一定相同，一般直接材料按投料程度计算的约当产量进行分配，而燃料及动力、直接人工、制造费用等项目是按完工程度计算的约当量进行分配。投料程度是指在产品已投入材料占完工产品投入材料的百分比。完工程度是指在产品实际耗用工时（或定额工时）占完工产品应耗工时（或定额工时）的百分比。成本核算中通过编制约当产量计算表完成约当产量的计算，该表是企业成本核算中的自制原始凭证，是填制生产费用分配表的依据，编制本表可以保证原始凭证之间的勾稽关系。

（1）按投料程度编制约当产量计算表。投料程度与投料方式密切相关，不同的投料方式下投料程度的计算不同。

① 原材料在生产开始时一次投入。若原材料在生产开始时一次性投入，在产品所用的原材料与完工产品所用的原材料相同，此时，在产品的投料程度应为100%，不需要根据单位产品材料消耗定额计算投料程度。卡州公司的燃料是生产开始时一次投入，假设卡州公司原材料在生产开始时一次投入，BZ1产品按投料程度计算的约当产量计算表见表3-121（BZ2产品的约当产量计算表略）。

表3-121 卡州公司月末在产品约当产量计算表

2019年8月31日

项目	BZ1产品			
	一工序	二工序	三工序	合计
各工序投料程度	100%	100%	100%	
各工序在产品数量	11	10	10	31
各工序在产品约当产量/件	11	10	10	31

会计主管： 复核： 制单：

表3-121中，第三工序在产品数量是期末在产品的盘点数量，各工序在产品约当产量就等于各工序在产品数量，计算公式如下：

各工序在产品约当产量=各工序在产品数量×100%=各工序在产品数量

② 原材料分工序在每道工序开始时一次性投料。若原材料在每道工序开始时把本工序所用的所有材料全部一次性投入，则每道工序的投料程度应为100%，到本工序为止的投料量应是以前各工序累计投料量与本工序投料量之和。假设卡州公司原材料分工序在每道工序开始时一次性投料，单位产品各工序消耗定额见表3-2，BZ1产品按投料程度计算的约当产量计算表见表3-122（BZ2产品的约当产量计算表略）。

表3-122 月末在产品约当产量计算表

2019年8月31日

项目	BZ1产品			
	一工序	二工序	三工序	合计
单位产品材料消耗定额	100	110	130	340
各工序投料程度	29.41%	61.76%	100.00%	
各工序在产品数量	11	10	10	31
各工序在产品约当产量/件	3	6	10	19

会计主管： 复核： 制单：

表3-122中各项目的计算公式如下：

各工序投料程度 = 至本工序止单位产品材料消耗定额之和 ÷ 单位产品材料消耗定额

例：第一工序投料程度 =100÷340=29.41%

第二工序投料程度 =210÷340=61.76% 以此类推。

各工序在产品约当产量 = 各工序投料程度 × 本工序在产品数量

例：第一工序约当产量 =29.41%×11=3（件）

③ 原材料分工序在每道工序陆续投料。原材料分工序在每道工序陆续投料时，每道工序的投料程度按 50% 计算，本工序的投料量应为定额投料量的 50%。假设卡州公司原材料分工序在每道工序陆续投料，单位产品各工序消耗定额见表 3-2，BZ1 产品按投料程度计算的约当产量计算表见表 3-123（BZ2 产品的约当产量计算表略）。

表 3-123 月末在产品约当产量计算表

2019 年 8 月 31 日

项目	BZ1 产品			
	一工序	二工序	三工序	合计
单位产品材料消耗定额	100	110	130	340
各工序投料程度	14.71%	45.59%	80.88%	
各工序在产品数量	11	10	10	31
各工序在产品约当产量 / 件	2	5	8	15

会计主管：　　　　复核：　　　　制单：

表 3-123 中各项目的计算公式如下：

各工序投料程度 =（前面各工序单位产品材料消耗定额之和 + 本工序单位产品材料消耗定额 ×50%）/ 单位产品材料消耗定额

例：第一工序投料程度 =100×50%÷340=14.71%

第二工序投料程度 =（100+110×50%）÷340=45.59%，以此类推

各工序在产品约当产量 = 各工序投料程度 × 在产品数量

例：第一工序在产品约当产量 =11×14.71%=2（件）

第二工序在产品约当产量 =10×45.59%=5（件）

以此类推。

（2）按完工程度编制约当产量计算表

① 各工序加工量均衡，在产品完工程度平均为 50%。如果生产进度比较均衡，各工序产品在数量相差不多，为简化核算，月末在产品各工序完工程度均按 50% 计算。假设卡州公司在产品的完工程度平均为 50%，BZ1 产品按完工程度计算的约当产量计算表见表 3-124（BZ2 产品的约当产量计算表略）。

表 3-124 月末在产品约当产量计算表

2019 年 8 月 31 日

项目	BZ1 产品			
	一工序	二工序	三工序	合计
各工序完工程度	50%	50%	50%	
各工序在产品数量	11	10	10	31
各工序在产品约当产量 / 件	6	5	5	16

会计主管：　　　　复核：　　　　制单：

表 3-124 中各工序的完工程度均为 50%，各工序在产品约当产量的计算公式如下：

各工序在产品约当产量 = 各工序在产品数量 ×50%

例：第一工序在产品约当产量 =11×50%=6（件）

其他工序约当产量以此类推。

② 各工序加工量不均衡，分工序按完工程度计算约当产量。如果各工序加工量不均衡，在产品数量不均衡，各工序在产品的完工程度需分工序计算，每道工序的完工程度平均按 50% 计算。假设卡州公司各工序加工量不均衡，在产品数量不均衡，单位产品各工序工时定额见表 3-2，BZ1 产品按完工程度计算的约当产量计算表见表 3-125（BZ2 产品的约当产量计算表略）。

表 3-125　月末在产品约当产量计算表

2019 年 8 月 31 日

项目	BZ1 产品			
	一工序	二工序	三工序	合计
单位产品工时定额	66	68	86	220
各工序完工程度	15.00%	45.45%	80.45%	
各工序在产品数量	11	10	10	31
各工序在产品约当产量 / 件	2	5	8	15

会计主管：　　　　复核：　　　　制单：

表 3-125 中完工程度及约当产量的计算公式如下：

各工序完工程度 =（前面各工序单位产品工时定额之各 + 本工序单位产品工时定额 ×50%）/ 单位产品工时定额

例：第一工序完工程度 =66×50%÷220=15%

第二工序完工程度 =（66+68×50%）÷220=45.45%

以此类推。

各工序在产品约当产量 = 各工序在产品数量 × 各工序完工程度

第一工序在产品约当产量 =11×15%=2

其他工序约当产量计算略。

（3）编制生产费用分配表。根据“产品成本”明细账、产成品入库单、在产品收发存台账、在产品盘存单及约当产量计算表编制生产费用分配表。假设卡州公司原材料分工序在每道工序陆续投料，按投料程度计算约当产量的计算表见表 3-123，各工序加工均衡在产品完工程度平均为 50%，分工序按完工程度计算约当产量见表 3-124，该公司 BZ1 产品的生产费用分配表见 3-126（BZ2 产品的生产费用分配表略）。

表 3-126　卡州公司 BZ1 产品生产费用分配表

2019 年 8 月 31 日　　　　单位：元

项目	行次	成本项目					合计
		直接材料	燃料及动力	直接人工	制造费用	废品损失	
生产成本明细账余额	1	87497.33	51403.69	145587.22	298259.40	134361.00	717109.64
本月完工产品产量	2	72	72	72	72	72	72
月末在产品数量	3	31	31	31	31	31	31

续表

项目	行次	成本项目					合计
		直接材料	燃料及动力	直接人工	制造费用	废品损失	
月末在产品约当产量	4	15	16	16	16	—	—
约当总产量	5=2+4	87	88	88	88	—	—
生产费用分配率	6=1/5	1005.716437	584.1328409	1654.400227	3389.311364	—	—
月末在产品成本	7=4×6	15085.75	9346.13	26470.40	54228.98		105131.26
本月完工产品成本	8=1-7	72411.58	42057.56	119116.82	244030.42	134361.00	611977.38
本月完工产品单位成本	9=8/2	1005.72	584.13	1654.40	3389.31	1866.13	8499.69

会计主管： 复核： 制单：

表 3-126 中的月末在产品约当产量取自于在产品约当产量计算表，表中的计算公式为：

约当总产量 = 本月完工产品产量 + 月末在产品约当产量

生产费用分配率 =“生产成本”明细账余额 / 约当总产量

月末在产品成本 = 月末在产品约当产量 × 生产费用分配率

本月完工产品成本 =“生产成本”明细账余额 - 月末在产品成本

本月完工产品单位成本 = 本月完工产品成本 / 本月完工产品产量

4. 在产品按所耗原材料成本计价法

在产品按所耗原材料成本计价法是指月末在产品成本只计算材料费用，直接人工和制造费用由完工产品承担的计价方法。适用于材料费用在完工产品成本中占比很大，月末在产品数量较多且各月末在产品数量变化较大的企业，如酿酒、纺织、造纸等企业。该方法以约当产量法为基础，运用约当产量法分配材料费用，燃料及动力、直接人工和制造费用等成本项目全部计入完工产品成本。因此，在产品按所耗原材料成本计价法需要按投料程度编制约当产量计算表，并以编制约当产量计算表为依据编制生产费用分配表。假设卡州公司适用在产品按所耗原材料成本计价法，原材料分工序在每道工序陆续投料，按投料程度计算约当产量的计算表见表 3-123，该公司 BZ1 产品的生产费用分配表见 3-127（BZ2 产品的生产费用分配表略）。

表 3-127 卡州公司 BZ1 产品生产费用分配表

2019 年 8 月 31 日 单位：元

项目	行次	成本项目					合计
		直接材料	燃料及动力	直接人工	制造费用	废品损失	
生产成本明细账余额	1	87497.33	51403.69	145587.22	298259.40	134361.00	717108.64
本月完工产品产量	2	72	72	72	72	72	72
月末在产品数量	3	31	31	31	31	31	31
月末在产品约当产量	4	15	—	—	—	—	—
约当总产量	5=2+4	87	—	—	—	—	—
生产费用分配率	6=1/5	1005.716437	—	—	—	—	—
月末在产品成本	7=4×6	15085.75	—	—	—	—	15085.75
本月完工产品成本	8=1-7	72411.58	51403.69	145587.22	298259.40	134361.00	702022.89
本月完工产品单位成本	9=8/2	1005.72	713.94	2022.04	4142.49	1866.13	9750.32

会计主管： 复核： 制单：

表 3-127 中的在产品成本等于在产品所耗原材料费用，其他项目的计算同约当产量法。

5. 在产品按完工产品成本计价法

在产品按完工产品成本计价法是将在产品视同完工产品分配生产费用的方法。适用于企业月末在产品已经接近完工，或者产品已经加工完毕，但尚未验收或包装入库。该方法可以理解为在产品的投料程度和完工程度均为 100% 的约当产量法，即月末在产品的约当产量等于月末在产品的数量，生产费用可以按完工产品数量和在产品数量的比例进行分配。假设卡州公司适用于在产品按完工产品成本计价法，该公司的生产费用分配表见表 3-128（BZ2 产品的生产费用分配表略）。

表 3-128 卡州公司 BZ1 产品生产费用分配表

2019 年 8 月 31 日　　　　单位：元

项目	行次	成本项目					合计
		直接材料	燃料及动力	直接人工	制造费用	废品损失	
生产成本明细账余额	1	87497.33	51403.69	145587.22	298259.40	134361.00	717108.64
本月完工产品产量	2	72	72	72	72	72	72
月末在产品数量	3	31	31	31	31	31	31
总产量	4=2+3	103	103	103	103	—	—
生产费用分配率	5=1/4	849.488641	499.064951	1413.468155	2895.722330	—	—
月末在产品成本	6=3×5	26334.15	15471.01	43817.51	89767.39	—	26334.15
本月完工产品成本	7=1−6	61163.18	35932.68	101769.71	208492.01	134361.00	541718.57
本月完工产品单位成本	8=7/2	849.49	499.06	1413.47	2895.72	1866.13	7523.87

会计主管：　　　　复核：　　　　制单：

表 3-128 中生产成本明细账余额如前所述，其他项目的计算公式为：

生产费用分配率 = 生产成本明细账余额 /（本月完工产品产量 + 月末在产品数量）

月末在产品成本 = 月末在产品数量 × 分配率

本月完工产品成本 = 生产成本明细账余额 − 月末在产品成本

本月完工产品单位成本 = 本月完工产品成本 / 本月完工产品产量

6. 在产品按定额成本计价法

在产品按定额成本计价法是指按预先制定的单位产品定额成本计算出月末在产品的定额成本，然后从成本核算期内全部生产费用中扣除月末在产品的定额成本，从而计算出本期完工产品成本的方法。使用在产品按定额成本计价法，月末在产品实际成本脱离定额成本的差异，全部计入当月完工产品成本。该方法适用于定额管理基础较好，各项消耗定额或费用定额比较准确、稳定，而且各月在产品数量变动不大的产品。一般情况下，单位在产品定额指标可根据完工产品材料费用定额和工时定额，综合考虑在产品的投料程度和加工程度加以确定。这种情况下，应先编制约当产量计算表，根据约当产量计算表编制产品生产费用分配表。假设卡州公司在产品按定额成本计价法计算成本，单位产品的费用定额见表 3-88，在产品的约当产量见表 3-123 和表 3-124，公司的产品生产费用分配表见表 3-129（BZ2 产品的生产费用分配表略）。

表 3-129 卡州公司 BZ1 产品生产费用分配表

2019 年 8 月 31 日 单位：元

项目	行次	成本项目					合计
		直接材料	燃料及动力	直接人工	制造费用	废品损失	
生产成本明细账余额	1	87497.33	51403.69	145587.22	298259.40	134361.00	717108.64
单位产品定额成本	2	1300	480	2200	2560	—	
月末在产品数量	3	31	31	31	31	31	31
月末在产品约当产量	4	15	16	16	16	—	
月末在产品定额成本	5=2×4	19500.00	7680.00	35200.00	40960.00	—	103340.00
本月完工产品成本	6=1−5	67997.33	43723.69	110387.22	257299.40	134361.00	613768.64
本月完工产品产量	7	72	72	72	72	72	72
本月完工产品单位成本	8=6/7	944.41	607.27	1533.16	3573.60	1866.13	8524.56

会计主管： 复核： 制单：

表 3-129 中生产成本明细账余额如前所述，其他项目的计算公式为：

月末在产品定额成本 = 单位产品定额成本 × 月末在产品约当产量

本月完工产品成本 = 生产成本明细账余额 − 月末在产品定额成本

本月完工产品单位成本 = 本月完工产品成本 / 本月完工产品产量

如果已知单位产品材料消耗定额、单位产品工时定额、材料计划单价和小时工资率，单位产品定额成本的计算公式如下：

单位产品直接材料定额成本 = 单位产品材料消耗定额 × 材料计划单价

单位产品直接人工定额成本 = 单位产品工时定额 × 小时工资率

单位产品制造费用（或燃料及动力）定额成本 = 单位在产品工时定额 × 小时费用率

单位产品定额成本 = 单位产品直接材料定额成本 + 单位产品直接人工定额成本 + 单位在产品制造费用

如果产品生产需要经过多道工序连续加工制成，月末在产品定额成本应分工序加以计算和确定；分配生产费用时，应先编制月末在产品定额成本计算表。然后根据月末在产品定额成本计算表编制生产费用分配表。假设卡州公司产品生产需要经过多道工序连续加工制成，该公司 BZ1 产品月末在产品定额成本表见表 3-130，根据月末在产品定额成本表编制的生产费用分配表见表 3-131（BZ2 产品的生产费用分配表略）。

表 3-130 卡州公司 BZ1 产品月末在产品定额成本表

燃料计划单价（元 / 千克）：0.65 2019 年 8 月 31 日 单位：元

材料计划单价（元 / 千克）：3.82 小时工资率（元 / 小时）：35 小时制造费用率（元 / 小时）：20

项目	行次	工序			合计
		1	2	3	
在产品数量	1	11	10	10	31
材料消耗定额	2	100	110	130	340
材料消耗定额累计	3	100	210	340	—
月末在产品直接材料定额成本	4	4202.00	8022.00	12988.00	25212.00
工时定额	5	66	68	86	220

续表

项目	行次	工序			合计
		1	2	3	
工时定额累计	6	33	67	110	
月末在产品直接人工定额成本	7	12705.00	23450.00	38500.00	74655.00
月末在产品制造费用定额成本	8	7260.00	13400.00	22000.00	42660.00
燃料消耗定额	9	300	—	—	300
月末在产品直接材料定额成本	10	2145.00	—	—	2145.00

会计主管： 复核： 制单：

表 3-130 中各项目的计算公式如下。

若材料为每道工序开始时一次性投入：

某工序材料消耗定额累计 = 到本工序为止各工序材料消耗定额之和

若材料为每道工序陆续投入：

某工序材料消耗定额累计 = 前面各工序材料消耗定额之和 + 本工序材料消耗定额 ×50%

某工序月末在产品直接材料定额成本 = 该工序材料消耗定额累计 × 在产品数量 × 材料计划单价

某工序工时定额累计 = 前面各工序工时定额之和 + 本工序工时耗定额 ×50%

某工序月末在产品直接人工定额成本 = 该工序工时定额累计 × 在产品数量 × 小时工资率

某工序月末在产品制造费用定额成本 = 该工序工时定额累计 × 在产品数量 × 小时费用率

表 3-131 卡州公司 BZ1 产品生产费用分配表

2019 年 8 月 31 日 单位：元

项目	行次	成本项目					合计
		直接材料	燃料及动力	直接人工	制造费用	废品损失	
生产成本明细账余额	1	87497.33	51403.69	145587.22	298259.40	134361.00	717108.64
月末在产品定额成本	2	25212.00	2145.00	74655.00	42660.00		
本月完工产品成本	3=1−2	62285.33	49258.69	70935.22	255599.40		
本月完工产品产量	4	72	72	72	72		
本月完工产品单位成本	5=3/4	865.07	684.15	985.17	3549.99	134361.00	140445.38

会计主管： 复核： 制单：

表 3-131 中生产成本明细账余额如前所述，其他项目的计算公式为：

本月完工产品成本 = 生产成本明细账余额 − 月末在产品定额成本

本月完工产品单位成本 = 本月完工产品成本 / 本月完工产品产量

7. 定额比例法

定额比例法是指产品的生产费用，按照完工产品和月末在产品的定额消耗量或定额费用的比例分配，计算完工产品成本和月末在产品成本的方法。其中，原材料费用按照原材料定额消耗量或原材料定额费用比例分配；直接人工、制作费用等，按定额工时或定额费用比例分配。适用于定额管理基础较好，各项消耗定额或费用定额比较准确、稳定，但各月末在产品的数量变动较大的产品。与定额成本法相比，由于各月末在产品的数量变动较大，月初和月末在产品费用之间脱离定额的差异也会较大，如果仍采用在产品按定额成本计价法，将两者的差额计入完工产品成本，会影响完工产品成本的准确性，甚至会出现完工产品成本是负数的不合理现象。采用定额比例法脱离定额的差异由在产品和完工产品共同负担，使完工产品成本计算的准确性提高。假设，卡州公司采用定额比例法分配生产费用，在产品的约当产量见表 3-123 和表 3-124，单位产品的定额成本见表 3-88，编制的生产费用分配表见表 3-132（BZ2 产品的生产费用分配表略）。

表 3-132　卡州公司 BZ1 产品生产费用分配表

2019 年 8 月 31 日　　　　单位：元

项目	行次	成本项目					合计
		直接材料	燃料及动力	直接人工	制造费用	废品损失	
生产成本明细账余额	1	87497.33	51403.69	145587.22	298259.40	134361.00	717108.64
本月完工产品产量	2	72	72	72	72	72	72
月末在产品数量	3	31	31	31	31	31	31
月末在产品约当产量	4	15	16	16	16	—	—
单位产品定额成本	5	1300	480	2200	2560	—	—
在产品定额成本	6=4×5	19500.00	7680.00	35200.00	40960.00	—	103340.00
完工产品定额成本	7=2×5	93600.00	34560.00	158400.00	184320.00	—	470880.00
生产费用分配率	8=1/(6+7)	0.773628	1.216943	0.752000	1.323950	—	—
月末在产品成本	9=6×8	15085.75	9346.13	26470.40	54228.98	—	105131.26
本月完工产品成本	10=7×8	72411.58	42057.56	119116.82	244030.42	134361.00	611977.38
本月完工产品单位成本	11=10/2	1005.72	584.13	1654.40	3389.31	1866.13	8499.69

会计主管：　　　　复核：　　　　制单：

表 3-132 中生产成本明细账余额如前所述，月末在产品约当产量取自于约当产量计算表，其他项目的计算公式为：

完工产品定额成本 = 单位产品定额成本 × 完工产品数量

月末在产品定额成本 = 单位产品定额成本 × 月末在产品约当产量

生产费用分配率 = 生产成本明细账余额 /（完工产品定额成本 + 月末在产品定额成本）

月末在产品成本 = 生产费用分配率 × 月末在产品定额成本

完工产品总成本 = 生产费用分配率 × 完工产品定额成本

本月完工产品单位成本 = 本月完工产品成本 / 本月完工产品产量

若生产产品只用一种原材料，直接材料定额可以按定额消耗量计算，将上述公式中单位产品定额成本换成单位产品定额消耗量即可。

在上述计算过程中，不能整除求得时，应精确到分位（保留两位小数），由单位成本四舍五入造成的分配差额由期末在产品成本负担。因此在实际工作中，期末在产品成本计算一般应采用生产费用累计减去完工产品成本总额求得。

以上共讲述了 7 种生产费用在完工产品和在产品之间分配的方法，分别适用于不同的情况，企业应结合自身的生产特点和管理上的要求选择合适的分配方法。企业在产品成本的计算方法一经确定，不得随意变更，以保证产品成本资料的可比性。

四、填写记账凭证，登记账簿

通过前述生产费用的分配已经计算出完工产品的成本，财务人员根据产成品入库单、生产费用分配表等原始凭证填写记账凭证，将完工产品的实际成本，从“生产成本——基本生产成本”账户转入“库存商品”账户；若完工入库的是自制半成品、自制材料、自制工具、模具的成本，应分别转入“原材料”“周转材料——低值易耗品”账户。将完工产品成本转出后，“生产成本——基本生产成本”账户的期末余额，是基本生产车间月末在产品成本。

假设卡州公司 BZ1 产品采用约当产量计算法计算完工产品成本，BZ2 产品采用不计算在产品成本法计算完工产品成本，根据产成品入库单（表 3-109）、在产品盘存单（表 3-112）、在产品约当产量计算表（表 3-124、表 3-125）、在产品生产费用分配表（表 3-126、表 3-119）编制 BZ1、BZ2 产品结转入库的记账凭证见表 3-133。

表 3-133　会计分录表　　凭证号数：41

摘要	借贷方向	总账科目	明细账科目		金额
结转完工产品成本	借：	库存商品	BZ1 产品		624755.64
		库存商品	BZ2 产品		709231.06
	贷：	生产成本	基本生产成本	BZ1 产品	611977.38
		生产成本	基本生产成本	BZ2 产品	709231.06

卡州公司“生产成本”“制造费用”“废品损失”及“停工损失”明细账的登记，可扫描 M3-1 查看。

M3-1

品种法账簿

【课后演练】

一、单项选择题

1. 按品种法开设的账户是（　　）。

A. 生产成本——基本生产成本（102 批次产品）

B. 生产成本——基本生产成本（甲产品）

C. 生产成本——基本生产成本（第一步）

D. 生产成本——辅助生产成本（第一批次产品）

2. 下列项目中不能计入产品成本的费用是（　　）。

A. 企业管理人员的工资及福利费

B. 辅助车间生产工人的工资及福利费

C. 基本生产车间生产工人的工资及福利费

D. 基本生产车间管理人中的工资及福利费

3. 期末对于已领未用材料应当办理退料手续填制（　　）。

A. 领料单　　B. 限额领料单　　C. 退料单　　D. 领料登记表

4. 企业为生产产品发生的原料及主要材料的耗费应计入（　　）。

A. 生产成本——辅助生产成本　　B. 生产成本——基本生产成本

C. 制造费用　　D. 管理费用

5. 生产车间领用的一般性工具应计入（　　）。

A. 销售费用　　B. 管理费用　　C. 财务费用　　D. 制造费用

6. 在不单独设立“燃料与动力”成本项目的企业，产品生产应承担的外购燃料和动力费用应记入的成本项目是（　　）。

A. 直接材料　　B. 直接人工　　C. 制造费用　　D. 废品损失

7. 基本生产车间本月生产 A、B 两种产品共耗用的甲材料 84000 元，A、B 产品的产量分别为 200 件和 500 件，A、B 产品的单耗分别为 50 千克和 60 千克，按消耗定额分配材料的分配率为（　　）。

A. 3.1　　B. 2.6　　C. 2.1　　D. 1.2

8. 下列各项中，属于直接生产费用的是（　　）。

A. 生产车间厂房的折旧费　　B. 产品生产专用设备的折旧费

C. 管理部门固定资产的折旧费　　D. 销售部门固定资产折旧费

9. 企业材料发出采用计划成本法，月初结存材料计划成本为 5000 元，材料成本差异为 −340 元，本月购入材料的计划成本为 86000 元，材料成本差异为 9440 元，则材料成本差异率为（　　）。

A. −0.1　　B. −0.15　　C.0.1　　D. 0.15

10. 某工人本月加工完成的甲产品数量为 1000 件，其中合格品为 995 件，料废产品为 3件，工废产品为2件，计件单价为10元／件。据此计算的该工人本月计件工资为（　）元。

A. 9950　　B. 9970　　C. 9980　　D. 10000

11. 计算职工计件工资的主要依据是（　　）。

A. 工时记录　　B. 考勤记录　　C. 产量记录　　D. 工资单

12. 基本生产车间生产工人的计时工资计入（　　）。

A. 制造费用　　B. 基本生产成本　　C. 辅助生产成本　　D. 管理费用

13. 辅助生产车间生产工人的计件工资计入（　　）。

A. 辅助生产成本　　B. 基本生产成本　　C. 销售费用　　D. 管理费用

14. 下列项目中不属于生产费用的项目是（　　）。

A. 生产产品消耗的材料　　B. 生产工人的工资

C. 企业管理人员的工资　　D. 车间管理人员的工资

15. 下列项目中不能计入产品成本的费用是（　　）。

A. 企业管理人员的工资及福利费　　B. 企业支付的动力费用

C. 生产工人的工资及福利费　　D. 车间管理人员工资及福利费

16. 基本生产工人工资列入产品制造成本时，应借记的科目是（　　）。

A. 辅助生产成本　　B. 基本生产成本　　C. 制造费用　　D. 废品损失

17. 计提生产车间管理人员的福利费应贷记（　　）。

A. 应付职工薪酬　　B. 生产成本　　C. 制造费用　　D. 管理费用

18. 工人王某本月生产甲零件 2000 件，其中合格品 1900 件，工废品 30 件，料废品 70 件。本月王某计件工资的甲零件数量是（　　）件。

A. 1900　　B. 1970　　C. 1930　　D. 2000

19. 辅助生产费用的计划成本分配法中，辅助生产费用实际成本与计划成本的差异，为简化计算工作，直接记入（ ）。

A. 制造费用 B. 管理费用 C. 销售费用 D. 财务费用

20. 在辅助生产费用分配方法中，费用分配结果最正确的方法是（ ）。

A. 直接分配法 B. 交互分配法 C. 代数分配法 D. 计划分配法

21. 在辅助生产费用的分配方法中，将辅助生产费用直接分配给辅助生产车间以外各受益单位的方法是（ ）。

A. 交互分配法 B. 计划分配法 C. 直接分配法 D. 顺序分配法

22. 采用交互分配法分配辅助生产费用时，第二步对辅助车间以外单位进行分配的辅助生产费用是（ ）。

A. “辅助生产成本”明细账交互分配前的账户余额

B. “辅助生产成本”明细账交互分配后的账户余额

C. “辅助生产成本”总账交互分配前的账户余额

D. “辅助生产成本”总账交互分配后的账户余额

23. 待分配辅助生产费用的金额可以通过查（ ）明细账的余额。

A. “基本生产成本” B. “辅助生产成本”

C. “制造费用” D. “管理费用”

24. 下列项目中属于制造费用的是（ ）。

A. 车间生产工人薪酬 B. 车间管理人员薪酬

C. 企业管理人员薪酬 D. 企业销售人员薪酬

25. 下列制造费用分配方法中，“制造费用”账户可能出现余额的是（ ）。

A. 生产工时比例法 B. 生产工人工资比例法

C. 机器工时比例法 D. 年度计划分配率法

26. 按年度计划分配率分配法分配制造费用，如果“制造费用”账户年末有贷方余额，应按余额（ ）。

A. 用红字借记“生产成本——基本生产成本”账户，贷记“制造费用”账户

B. 用红字借记“制造费用”账户，贷记“生产成本——辅助生产成本”账户

C. 用红字借记“制造费用”账户，贷记“生产成本——基本生产成本”账户

D. 结转下年

27. 基本生产车间机器设备的折旧费可能记入的借方账户是（ ）。

A. 累计折旧 B. 管理费用 C. 制造费用 D. 销售费用

28. 机器工时比例分配法适用于（ ）。

A. 车间工人的熟练程度很高 B. 车间机械化程度不高

C. 车间机械化程度很高 D. 车间工人的熟练程度不高

29. 下列各项中，不应计入废品损失的是（ ）。

A. 不可修复废品的生产成本 B. 可修复废品的生产成本

C. 用于修复废品的人工费用 D. 用于修复废品的材料费用

30. “废品损失”账户月末（ ）。

A. 余额一定在借方 B. 余额一定在贷方

C. 一定无余额 D. 可能在借方，可能在贷方

31. 下列不属于停工损失的是（　　）。

A. 季节性停工　　B. 发生非常灾害

C. 突然断电　　D. 突然机器设备故障

32. 在产品成本按年初数计价法适用的产品是（　　）。

A. 月末在产品数量很大

B. 月末在产品数量很少

C. 月末在产品数量较多，各月变化较大

D. 月末在产品数量较多，各月变化不大

33. 月末在产品数量较大，各月末在产品数量变化也较大，产品成本中原材料费用和职工薪酬等加工费占比相差不多的产品，在完工产品与月末在产品之间分配费用应采用的方法是（　　）。

A. 不计算在产品成本法　　B. 约当产量法

C. 在产品按定额成本计价法　　D. 在产品按完工产品成本计算法

34. 某企业原材料是在生产开始一次投入，则投料程度是（　　）。

A. 20%　　B. 30%　　C. 50%　　D. 100%

35. 某种产品经两道工序加工而成，其原材料分两道工序在每道工序开始时一次投入，第一道工序原材料消耗定额为 30 千克，第二道工序原材料消耗定额为 20 千克，第一道工序在产品投料程度为（　　）。

A. 100%　　B. 60%　　C. 80%　　D. 30%

36. 采用在产品按定额成本计价法，月末在产品实际成本与定额成本的差异（　　）。

A. 全部计入在产品成本　　B. 全部计入完工产品成本

C. 全部计入管理费用　　D. 全部计入营业外支出

37. 某企业甲产品生产经过两道工序加工完成，各工序的工时定额分别为 10 小时和 20 小时，则第二道工序的完工率为（　　）。

A. 60%　　B. 67%　　C. 74%　　D. 81%

38. 单独核算停工损失的企业，对于属于自然灾害导致的停工损失，应转入（　　）。

A. 生产成本　　B. 其他应收款　　C. 营业外支出　　D. 制造费用

39. 废品损失不包括（　　）。

A. 修复废品人员工资　　B. 修复废品使用材料

C. 不可修复废品的报废损失　　D. 产品“三包”损失

40. 产品生产车间领用的一般性的工具、用具，应计入的账户是（　　）。

A. 其他应付款　　B. 基本生产　　C. 制造费用　　D. 管理费用

二、多项选择题

1. 用于几种产品生产的共同耗用材料费用的分配，常用的分配标准有（　　）。

A. 生产工时　　B. 产品产量

C. 产品重量　　D. 材料定额消耗量

2. 下列各项中，属于产品成本的基本构成项目的是（　　）。

A. 直接材料　　B. 生产损失　　C. 直接人工　　D. 制造费用

3. 低值易耗品摊销方法有（　　）。

A. 一次摊销法　　B. 分次摊销法　　C. 五五摊销法　　D. 定期摊销法

4. 分配材料可能计入的账户有（ ）。
A. 生产成本 B. 制造费用 C. 管理费用 D. 销售费用
5. 下列属于发材料凭证的是（ ）。
A. 领料单 B. 发料凭证汇总表 C. 退料单 D. 领料登记表
6. 分配材料费用记账凭证的附件有（ ）。
A. 材料费用分配表 B. 发料凭证汇总表 C. 领料单 D. 退料单
7. 发料凭证汇总的编制人员可以是（ ）。
A. 车间主任 B. 仓库保管员 C. 成本会计 D. 销售员
8. 下列应计入“辅助生产成本”明细账的有（ ）。
A. 产品生产车间设备折旧费 B. 辅助生产车间设备折旧费
C. 产品生产车间生产工人的职工薪酬 D. 辅助生产车间工人的职工薪酬
9. 企业计提固定资产折旧可能计入的账户有（ ）。
A. 管理费用 B. 销售费用 C. 制造费用 D. 辅助生产成本
10. 下列辅助生产费用分配法中考虑了辅助车间之间交互分配的有（ ）。
A. 直接分配法 B. 交互分配法 C. 顺序分配法 D. 计划分配法
11. 辅助车间机修车间和运输车间之间交互分配时会计分录涉及的账户有（ ）。
A. 辅助生产成本——机修车间 B. 辅助生产成本——运输车间
C. 制造费用——机修车间 D. 制造费用——运输车间
12. 制造费用的借方反映的内容可能包括（ ）。
A. 生产车间的物料消耗 B. 生产车间管理人员的工资
C. 车间主任的差旅费 D. 车间耗用的低值易耗品
13. 制造费用的分配方法有（ ）。
A. 生产工时比例法 B. 生产工人工资比例法
C. 机器工时比例法 D. 年度计划分配率法
14. 分配制造费用时，可能借记的账户有（ ）。
A. 生产成本——基本生产成本 B. 生产成本——辅助生产成本
C. 管理费用 D. 销售费用
15. 可修复废品的废品损失是指（ ）。
A. 可修复废品返修前的材料成本 B. 可修复废品返修前的人工成本
C. 可修复废品返修发生的材料费用 D. 可修复废品返修发生的人工成本
16. 废品按其产生的原因分为（ ）。
A. 工废 B. 料废 C. 可修复废品 D. 不可修复废品
17. 废品损失应当包括（ ）。
A. 降价出售的不合格品 B. 不可修复废品的损失
C. 保管不善造成的在产品损失 D. 可修复废品的修复费用
18. 可修复废品必须同时具备的条件有（ ）。
A. 可以修复 B. 不能修复
C. 修复费用在经济上合算 D. 修复费用在经济上不合算
19. 企业生产损失包括（ ）。
A. 废品损失 B. 产品盘亏损失

C. 产品售后服务费用　D. 停工损失

20. 在完工产品与在产品之间分配费用时，在产品成本按年初数计价法适用于（　　）。

A. 各月末在产品数量较少的产品

B. 各月末在产品数量较多的产品

C. 在产品数量较多，但各月末在产品数量变动不大

D. 在产品数量较多，但各月末在产品数量变动很大

21. 企业在选择完工产品和在产品之间分配费用的方法时，应考虑的条件有（　　）。

A. 月末在产品数量的多少　B. 定额是否准确、稳定

C. 各月在产品数量变化的大小　D. 各项费用在成本中比重的大小

22. 采用在产品按定额成本计价法分配完工产品和月末在产品费用，应具备的条件有（　　）。

A. 各项定额比较准确　B. 各项定额比较稳定

C. 各月末在产品数量变化不大　D. 各月末在产品数量变化较大

23. 采用约当产量法计算完工产品和在产品成本时，应具备的条件有（　　）。

A. 月末在产品数量较多　B. 月末在产品数量较少

C. 各月末在产品数量变化较大　D. 各月末在产品数量变化不大

24. 采用定额比例法分配计算完工产品和在产品成本时，所使用的定额主要有采用定额比例法，分配计算完工产品和在产品成本时，所使用的定额主要有（　　）。

A. 产品产量定额　B. 单位产品材料费用定额

C. 单位产品工时定额　D. 单位产品材料消耗定额

25. 按完工程度计算的约当产量用于分配（　　）。

A. 直接材料　B. 直接人工　C. 制造费用　D. 废品损失

26. 广义的在产品包括（　　）。

A. 等待返修的废品　B. 未验收入库的产成品

C. 需继续加工的半成品　D. 正在车间加工中的在产品

27. 根据有关规定，下列属于工资总额内容的有（　　）。

A. 奖金　B. 津贴

C. 加点工资　D. 补贴

28. 可以作为分配基本生产车间工人工资费用标准的是（　　）。

A. 生产工时　B. 定额工时

C. 产品产量　D. 产品质量

29. 下列奖金中属于工资总额的有（　　）。

A. 增产节约奖　B. 全勤奖

C. 劳动竞赛奖　D. 见义勇为奖

30. 下列各项中，属于辅助生产费用分配方法的有（　　）。

A. 直接分配法　B. 交互分配法

C. 计划分配法　D. 代数分配法

三、判断题

1. 基本生产车间生产产品领用的材料应直接记入各成本计算对象的“产品成本”明细账。（　　）

2. 不设“燃料和动力”成本项目的企业，其生产消耗的燃料可计入“制造费用”成本项目。 ( )

3. 企业可以不设“停工损失”账户，发生的停工损失可以将停工净损失直接计入“制造费用”“营业外支出”“其他应收款”等账户。 ( )

4. 单独核算废品损失的企业，可以单独设置“废品损失”总账，也可在“生产成本”账户下设置“废品损失”明细账户组织核算。 ( )

5. 不单独核算废品损失的企业，也要结转废品成本。 ( )

6. 如果辅助生产车间生产多种产品或提供多种劳务，可以不设置“制造费用——××辅助生产车间”明细账。 ( )

7. 品种法下制造费用按产品品种设置明细账。 ( )

8. “生产成本——辅助生产成本”（或“辅助生产成本”账户）一般应按辅助生产车间、车间下再按产品或劳务种类设置明细账，账内按照成本项目或费用项目设置专栏进行明细核算。 ( )

9. “假退料”手续，只是退料和领料凭证的传递，实物不需要退回仓库。 ( )

10. 编制发料凭证汇总表时，只要领料部门和材料用途相同就可汇总在一起。 ( )

11. 采用直接分配法分配辅助生产费用时，辅助生产车间之间相互提供产品或劳务也应计算其应负担的金额。 ( )

12. 用顺序分配法分配辅助生产费用时是按辅助车间提供劳务多少由小到大排序的。 ( )

13. 对于机械化、自动化程度较高的生产部门或生产车间，制造费用可以按机器工时的比例进行分配。 ( )

14. 不可修复废品是指在技术上是不可以修复的废品。 ( )

15. 可修复废品是指经过修复可以使用且在经济上合算的废品。 ( )

16. 无论采用什么方法对制造费用进行分配，“制造费用”科目月末都没有余额。 ( )

17. 停工损失是基本生产车间因停工发生的各种费用，这些费用通过“生产成本——基本生产成本”账户结转。 ( )

18. 计件工资只能按职工完成的合格品数量乘以计件单价计算发放。 ( )

19. 分配职工薪酬时分配的是实发工资。 ( )

20. 计件工资是直接计入费用，计时工资可能是直接计入费用也可能是间接计入费用。 ( )

四、业务操作

AD 化妆品公司，大量生产润肤露和面霜两种产品，每种产品都依次经过第一车间、第二车间、第三车间三个基本生产车间的三道工序加工，最后由第三车间加工完成验收合格后包装移送至成品库。设有机修车间、供电车间和供汽车间三个辅助生产车间，机修车间从事设备维护及修理，运输车间为公司各个部门提供电力，供汽车间为基本生产提供蒸汽。生产过程中没有自制半成品，不设自制半成品库。2020 年 8 月润肤露和面霜本月完工产品的数量分别为 720 千克和 900 千克，单位产品的材料定额分别为 280 千克和 200 千克，工时定额分别为 160 小时和 120 小时。各种费用分配率的计算保留至小数点后六位，分配金额保留至小数点后两位，分配金额的尾差计入最后的分配对象。

1. AD 化妆品公司 2020 年 7 月末在产品成本资料如下表。

AD 公司 2020 年 7 月末在产品的成本材料

单位：元

产品	成本项目				合计
	直接材料	燃料及动力	直接人工	制造费用	
润肤露	12060.00	4570.00	34800.00	35200.00	86630.00
面霜	31200.00	4350.00	55600.00	47300.00	138450.00

要求：为该公司进行 2020 年 8 月份的期初建账。

2. AD 化妆品公司材料采用计划成本核算，材料费用按消耗定额进行分配，原材料的材料成本差异率为 −2%，2020 年 8 月发料凭证汇总如下表。

AD 公司发料凭证汇总表

2020 年 8 月 31 日

材料名称	发出数量 / 千克	计划单价 / 元	计划金额 / 元	领用部门	用途
十八醇	11400	22.00	250800.00	第一、三车间	润肤露、面霜共用
硬脂酸单甘油酯	6100	24.00	146400.00	第一车间	润肤露用
甘油	7100	26.00	184600.00	第一车间	润肤露、面霜共用
维生素 B3	5600	35.00	196000.00	第一车间	面霜用
白油	8800	30.00	264000.00	第二、三车间	润肤露用
IPP	7400	25.00	185000.00	第二车间	润肤露、面霜共用
维 E	13000	40.00	520000.00	第二车间	润肤露、面霜共用
果酸	6200	32.00	198400.00	第二车间	面霜用
甘油	5800	26.00	150800.00	第三车间	面霜用
维 E	320	40.00	12800.00	第三车间	润肤露用
合计			2108800.00		

会计主管：　　　　复核：　　　　制单：

要求：编制该公司材料费用分配表、材料成本差异计算表，填写记账凭证，登记账簿。

3. AD 化妆品公司低值易耗品及包装物采用计划成本核算，采用一次摊销法，材料成本差异率分别为 2% 和 −1%；2020 年 8 月该公司所耗低值易耗品及包装物见下表。

AD 公司低值易耗品及包装物领用汇总表

2020 年 8 月 31 日

名称	发出数量 / 千克	计划单价 / 元	计划金额 / 元	领用部门	用途
低值易耗品	80	106.25	8500.00	第一车间	车间一般耗用
低值易耗品	54	105.93	5720.22	第二车间	车间一般耗用
低值易耗品	90	103.33	9299.70	第三车间	车间一般耗用
低值易耗品	40	150.00	6000.00	机修车间	修理用
低值易耗品	25	150.00	3750.00	供汽车间	车间一般耗用
低值易耗品	30	150.00	4500.00	运输车间	车间一般耗用
包装物	14000	1.43	20020.00	第三车间	包装用
包装物	120	1.17	140.40	行政部门	办公用
包装物	140	1.43	200.20	销售部门	销售用产品用

要求：编制该公司低值易耗品及包装物摊销表、结转材料成本差异，填写记账凭证，登记账簿。

4. AD化妆品公司燃料费用以消耗定额为标准进行分配，单位产品燃料费用的消耗定额分别为5千克和6千克，材料成本差异率为−2%，2020年8月领用燃料的计划成本为14950元。

要求：编制该公司燃料费用分配表、结转材料成本差异并填写记账凭证，登记账簿。

5. AD化妆品公司电费以工时定额为标准进行分配，2020年8月所耗电量见下表。

2020年8月AD公司耗用电量统计表

部门			电表记录/度	单价/（元/度）
总电表			58600	1.2
分电表	第一车间	生产用电	14300	—
		照明用电	2660	—
	第二车间	生产用电	14650	—
		照明用电	2780	—
	第三车间	生产用电	14520	—
		照明用电	3460	—
	机修车间		980	—
	供汽车间		1460	—
	运输车间		800	—
	管理部门		960	—
	销售部门		880	—
	小计		57450	—

表中总电表电量与分电表电量的差为电损。

要求：编制该公司电费分配表，填写记账凭证，登记账簿。

6. AD化妆品公司水费以工时定额为标准进行分配，2020年8月所耗水量见下表。

2020年8月AD公司耗用水量统计表

部门		水表记录/吨	单价/（元/吨）
第一车间	生产用水	3400	4.1
	一般用水	275	4.1
第二车间	生产用水	3650	4.1
	一般用水	280	4.1
第三车间	生产用水	3620	4.1
	一般用水	260	4.1
机修车间		265	4.1
供汽车间		3060	4.1
运输车间		290	4.1
管理部门		266	4.1
销售部门		267	4.1
小计		15633	4.1

要求：编制该公司水费分配表，填写记账凭证，登记账簿。

7. AD 化妆品公司 2020 年 8 月职工薪酬汇总见下表，该公司按工时定额分配工资，计提医疗保险、养老保险、失业保险、工伤保险、生育保险的比例分别为：9%、20%、1.5%、0.5%、0.8%，计提公积金的比例为 10%，计提工会经费和职工教育经费比例分别为 2% 和 8%，按工资总额的 10% 发放职工福利。

AD 公司职工薪酬结算汇总表

2020 年 8 月　　　　单位：元

部门	人员类别	计时工资	计件工资		应付工资
			润肤露	面霜	
第一车间	车间管理人员	22300.00			22300.00
第一车间	工人	33260.00	24300.00	12300.00	69860.00
第二车间	车间管理人员	20870.00			20870.00
第二车间	工人	36730.00	16500.00	23500.00	76730.00
第三车间	车间管理人员	19200.00			19200.00
第三车间	工人	43520.00	15600.00	13400.00	72520.00
机修车间	工人	21680.00			21680.00
供汽车间	工人	31450.00			31450.00
运输车间	工人	38670.00			38670.00
行政部门	管理人员	87560.00			87560.00
销售部门	销售人员	96780.00			96780.00
合计		452020.00	56400.00	49200.00	557620.00

审核：　　　　制单：

要求：编制该公司人工费用分配表、社保费住房公积金分配表、工会经费及职工教育经费计算表和福利费分配，填写记账凭证，登记账簿。

8. AD 化妆品公司 2020 年 8 月固定资产折旧情况见下表。

AD 公司固定资产折旧计算表

2020 年 8 月　　　　单位：元

使用部门	固定资产类别	固定资产月初余额	月折旧率	上月增加固定资产原值	上月减少固定资产的原值	本月应计提折旧额
第一车间	房屋建筑物	470000	0.30%			
	生产设备	770000	0.50%		128000	
第二车间	房屋建筑物	320000	0.30%			
	生产设备	570000	0.50%	168000		
第三车间	房屋建筑物	380000	0.30%			
	生产设备	870000	0.50%			
机修车间	房屋建筑物	270000	0.30%			
	生产设备	21000	0.50%			
运输车间	房屋建筑物	150000	0.30%			
	生产设备	830000	0.50%		215000	
供汽车间	房屋建筑物	430000	0.30%			
	生产设备	760000	0.50%			

续表

使用部门	固定资产类别	固定资产月初余额	月折旧率	上月增加固定资产原值	上月减少固定资产的原值	本月应计提折旧额
行政部门	房屋建筑物	104000	0.30%			
	办公设备	230000	0.50%	112000	68000	
销售部门	房屋建筑物	102000	0.30%			
	办公设备	200000	0.50%			
折旧额合计		6477000	—	—	—	

会计主管： 复核： 制单：

要求：计算并填写上表，根据上表编制折旧费用分配表，填写记账凭证，登记账簿。

9. 2020 年 8 月 AD 化妆品公司第一、二车间的车间主任出差参观学习，第一车间主任于伟已预借差旅费 4000 元，不足部分以现金支付，差旅费报销单见下表。

AD 公司差旅费报销单

工作部门：第一、二车间 2020 年 8 月 28 日 单位：元 附单据 6 张

姓 名				于伟	职别	车间主任	随行人员	二车间主任王利	出差事由：参观学习				
起止日期				起止地点	交通费		交通补助		伙食补助		住宿费		其他费用	金额合计
月	日	月	日		实际费用	核准报销	天数	金额	天数	金额	天数	金额		
8	12	8	12	上海至南京	274.00	274.00	4	640.00	4	800.00	3	2100.00		3814.00
8	15	8	15	南京至上海	274.00	274.00								274.00
核准报销金额总计人民币（大写）					肆仟零捌拾捌元整							¥4088.00		
备注：														

主管： 会计： 出差人：

要求：填写报销差旅费的记账凭证，登记账簿。

10. AD 化妆品公司辅助生产车间的劳务量见下表。

AD 公司劳务耗用量通知单

2020 年 8 月

受益对象	耗用量		
	机修车间 / 工时	运输车间 / 千米	供汽车间 / 立方米
机修车间		6	160
运输车间	240		130
供汽车间	260	8	
第一车间	345	180	3670
第二车间	385	230	4760
第三车间	365	190	3890
管理部门	112	8	120
销售部门	102	98	130
合计	1809	720	12860

制表人：

要求：根据前述业务的会计处理，按交互分配法编制辅助生产费用分配表，填写记账

凭证，登记账簿。

11. AD 化妆品公司各车间工时见下表。

2020 年 8 月 AD 公司各车间的工时表

产品名称	生产工时		
	第一车间	第二车间	第三车间
润肤露	4560	4992	3832
面霜	4020	4380	5010

要求：根据前述业务的会计处理，以生产工时为标准编制制造费用分配表，填写记账凭证，登记账簿。

12. AD 化妆品公司两种产品的材料消耗定额及在产品数量见下表，两种产品的投料方式均为每道工序陆续投料，每道工序的完工程序均为 50%，约当产量数值四舍五入。

AD 公司月末在产品约当产量计算表

2020 年 8 月 31 日

项目	润肤露产品				面霜产品			
	一工序	二工序	三工序	合计	一工序	二工序	三工序	合计
各工序在产品数量	110	150	120	380	120	90	100	310
单位产品材料消耗定额	80	90	110	280	60	66	74	200
各工序投料程度								
各工序完工程度								
按投料程度的在产品约当产量								
按完工程度的在产品约当产量								

会计主管： 复核： 制单：

要求：根据前述业务的会计处理，计算填写约当产量计算表，按约当产量分配生产费用，填写记账凭证，登记账簿。

M3-2

参考答案

项目四

用分批法核算产品成本

【工作任务】

百制机械制造公司（以下简称“百制公司”）是小批多步骤生产的企业，该公司一般不会停工，很少会产生废品，不核算生产损失，生产过程中所用燃料及动力费用很少，不单独核算燃料及动力。该公司根据购买单位的订单安排生产任务，管理上不需要计算产品每步骤的成本。设有毛坯、焊接和装配三个基本生产车间和机修车间、供电车间两个辅助生产车间。2019 年 6 月同时生产三个批次的产品：502 批反击式机械 5 月投产，已加工 40%，本月全部完工；601-1 批普通式机械本月投产并完工；601-2 批反击式机械本月投产，本月加工程度为 40%，下月完工。各种费用分配率的计算保留至小数点后六位，分配金额保留至小数点后两位，分配金额的尾差计入最后的分配对象。

要求：核算百制公司 6 月的产品成本。

【任务分析】

由于百制公司是小批多步骤生产的企业，按订单安排生产任务，在管理上不需要计算产品每步骤的成本，应选择一般分批法（即“分批法”）作为该公司的成本计算方法。由于该公司生产过程中很少消耗燃料及动力费用，不需要设置“燃料及动力”成本项目，又由于该公司不核算生产损失，不需要设置“废品损失”和“停工损失”两个成本项目，则该公司设置的成本项目为“直接材料”“直接人工”和“制造费用”三个。

【任务操作步骤】

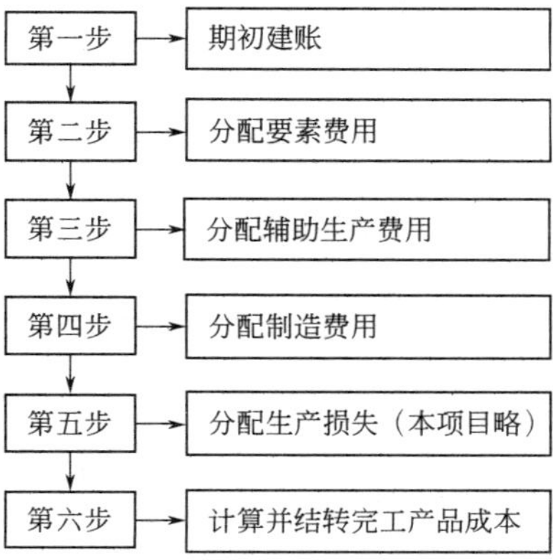

【任务操作】

一般分批法是企业成本核算的基本方法之一，当企业按产品批别或订单组织批量生产时，成本的计算对象应是产品批别或订单。一般分批法下没有阐述内容参见品种法，将品种换成批次即可，本模块略。

任务一　用一般分批法核算产品成本

一、期初建账

企业接到订单后，生产主管部门根据订单安排生产，填写生产任务通知单，一式多联，其中一联传递给财务部门，财务人员根据拿到生产任务通知单后，应根据该通知单上确定的产品订单号或批次，开设“基本生产成本”明细账，并按成本项目分设专栏，进行生产费用的归集。企业一般以客户的订单划分批别，把一张订单上的产品作为一批进行核算，但客户的订单和产品的批别并不完全一致。如果一张订单内有几种产品，为便于管理和核算，可按产品品种划分批别。如果一张订单内虽然只有一种产品，但数量较大，或要求分批交货，可将产品分为几批进行生产，并分批计算产品成本。如果同一时期内，几张订单要求生产同一种产品，且批量不大，为了便于管理并简化成本计算，也可将几张订单合并为一批产品组织生产，此时成本核算对象则是由几张订单合并的同一批产品。如果同一订单只有一种产品，但生产周期很长，比如订购一架飞机，它的生产周期长，可以按部件分批组织生产，计算产品成本。

百制公司2019年6月与抚海公司签订了销售普通机械和反击式机械的订单见表4-1，由于抚海公司的订单中有普通式机械和反击式机械两种产品，为了便于管理，公司的生产部根据订单安排生产任务时下发了两个生产任务通知单，见表4-2和表4-3。

表4-1　百制公司订货单

订单编号：20190601XZ-2　　　　　　　　　　　　订货日期：2019年6月1日

客户名称	抚海公司		联系人	程阳	
交货地址	抚海公司		联系电话	13613450000	
序号	产品名称	产品规格	计量单位	订货数量	备注
1	普通式机械	CI5X1351	台	8	
2	反击式机械	CI5X1352	台	12	

附：
1. 付款方式
2. 物流费用由抚海公司承担。

订货人：　　　　　　　　　　　　　　　　　　总经理：

表4-2　生产任务通知单（财务部）

编号：20190601　　　　　　　　　　　　　　　　　　　　生产批号：601-1

需方：	抚海公司	合同号：	2019060101	需方联系人：	程阳	电话：	13613450000
序号	产品名称	图纸号	规格型号	数量（台）			技术标准质量要求
				实际数量	预留	合计	
1	普通式机械	GB/T14689-12	CI5X1351	8		8	与合同一致
交货时间		2019年6月28日		交货地点	抚海公司	生产班组	略
通知任务时间		2019年6月2日		通知人姓名	于某	运输方式	物流公司承运
接单时间		2019年6月1日		生产主管经理	林某	包装格式	标准包装

审核：　　　　　　　生产主管：　　　　　　　制单：　　　　　　　制单时间：

表 4-3 生产任务通知单（财务部）

编号：20190602 生产批号：601-2

需方：	抚海公司	合同号：	2019060101	需方联系人：	程阳	电话：	13613450000
序号	产品名称	图纸号	规格型号	数量（台）			技术标准质量要求
				实际数量	预 留	合计	
1	反击式机械	GB/T14689-13	CI5X1352	12		12	与合同一致
交货时间		2019 年 7 月 8 日交付		交货地点	抚海公司	生产班组	略
通知任务时间		2019 年 6 月 2 日		通知人姓名	于某	运输方式	物流公司承运
接单时间		2019 年 6 月 1 日		生产主管经理	林某	包装格式	标准包装

审核： 生产主管： 制单： 制单时间：

百制公司的财务人员根据生产任务通知单（表 4-2 和表 4-3），以产品的批号 601-1 和 602-2 为明细账户进行期初建账，由于两批产品是本月开工的产品，无期初余额，所以，期初建账不需要登记期初余额；601-1 批次产品和 601-2 批次产品的期初建账，请查看一般分批法下，百制公司“生产成本”“制造费用”明细账的二维码。

一般分批法下辅助生产成本、制造费用和生产损失的期初建账同品种法，这里略。

二、分配要素费用

一般分批法的成本计算期与生产周期一致，一般是一批产品完工时计算产成品成本，但每月发生的费用应分配计入各个批次的产品。分批法中分配要素费用的方法与品种法相同，将可以直接归属于某批次产品的直接费用，按订单或批次直接计入各该批次产品的“生产成本”明细账；不能直接归属于某批次产品，由各批次产品共同发生的间接费用，按照一定的标准在各批次产品之间通过分配计入各批次产品的“生产成本”明细账。

1. 分配材料费用

（1）归集分配原材料费用。通常分批法下在某批产品完工或某批产品有完工产品需要计算完工产品成本时，按批次或订单归集分配材料费用，企业发出材料所用原始凭证及材料费用的分配方法参见品种法。

① 取得领（退）料凭证。领（退）料凭证是分配材料费用的依据，因此，分配原材料费用前，财务人员应取得成本核算期内所有的领（退）料凭证，以保证分配材料费用的准确性。

百制公司本月 502 批和 601-1 批本月完工，需要分配材料费用，财务部门取得的领料单见表 4-4 ～表 4-6。

表 4-4 领料单

领料部门：毛坯车间 2019 年 6 月 4 日 No：1

材料类别	品名及规格	单位	数量		单价 / 元	金额 / 元	用途
			请领	实领			
原材料	不锈钢板	千克	3200	3200	12.20	39040.00	601-1 批产品用
原材料	不锈钢板	千克	4800	4800	12.20	58560.00	601-2 批产品用
原材料	等边角钢	千克	2500	2500	15.80	39500.00	601-1 批产品用
原材料	槽钢	千克	1300	1300	18.20	23660.00	601-2 批产品用
合 计						¥160760.00	

记账： 发料单位主管： 发料人： 领料单位主管： 领料人：

表 4-5　领料单

领料部门：焊接车间　　2019 年 6 月 4 日　　No：2

材料类别	品名及规格	单位	数量		单价 / 元	金额 / 元	用途
			请领	实领			
辅助材料	碳化钨焊条	千克	30	30	55.00	1650.00	502 批产品用
辅助材料	普通焊条	千克	120	120	15.50	1860.00	三批产品共用
辅助材料	普通螺栓	个	600	600	3.30	1980.00	三批产品共用
辅助材料	钢刷	个	10	10	7.80	78.00	三批产品共用
辅助材料	高强度吊环螺栓	个	5	5	35.00	175.00	三批产品共用
合　计						¥5743.00	

记账：　发料单位主管：　发料人：　领料单位主管：　领料人：

表 4-6　领料单

领料部门：装配车间　　2019 年 6 月 4 日　　No：3

材料类别	品名及规格	单位	数量		单价 / 元	金额 / 元	用途
			请领	实领			
零部件	电机	台	30	30	5600.00	168000.00	三批产品共用
零部件	联轴器	个	30	30	1240.00	37200.00	三批产品共用
零部件	轴承	套	60	60	230.00	13800.00	三批产品共用
零部件	减速机	台	30	30	2900.00	87000.00	三批产品共用
零部件	三角皮带	个	30	30	45.00	1350.00	三批产品共用
合　计						¥307350.00	

记账：　发料单位主管：　发料人：　领料单位主管：　领料人：

② 编制发料凭证汇总表。分批法下发料凭证汇总表是按产品批次或订单进行归集汇总，汇总方法参见品种法。

百制公司的材料核算人员或成本核算人员所编制的发料凭证汇总表见表 4-7。

表 4-7　百制公司发料凭证汇总表

2019 年 6 月 30 日　　单位：元

材料名称	计量单位	发出数量	单价	金额	领用部门	用途
不锈钢板	千克	3200	12.20	39040.00	毛坯车间	601-1 批产品用
不锈钢板	千克	4800	12.20	58560.00	毛坯车间	601-2 批产品用
等边角钢	千克	2500	15.80	39500.00	毛坯车间	601-1 批产品用
槽钢	千克	1300	18.20	23660.00	毛坯车间	601-2 批产品用
碳化钨焊条	千克	30	55.00	1650.00	焊接车间	502 批产品用
普通焊条	千克	120	15.50	1860.00	焊接车间	三批产品共用
普通螺栓	个	600	3.30	1980.00	焊接车间	三批产品共用
钢刷	个	10	7.80	78.00	焊接车间	三批产品共用
高强度吊环螺栓	个	5	35.00	175.00	焊接车间	三批产品共用
电机	台	30	5600.00	168000.00	装配车间	三批产品共用
联轴器	个	30	1240.00	37200.00	装配车间	三批产品共用
轴承	套	60	230.00	13800.00	装配车间	三批产品共用
减速机	台	30	2900.00	87000.00	装配车间	三批产品共用
三角皮带	个	30	45.00	1350.00	装配车间	三批产品共用
合计				473853.00		

会计主管：　复核：　制单：

③ 编制材料费用分配表。分批法下财务人员根据发料凭证汇总表，结合生产任务通知单、定额资料或投料记录等按照材料的领用部门及用途分配材料费用，编制材料费用分配表。单独用于生产某批次产品的材料费用，直接计入该批产品成本；几批产品共同耗用的材料费用，需要采用合理的分配标准，分配计入各批产品的成本；材料费用分配表的应借账户根据材料用途及领用部门确定，属于某批次产品耗用的应借记“生产成本——基本生产成本（×× 批次产品）”，属于辅助生产部门耗用的应借记“生产成本——辅助生产（×× 车间）；具体分配方法参见品种法。

百制公司的原材料在生产开始时一次性投入，以产品产量为标准分配原材料、低值易耗品及零部件；该公司财务人员根据发料凭证汇总表编制的材料费用分配表见表 4-8。

表 4-8　百制公司原材料费用分配表

2019 年 6 月 30 日　　　　单位：元

应借账户			成本或费用项目	间接计入费用			直接计入费用	合计
总账账户	二级账户	明细账户		产量	分配率	分配额		
生产成本	基本生产成本	502	直接材料	10		103814.33	1650.00	105464.33
		601-1	直接材料	8		83051.47	78540.00	161591.47
		601-2	直接材料	12		124577.20	82220.00	206797.20
合计				30	10381.43	311443.00	162410.00	473853.00

会计主管：　　　　复核：　　　　制单：

表 4-8 中的计算公式如下：

分配率 = 待分配费用 ÷ 分配标准

如：原材料费用的分配率 =311443÷30=10381.43（元 / 千克）

分配额 = 产量 × 分配率

如：502 批产品分配额 =10×10381.43=103814.3（元）

④ 填制分配材料费用的记账凭证。财务人员以领料单、发料凭证汇总表和材料费用分配表为原始凭证，填写分配材料费用的记账凭证，登记有关成本费用的明细账。

百制公司财务人员根据表 4-4 ～表 4-8 填制记账凭证的会计分录见表 4-9。

表 4-9　会计分录表　　　　凭证号数：1

摘要	借贷方向	总账科目	明细账科目			金额
分配材料费用	借：	生产成本	基本生产成本	502	直接材料	105464.33
				601-1	直接材料	161591.47
				601-2	直接材料	206797.20
	贷：	原材料				473853.00

（2）摊销周转材料。分批法下按批次摊销周转材料，具体方法、步骤及汇总表的编制参见品种法，将品种法的品种换成批次即可。下面以百制公司为例完成分批法下的低值易耗品的摊销。

① 取得发出周转材料的原始凭证。百制公司财务人员从生产部门取得有关领用低值易耗品的领料单见表 4-10 ～表 4-12。

表 4-10 领料单

领料部门：机修车间　　　　2019 年 6 月 4 日　　　　No：4

材料类别	品名及规格	单位	数量		单价 / 元	金额 / 元	用途
			请领	实领			
低值易耗品	螺丝钉	盒	5	5	6.50	32.50	修理用
低值易耗品	垫片	盒	5	5	8.00	40.00	修理用
低值易耗品	法兰螺母	盒	15	15	8.00	120.00	修理用
低值易耗品	螺丝刀	个	5	5	7.50	37.50	修理用
低值易耗品	两用扳手	个	3	3	5.70	17.10	修理用
低值易耗品	锤子	个	6	6	12.80	76.80	修理用
低值易耗品	梅花扳手	个	4	4	7.80	31.20	修理用
合计						¥355.10	

记账：　　发料单位主管：　　发料人：　　领料单位主管：　　领料人：

第二联财务记账

表 4-11 领料单

领料部门：供电车间　　　　2019 年 6 月 4 日　　　　No：5

材料类别	品名及规格	单位	数量		单价 / 元	金额 / 元	用途
			请领	实领			
低值易耗品	钢丝钳	个	3	3	42.80	128.40	车间一般耗用
低值易耗品	剥线钳	个	6	6	31.08	186.48	车间一般耗用
低值易耗品	电工刀	个	8	8	19.56	156.48	车间一般耗用
低值易耗品	记号笔	个	10	10	13.20	132.00	车间一般耗用
低值易耗品	绝缘棒	个	6	6	38.00	228.00	车间一般耗用
低值易耗品	万用表	个	3	3	275.00	825.00	车间一般耗用
低值易耗品	高压绝缘手套	个	10	10	37.00	370.00	车间一般耗用
低值易耗品	保险丝	个	10	10	9.80	98.00	车间一般耗用
合计						¥2124.36	

记账：　　发料单位主管：　　发料人：　　领料单位主管：　　领料人：

第二联财务记账

表 4-12 领料单

领料部门：基本生产车间　　　　2019 年 6 月 15 日　　　　No：6

材料类别	品名及规格	单位	数量		单价 / 元	金额 / 元	用途
			请领	实领			
低值易耗品	两用扳手	个	27	27	5.70	153.90	生产车间一般耗用
低值易耗品	锤子	个	18	18	12.80	230.40	生产车间一般耗用
低值易耗品	梅花扳手	个	27	27	7.80	210.60	生产车间一般耗用
低值易耗品	A4 纸	包	12	12	16.00	192.00	生产车间一般耗用
低值易耗品	黑笔	盒	6	6	25.00	150.00	生产车间一般耗用
低值易耗品	长尾夹	盒	6	6	10.00	60.00	生产车间一般耗用
低值易耗品	文件夹	个	15	15	3.00	45.00	生产车间一般耗用
低值易耗品	橡胶手套	副	60	60	30.00	1800.00	生产车间一般耗用
合计						¥2841.90	

记账：　　发料单位主管：　　发料人：　　领料单位主管：　　领料人：

第二联财务记账

② 编制周转材料摊销表。周转材料中能够直接确定用于某批次产品生产的，摊销计入该批产品成本，借记“生产成本——基本生产成本（××批次产品）”，不能确定用于某批次产品生产的，先计入“制造费用”账户，待制造费用分配再计入该批产品成本。

百制公司的低值易耗品采用一次摊销法，基本生产车间领用的低值易耗品平均分配计入三个车间的“制造费用”账户，百制公司的财务人员根据表4-10～表4-12编制的低值易耗品摊销表见表4-13。

表4-13　百制公司低值易耗品摊销表

2019年6月30日　　单位：元

应借账户			成本或费用项目	摊销方法	摊销金额
总账账户	二级账户	明细账户			
制造费用		毛坯车间	物料消耗	一次摊销法	947.30
		焊接车间	物料消耗	一次摊销法	947.30
		装配车间	物料消耗	一次摊销法	947.30
生产成本	辅助生产成本	机修车间	直接材料	一次摊销法	355.10
		供电车间	直接材料	一次摊销法	2124.36
合计					5321.36

会计主管：　　复核：　　制单：

③ 填制摊销周转材料的记账凭证。百制公司财务人员根据低值易耗品摊销表填制的记账凭证见表4-14。

表4-14　会计分录表　　凭证号数：2

摘要	借贷方向	总账科目	明细账科目			金额
摊销低值易耗品	借：	制造费用	毛坯车间	物料消耗		947.30
			焊接车间	物料消耗		947.30
			装配车间	物料消耗		947.30
		生产成本	辅助生产成本	机修车间	直接材料	355.10
				供电车间	直接材料	2124.36
	贷：	周转材料	低值易耗品			5321.36

（3）分配外购动力费用。外购动力费用中能够直接确定用于某批次产品生产的，计入该批产品成本，借记“生产成本——基本生产成本（××批次产品），不能确定用于某批次产品生产的，先计入“制造费用”账户，待制造费用分配再计入该批产品成本。分批法下按批次分配外购动力费用，具体方法、步骤参见品种法，将品种法的品种换成批次即可。下面以百制公司为例完成分批法下外购动力费用的分配。

① 编制外购动力费用分配表。百制公司根据仪表记录编制外购动力费用分配表见表4-15和表4-16。

表 4-15 百制公司电费分配表

2019 年 6 月 30 日

应借账户			成本或费用项目	仪表记录	单价 /（元 / 度）	电费
总账账户	二级账户	明细账户				
生产成本	辅助生产成本	机修车间	直接材料	1120		1254.40
		供电车间	直接材料	2300		2576.00
制造费用		毛坯车间	电费	8900		9968.00
		焊接车间	电费	12700		14224.00
		装配车间	电费	6700		7504.00
管理费用			电费	1300		1456.00
销售费用			电费	1500		1680.00
合计				34520	1.12	38662.40

会计主管： 复核：

表 4-16 百制公司水费分配表

2019 年 6 月 30 日

应借账户			成本或费用项目	仪表记录	单价 /（元 / 吨）	水费
总账账户	二级账户	明细账户				
生产成本	辅助生产成本	机修车间	直接材料	130		1063.40
		供电车间	直接材料	2340		19141.20
制造费用		毛坯车间	水费	256		2094.08
		焊接车间	水费	1270		10388.60
		装配车间	水费	345		2822.10
管理费用			水费	120		981.60
销售费用			水费	110		899.80
合计				4571	8.18	37390.78

会计主管： 复核：

② 填制分配外购动力费用的记账凭证。百制公司根据外购动力费用分配表填制记账凭证的会计分录见表 4-17 和表 4-18。

表 4-17 会计分录表 凭证号数：3

摘要	借贷方向	总账科目	明细账科目			金额
分配电费	借：	生产成本	辅助生产成本	机修车间	直接材料	1254.40
		生产成本	辅助生产成本	供电车间	直接材料	2576.00
		制造费用	毛坯车间	电费		9968.00
		制造费用	焊接车间	电费		14224.00
		制造费用	装配车间	电费		7504.00
		管理费用	电费			1456.00
		销售费用	电费			1680.00
	贷：	应付账款	供电公司			38662.40

表 4-18 会计分录表

凭证号数：4

摘要	借贷方向	总账科目	明细账科目			金额
分配水费	借：	生产成本	辅助生产成本	机修车间	直接材料	1063.40
		生产成本	辅助生产成本	供电车间	直接材料	19141.20
		制造费用	毛坯车间	水费		2094.08
		制造费用	焊接车间	水费		10388.60
		制造费用	装配车间	水费		2822.10
		管理费用	水费			981.60
		销售费用	水费			899.80
	贷：	应付账款	自来水公司			37390.78

2. 分配职工薪酬

分批法下分配职工薪酬与品种法相同。首先取得职工薪酬结算单，财务人员按职工类别及所在部门汇总计时工资，按批次汇总计件工资，并编制职工薪酬结算汇总表，然后分配职工薪酬。有关社保费、住房公积金、工会经费、职工教育经费及职工福利费的分配参见品种法，从本模块起这些内容略。下面以百制公司为例完成分批法下的职工薪酬的分配。

（1）编制职工薪酬结算汇总表。百制公司财务人员根据职工薪酬结算单编制的职工薪酬结算汇总表见表 4-19。

表 4-19 百制公司职工薪酬结算汇总表

2019 年 6 月 30 日 单位：元

部门	人员类别	计时工资	计件工资			应付工资
			502	601-1	601-2	
毛坯车间	车间管理人员	35600.00				35600.00
	工人	125430.00	12460.00	24700.00	26800.00	164690.00
焊接车间	车间管理人员	41800.00				41800.00
	工人	123560.00	12650.00	38020.00	32000.00	168210.00
装配车间	车间管理人员	34500.00				34500.00
	工人	126540.00	13560.00	48700.00	48900.00	189000.00
机修车间	工人	45000.00				45000.00
供电车间	工人	48000.00				48000.00
行政部门	管理人员	59000.00				59000.00
销售部门	销售人员	87000.00				87000.00
合计		726430.00	38670.00	111420.00	107700.00	872800.00

审核： 制单：

（2）编制职工薪酬分配表。编制职工薪酬分配表时，属于为生产某批次产品支付的职工薪酬，计入该批产品成本；为生产多批产品共同支付的职工薪酬，需要按一定的标准分配计入各批次产品成本，具体分配方法参见品种法。应计入某批次产品的成本借记“生产成本——基本生产成本（×× 批次产品）”；基本生产车间管理人员的职工薪酬，借记“制造费用”账户；辅助车间人员的职工薪酬的分配参见品种法。

百制公司生产工人工资按定额工时分配，该公司普通机械工时定额为520工时，反击式机械工时定额为480工时，根据职工薪酬结算汇总表编制的职工薪酬分配表见表4-20。

表4-20　百制公司职工薪酬分配表

2019年6月30日　　单位：元

应借账户			成本或费用项目	间接计入费用			直接计入费用	工资总额
总账	二级账	明细账		定额工时	分配率	分配额		
生产成本	基本生产成本	502批	直接人工	2880		115745.55	38670.00	154415.55
		601-1批	直接人工	4160		167188.01	111420.00	278608.01
		601-2批	直接人工	2304		92596.44	107700.00	200296.44
	小计			9344	40.189426	375530.00	257790.00	633320.00
	辅助生产成本	机修车间	直接人工				45000.00	45000.00
		供电车间	直接人工				48000.00	48000.00
制造费用		毛坯车间	职工薪酬				35600.00	35600.00
		焊接车间	职工薪酬				41800.00	41800.00
		装配车间	职工薪酬				34500.00	34500.00
管理费用			职工薪酬				59000.00	59000.00
销售费用			职工薪酬				87000.00	87000.00
合计						375530.00	608690.00	984220.00

审核：　　制单：

由于502批产品上月完工程度为40%，则本月完工程度按60%计算定额工时；601-2批产品本月完工程度为40%，则本月完工程度按40%计算定额工时。

（3）填制分配职工薪酬的记账凭证。百制公司财务人员根据职工薪酬分配表填制记账凭证的会计分录见表4-21。

表4-21　会计分录表　　凭证号数：5

摘要	借贷方向	总账科目	明细账科目			金额
分配职工薪酬	借：	生产成本	基本生产成本	502	直接人工	154415.55
		生产成本	基本生产成本	601-1	直接人工	278608.01
		生产成本	基本生产成本	601-2	直接人工	200296.44
		生产成本	辅助生产成本	机修车间	直接人工	45000.00
		生产成本	辅助生产成本	供电车间	直接人工	48000.00
		制造费用	毛坯车间	职工薪酬		35600.00
		制造费用	焊接车间	职工薪酬		41800.00
		制造费用	装配车间	职工薪酬		34500.00
		管理费用	职工薪酬			59000.00
		销售费用	职工薪酬			87000.00
	贷：	应付职工薪酬	工资			984220.00

3. 计提折旧费用

分批法下固定资产折旧率的选择、折旧额的计算与分配等详细内容参见品种法。

（1）编制固定资产折旧计算表。分批法虽然是在有完工产品的月份计算完工产品成本，但每个月月末也要编制固定资产折旧计算表，计算固定资产折旧额。

百制公司财务人员编制的固定资产折旧计算表见表4-22。

表 4-22 百制公司固定资产折旧计算表

2019 年 6 月 30 日　　单位：元

使用部门	固定资产类别	固定资产月初余额	月折旧率	上月增加固定资产原值	上月减少固定资产原值	本月应计提折旧额
第一车间	房屋建筑物	500000.00	0.30%			1500.00
	生产设备	800000.00	0.50%		120000.00	3400.00
第二车间	房屋建筑物	350000.00	0.30%			1050.00
	生产设备	600000.00	0.50%	180000.00		3900.00
第三车间	房屋建筑物	400000.00	0.30%			1200.00
	生产设备	900000.00	0.50%			4500.00
机修车间	房屋建筑物	300000.00	0.30%			900.00
	生产设备	23000.00	0.50%			115.00
运输车间	房屋建筑物	180000.00	0.30%			540.00
	生产设备	860000.00	0.50%		230000.00	3150.00
供汽车间	房屋建筑物	460000.00	0.30%			1380.00
	生产设备	800000.00	0.50%			4000.00
行政部门	房屋建筑物	124000.00	0.30%			372.00
	办公设备	260000.00	0.50%	130000.00	80000.00	1550.00
销售部门	房屋建筑物	132000.00	0.30%			396.00
	办公设备	230000.00	0.50%			1150.00
折旧额合计		6919000.00	—	—	—	29103.00

会计主管：　　复核：　　制单：

（2）编制折旧费用分配表。百制公司财务人员编制的固定资产折旧费用分配表见表4-23。

表 4-23 百制公司固定资产折旧费用分配表

2019 年 6 月 30 日　　单位：元

应借账户			成本或费用项目	折旧费用金额
总账	二级账	明细账		
生产成本	辅助生产成本	机修车间	制造费用	2340.00
		供电车间	制造费用	5430.00
制造费用		毛坯车间	折旧费	5640.00
		焊接车间	折旧费	4950.00
		装配车间	折旧费	6500.00
管理费用			折旧费	1200.00
销售费用			折旧费	1300.00
合计				27360.00

会计主管：　　复核：　　制单：

（3）填制计提折旧的记账凭证。百制公司财务人员根据固定资产折旧费用分配表填制记账凭证的会计分录见表 4-24。

表 4-24 会计分录表 凭证号数：6

摘要	借贷方向	总账科目	明细账科目			金额
计提折旧	借：	生产成本	辅助生产成本	机修车间	制造费用	2340.00
		生产成本	辅助生产成本	供电车间	制造费用	5430.00
		制造费用	毛坯车间	折旧费		5640.00
		制造费用	焊接车间	折旧费		4950.00
		制造费用	装配车间	折旧费		6500.00
		管理费用	折旧费			1200.00
		销售费用	折旧费			1300.00
	贷：	累计折旧				27360.00

三、分配辅助生产费用

经过要素费用的分配，“辅助生产成本”账户已经归集了成本计算期内发生的辅助生产费用，应将其分配给基本生产车间和有关部门。辅助生产费用的分配方法参见品种法，同样是从取得各辅助生产车间劳务耗用量通知单开始。

1. 取得各辅助生产车间劳务耗用量通知单

为分配辅助生产费用，公司财务人员应从各辅助生产车间取得辅助生产车间劳务耗用量通知单。

百制公司财务人员取得的各辅助生产车间的劳务耗用量通知单见表 4-25。

表 4-25 百制公司劳务耗用量通知单

2019 年 6 月 30 日

受益对象	耗用量	
	机修车间 / 工时	供电车间 / 度
机修车间		1120
供电车间	123	2300
毛坯车间	340	8900
焊接车间	320	12700
装配车间	360	6700
管理部门	42	1300
销售部门	56	1500
合计	1241	34520

2. 选择辅助生产费用分配方法，编制辅助生产费用分配表

辅助生产费用的分配方法及适用范围如品种法所述，公司根据企业规模、辅助车间之间，提供劳务情况及计算机应用情况等选择适合的辅助生产费用分配方法。

百制公司是中小型企业，辅助车间相互提供劳务不多，并且辅助生产的费用较少，因此选择直接分配法分配辅助生产费用。

（1）确定辅助生产费用的分配额。直接分配法辅助生产费用的分配额为“辅助生产成本”明细账的余额。

百制公司辅助生产成本明细账的余额见“辅助生产成本”明细账。

（2）编制辅助生产费用分配表。直接分配法下，各辅助生产车间归集的辅助生产费用直接分配给辅助车间以外的受益对象，辅助生产费用分配表中应借账户的确定参见品种法。

百制公司辅助生产费用分配表见表 4-26。

表 4-26　百制公司辅助生产费用（直接分配法）的分配表

2019 年 6 月 30 日　　　　单位：元

项目				机修车间	供电车间	金额合计
辅助生产成本明细账本月余额				50012.90	77271.56	127284.46
提供给辅助车间以外的劳务量				1118	31100	
辅助生产费用分配率				44.734258	2.4846161	
应借账户	制造费用	毛坯车间	接受劳务量	340	8900	
应借账户	制造费用	毛坯车间	应负担成本	15209.65	22113.08	37322.73
应借账户	制造费用	焊接车间	接受劳务量	320	12700	
应借账户	制造费用	焊接车间	应负担成本	14314.96	31554.62	45869.58
应借账户	制造费用	装配车间	接受劳务量	360	6700	
应借账户	制造费用	装配车间	应负担成本	16104.33	16646.93	32751.26
应借账户	管理费用		接受劳务量	42	1300	
应借账户	管理费用		应负担成本	1878.84	3230.00	5108.84
应借账户	销售费用		接受劳务量	56	1500	
应借账户	销售费用		应负担成本	2505.12	3726.92	6232.04
分配费用额合计				50012.90	77271.56	127284.46

会计主管：　　　　复核：　　　　制单：

表 4-26 中计算公式如下：

某辅助生产车间费用分配率＝该辅助生产车间发生的费用总额 ÷ 该辅助生产车间提供给辅助生产车间以外的劳务数量

如：机修车间的费用分配率 =49095.10÷1118=44.73458

其他车间以此类推。

受益单位应负担成本 = 接受劳务量 × 费用分配率

如：毛坯车间应负担机修车间的成本费用 =340×44.73458=15209.65（元）

3. 填制分配辅助生产费用的记账凭证

百制公司根据直接分配法得到的生产费用分配表（表 4-26）填制记账凭证的会计分录见表 4-27。

表 4-27 会计分录表 凭证号数：7

摘要	借贷方向	总账科目	明细账科目		金额
分配辅助生产费用	借：	制造费用	毛坯车间	修理费	15209.65
		制造费用	毛坯车间	其他费用	22113.08
		制造费用	焊接车间	修理费	14314.96
		制造费用	焊接车间	其他费用	31554.62
		制造费用	装配车间	修理费	16104.33
		制造费用	装配车间	其他费用	16646.93
		管理费用	修理费		1878.84
		管理费用	其他费用		3230.00
		销售费用	修理费		2505.12
		销售费用	其他费用		3726.92
	贷：	生产成本	辅助生产成本	机修车间	50012.90
		生产成本	辅助生产成本	供电车间	77271.56

四、分配制造费用

经过要素费用和辅助生产费用的分配，“制造费用”明细账上归集的是已发生的制造费用，账户的余额为待分配制造费用。制造费用分配方法的选择及分配标准的确定如品种法所述，本模块略。

1. 取得制造费用分配标准的原始记录

百制公司的制造费用按实际生产工时进行分配，每批产品的实际生产工时见表 4-28 ～表 4-30。

表 4-28 百制公司每批产品生产工时记录表

部门：毛坯车间 2019 年 6 月 30 日

序号	产品名称	规格型号	数量	总工时	备注
1	601-1 批	略	8	658	
2	601-2 批	略	12	340	

审核： 制单：

表 4-29 百制公司每批产品生产工时记录表

部门：焊接车间 2019 年 6 月 30 日

序号	产品名称	规格型号	数量	总工时	备注
1	502 批	略	10	1608	
2	601-1 批	略	8	2360	
3	601-2 批	略	12	1340	

审核： 制单：

表 4-30　百制公司每批产品生产工时记录表

部门：装配车间　　　　2019 年 6 月 30 日

序号	产品名称	规格型号	数量	总工时	备注
1	502 批	略	10	1280	
2	601-1 批	略	8	1150	
3	601-2 批	略	12	620	

审核：　　　　制单：

2. 编制制造费用分配表

分批法下分配制造费用应将制造费用计入每批产品的成本，应借账户按基本生产车间生产产品的批次确定，借记“生产成本——基本生产成本（×× 批次产品）”。

百制公司根据“制造费用”明细账余额及生产工时记录编制制造费用分配表，见表 4-31 ～表 4-33。

表 4-31　百制公司制造费用分配表

生产车间：毛坯车间　　　　2019 年 6 月 30 日　　　　单位：元

借方账户			成本项目	分配标准	分配率	制造费用
总账账户	二级账户	明细账户				
生产成本	基本生产成本	601-1 批	制造费用	658		60375.20
		601-2 批	制造费用	340		31196.91
合计				998	91.755622	91572.11

会计主管：　　　　复核：　　　　制单：

表 4-32　百制公司制造费用分配表

生产车间：焊接车间　　　　2019 年 6 月 30 日　　　　单位：元

借方账户			成本项目	分配标准	分配率	制造费用
总账账户	二级账户	明细账户				
生产成本	基本生产成本	502 批	制造费用	1608		35801.17
		601-1 批	制造费用	2360		52544.01
		601-2 批	制造费用	1340		29834.31
合计				5308	22.26441	118179.49

会计主管：　　　　复核：　　　　制单：

表 4-33　百制公司制造费用分配表

生产车间：装配车间　　　　2019 年 6 月 30 日　　　　单位：元

借方账户			成本项目	分配标准	分配率	制造费用
总账账户	二级账户	明细账户				
生产成本	基本生产成本	502 批	制造费用	1280		35682.48
		601-1 批	制造费用	1150		32058.48
		601-2 批	制造费用	620		17283.70
合计				3050	27.876938	85024.65

会计主管：　　　　复核：　　　　制单：

3. 填制分配制造费用的记账凭证

百制公司根据以生产工时记录表 4-28 ～表 4-30 和制造费用分配表 4-31 ～表 4-33 为原始凭证填制记账凭证的会计分录见表 4-34。

表 4-34 会计分录表

凭证号数：8

摘要	借贷方向	总账科目	明细账科目			金额
分配制造费用	借：	生产成本	基本生产成本	502 批	制造费用	71483.65
		生产成本	基本生产成本	601-1 批	制造费用	144977.68
		生产成本	基本生产成本	601-2 批	制造费用	78314.92
	贷：	制造费用	毛坯车间			91572.11
		制造费用	焊接车间			118179.49
		制造费用	装配车间			85024.65

五、计算并结转完工产品成本

采用分批法一般不需要在本月完工产品和在产品之间分配生产费用。月末已经完工的各批次产品，“生产成本”明细账上所归集的全部生产费用就是完工批次产品的总成本，即结转完工入库产成品的实际总成本；月内未完工的各批次产品，其“生产成本”明细账上所归集的全部生产费用就构成月末在产品成本；如果同一批次跨月陆续完工，需要采用一定的方法将该批产品的生产费用在完工产品和在产品之间进行分配。此时，如果批内产品跨月陆续完工情况不多，完工产品数量占全部批量比重较小，则月末计算完工产品成本时，可以暂按计划成本、定额成本或上批实际成本计算并结转，余下的即为在产品成本。待该批产品全部完工后再合并计算该批产品的实际总成本和单位成本。

1. 取得产成品入库单，确定完工产品的数量

表 4-35 百制公司产成品入库单

生产部门：装配车间　　　　2019 年 6 月 30 日

产品批号	产品名称	规格型号	包装规格	单位	数量	生产日期	检验单号
502 批	反击式机械	略	略	台	10	20190630	19012
601-1 批	普通机械	略	略	台	8	20190630	19013

第三联交财务

入库员：　　　　复核员：　　　　仓管员：

2. 编制产成品成本计算表

百制公司 502 批和 601-1 批产品本月全部完工，则此两批产品成本明细的账户余额即为完工产品的成本，无须分配，两批产品的成本计算表见表 4-36 和表 4-37。

表 4-36　502 批次产品成本计算表

2019 年 6 月 30 日　　单位：元

项目	成本项目			合计
	直接材料	直接人工	制造费用	
生产成本明细账余额	194894.33	261815.55	147991.77	604701.65
完工产品成本	194894.33	261815.55	147991.77	604701.65
完工产品产量	10	10	10	10
完工产品单位成本	19489.43	26181.55	14799.18	60470.16

会计主管：　　复核：　　制单：

表 4-37　601-1 批次产品成本计算表

2019 年 6 月 30 日　　单位：元

项目	成本项目			合计
	直接材料	直接人工	制造费用	
生产成本明细账余额	161591.47	278608.01	144977.68	585177.16
完工产品成本	161591.47	278608.01	144977.68	585177.16
完工产品产量	8	8	8	8
完工产品单位成本	20198.93	34826.00	18122.21	73147.14

会计主管：　　复核：　　制单：

3. 填制结转完工产品成本的记账凭证

该会计分录见表 4-38。

表 4-38　会计分录表　　凭证号数：9

摘要	借贷方向	总账科目	明细账科目		金额
结转完工产品成本	借：	库存商品	502 批		604701.65
		库存商品	601-1 批		585177.16
	贷：	生产成本	基本生产成本	502 批	604701.65
		生产成本	基本生产成本	601-1 批	585177.16

一般分批法（即前述的“分批法”）下，百制公司“生产成本”“制造费用”明细账的登记，可扫描 M4-1 查看。

任务二　用简化分批法核算产品成本

前述一般分批法下不论一批产品是否完工，当月发生的间接费用都要分配计入各批产品成本明细账。如果企业同一月份内投产批次很多，月末未完工批次产品也较多，仍然采用上述方法将当月的间接费用在完工产品与在产品之间进行分配和登记，成本核算工作就很繁重。为了减轻成本核算工作量，对投产批次繁多的企业，可采用不分批计算在产品成本的简化分批法。

简化分批法又称间接费用累计分配法，是将平时发生的间接费用以及相应的生产工时先计入“基本生产成本”二级账，在有完工产品的月份，再将二级账上累计的间接费用按照一定的标准（一般以工时作为分配标准），分配给完工批次产品成本的一种方法。在这种方法下，只有在有完工产品的月份才对所归集的间接费用进行分配，而且只计算完工批次产品应承担的部分，并把其计入有关完工产品的“生产成本”明细账之中，未完工批次产品的间接费用不计算。月末“基本生产成本”明细账和二级账中的生产费用合计数即为各批次和全部未完工产品的月末在产品成本。

一、期初建账

取得生产任务通知书后，按订单或批次开设“基本生产成本”明细账，与一般分批法不同，简化分批法下还要设置“基本生产成本”二级账，用来登记企业或车间所有批次产品的累计生产费用和生产工时，而且“基本生产成本”明细账和“基本生产成本”二级账中不仅要按“直接材料”“直接人工”“制造费用”等成本项目设专栏，还要设置“生产工时”专栏。在简化分批法下，由于所有的间接费用都登记在“基本生产成本”二级账上，基本生产车间不需要设置“制造费用”明细账。为简化核算辅助生产车间也可以不设置“辅助生产成本”明细账；但为了单独考核辅助生产车间的成本，则应按辅助车间开设“辅助生产成本”明细账。

假设，百制公司同一月份内投产批次很多，月末未完工批次产品也较多，为简化核算采用简化分批法。该公司有关订单、生产任务通知单及601-1和601-2批次产品的期初建账同一般分批法。由于采用简化分批法，该公司还应开设“基本生产成本”二级账。

二、分配要素费用

属于直接费用的各种要素费用是指可以直接归属于某批次产品，不须分配直接计入该批次产品成本费用；如果要素费用是企业所有批次中的某几批次产品共同耗用费用，属于间接计入费用，不需要分配，直接计入“基本生产成本”二级账。

各要素费用的分配过程与品种法基本相同，下面以材料费用分配为例简要说明。

假设，百制公司的直接材料是直接计入费用，领料汇总表三批产品共用的材料费用平均分配计入三批产品；直接人工和制造费用为间接计入费用。

1. 分配材料费用

（1）归集分配材料费用。简化分批法下，材料费用的分配同样是从取得领料单、限额领料单或领料登记表等原始凭证开始，发料凭证汇总表的编制同一般分批法。下面从编制材料费用分配表开始。

① 编制材料费用分配表。简化分批法下，一般直接材料为直接计入费用，不需要分配，直接计入各批次产品。百制公司的财务人员根据发料凭证汇总表编制的材料费用分配表见表4-39。

表4-39　百制公司原材料费用分配表

2019年6月30日　　　　单位：元

应借账户			成本项目	分配额
总账账户	二级账户	明细账户		
生产成本	基本生产成本	502	直接材料	105464.33
		601-1	直接材料	182354.33
		601-2	直接材料	186034.33
合计				473852.99

会计主管：　　　　复核：　　　　制单：

② 填制分配材料费用的记账凭证。百制公司的财务人员根据原材料费用分配表（表4-39）填制记账凭证的会计分录见表4-40。

表4-40　会计分录表　　凭证号数：1

摘要	借贷方向	总账科目	明细账科目			金额
分配材料费用	借：	生产成本	基本生产成本	502	直接材料	105464.33
		生产成本	基本生产成本	601-1	直接材料	182354.33
		生产成本	基本生产成本	601-2	直接材料	186034.33
	贷：	原材料				473852.99

（2）摊销低值易耗品。低值易耗品一般是多批次产品共用的，属于间接计入费用，由于简化分批法下，不需要设置“制造费用”明细账，发生间接费用直接计入“基本生产成本”二级账。

百制公司的低值易耗品是辅助生产车间和基本生产车间耗用的，不需要编制汇总表，可以根据领料汇总表直接填制记账凭证，记账凭证的会计分录见4-41。

表4-41　会计分录表　　凭证号数：2

摘要	借贷方向	总账科目	明细账科目		金额
摊销低值易耗品	借：	生产成本	基本生产成本	直接材料	5321.36
	贷：	周转材料	低值易耗品		5321.36

（3）分配外购动力费用。外购动力费用属于间接计入费用，分配时直接计入“基本生产成本”二级账。

① 编制外购动力费用分配表。百制公司编制的电费分配表和水费分配表见表4-42和表4-43。

表4-42　百制公司电费分配表

2019年6月30日

应借账户		成本或费用项目	仪表记录/度	单价/（元/度）	电费
总账账户	二级账户				
生产成本	基本生产成本	制造费用	31720		35526.40
管理费用		电费	1300		1456
销售费用		电费	1500		1680
合计			34520	1.12	38662.40

会计主管：　　　　复核：

表4-43　百制公司水费分配表

2019年6月30日

应借账户		成本或费用项目	仪表记录/吨	单价/（元/吨）	水费
总账账户	二级账户				
生产成本	基本生产成本	制造费用	4341		35509.38
管理费用		水费	120		981.60
销售费用		水费	110		899.80
合计			4571	8.18	37390.78

会计主管：　　　　复核：

② 填制分配水电费的记账凭证。百制公司财务人员根据水电费分配表填制的记账凭证表见表4-44和表4-45。

表4-44 会计分录表 凭证号数：3

摘要	借贷方向	总账科目	明细账科目		金额
分配电费	借：	生产成本	基本生产成本	制造费用	35526.40
		管理费用	电费		1456.00
		销售费用	电费		1680.00
	贷：	应付账款	供电公司		38662.40

表4-45 会计分录表 凭证号数：4

摘要	借贷方向	总账科目	明细账科目		金额
分配水费	借：	生产成本	基本生产成本	制造费用	35509.38
		管理费用	水费		981.60
		销售费用	水费		899.80
	贷：	应付账款	自来水公司		37390.78

2. 分配职工薪酬

由于职工薪酬一般是间接计入费用，可以直接计入“基本生产成本”二级账。简化分批法下，分配职工薪酬的取得职工薪酬结算单、汇总编制职工薪酬结算汇总表同一般分批法。下面从编制职工薪酬分配表开始。

（1）编制职工薪酬分配表。百制公司财务人员根据职工薪酬结算汇总表编制的职工薪酬分配表见表4-46。

表4-46 百制公司职工薪酬分配表

2019年6月30日 单位：元

应借账户		成本或费用项目	工资总额
总账	二级账		
生产成本	基本生产成本	直接人工	726800.00
管理费用		职工薪酬	59000.00
销售费用		职工薪酬	87000.00
合计			872800.00

审核： 制单：

（2）填制分配职工薪酬的记账凭证。百制公司财务人员根据职工薪酬分配表填制的记账凭证见表4-47。

表4-47 会计分录表 凭证号数：5

摘要	借贷方向	总账科目	明细账科目		金额
分配职工薪酬	借：	生产成本	基本生产成本	直接人工	726800.00
		管理费用	职工薪酬		59000.00
		销售费用	职工薪酬		87000.00
	贷：	应付职工薪酬	工资		872800.00

3. 计提折旧

折旧费属于间接计入费用，分配时直接计入“基本生产成本”二级账。计提折旧同样从编制折旧计算表开始。该表的编制同品种法。下面从编制折旧费用分配表开始。

（1）编制折旧费用分配表。百制公司财务人员编制的固定资产折旧费用分配表见表4-48。

表 4-48　百制公司固定资产折旧费用分配表

2019 年 6 月 30 日　　　　单位：元

应借账户		成本或费用项目	折旧费用金额
总账账户	二级账户		
生产成本	基本生产成本	制造费用	24860.00
管理费用		折旧费	1200.00
销售费用		折旧费	1300.00
合计			27360.00

会计主管：　　　　复核：　　　　制单：

（2）填制计提折旧费用的记账凭证。百制公司财务人员根据固定资产折旧费用分配表填制记账凭证的会计分录见表 4-49。

表 4-49　会计分录表　　　　凭证号数：6

摘要	借贷方向	总账科目	明细账科目		金额
计提折旧	借：	生产成本	基本生产成本	制造费用	24860.00
		管理费用	折旧费		1200.00
		销售费用	折旧费		1300.00
	贷：	累计折旧			27360.00

三、分配辅助生产费用

简化分批法下分配辅助生产费用同样要选择分配方法，具体分配方法的选择可参见品种法。确定了分配方法后，应编制辅助生产费用分配表进行分配。

简化分批法下，如果企业不单独考核辅助生产车间的成本，基本生产车间耗用的辅助生产费用直接计入“基本生产成本”二级账，不需分配至每批产品；如果企业开设“辅助生产成本”明细账单独考核辅助生产车间的成本，分配前述要素费用时，应将各辅助生产车间发生的费用归集计入“生产成本——辅助生产成本（×× 车间）”明细账，月末采用一定的分配方法进行分配，基本生产车间耗用的辅助生产费用分配计入“基本生产成本”二级账，待有完工产品的月份与其他间接费用一起分配计入产成品成本。辅助生产费用的分配表参见品种法。

百制公司不单独考核辅助生产费用，不设“辅助生产成本”账户，前述要素费用分配时，已经将发生的辅助生产费用直接计入了“基本生产成本”二级账，不需要分配辅助生产费用。

四、分配间接费用

在有完工产品的月份，首先计算出“基本生产成本”二级账上的生产工时及各项间接费用的累计余额，根据累计余额计算间接费用分配率和完工产品的间接费用，并将完工产品成本的间接费用从“基本生产成本”二级账上转出，计入“基本生产”明细账。

1. 计算“基本生产成本”二级账上间接费用和生产工时的累计余额

间接费用和生产工时的累计余额是从上一批次完工至本月完工期间的所有间接费用和生产工时的合计数。

2. 编制间接费用分配表

在有完工产品的月份，将“基本生产成本”二级账上的间接费用和生产工时的累计余额填写到间接费用分配表上，通过计算间接费用分配率，分配间接费用。

百制公司财务人员编制的间接费用分配表见表 4-50。

表 4-50 百制公司间接费用分配表

2019 年 6 月 30 日　　单位：元

项目		成本项目			合计
		直接材料	直接人工	制造费用	
间接费用累计余额		563283.00	834200.00	177725.26	1575208.26
生产工时累计余额			11276	11276	11276
间接费用分配率			73.9801348	15.7613746	
完工产品累计工时	502 批		4808	4808	
	601-1 批		4168	4168	
完工产品的间接费用	502 批		355696.49	75780.69	431477.18
	601-1 批		308349.20	65693.41	374042.61
在产品的间接费用			170154.31	36251.16	206405.47

会计主管：　　复核：　　制单：

表 4-51 中计算公式如下：

间接费用分配率＝间接费用累计余额 ÷ 生产工时累计余额

完工产品应负担的间接费用＝完工产品累计工时 × 间接费用分配率

3. 填制分配间接费用的记账凭证

分配的间接费用应从“基本生产成本”二级账结转至有完工产品的各批产品明细中，以间接费用分配表为原始凭证填制分配间接费用的记账凭证，登记“基本生产成本”二级账及“生产成本”明细账。

百制公司财务人员根据间接费用分配表（表 4-50）填制结转完工产品间接费用记账凭证的会计分录表见表 4-51。

表 4-51 会计分录表

凭证号数：7

摘要	借贷方向	总账科目	明细账科目			金额
分配间接费用	借：	生产成本	基本生产成本	502	直接人工	355696.49
		生产成本	基本生产成本	502	制造费用	75780.69
		生产成本	基本生产成本	601-1	直接人工	308349.20
		生产成本	基本生产成本	601-1	制造费用	65693.41
	贷：	生产成本	基本生产成本			805519.79

五、计算并结转完工产品成本

通过间接费用的分配，完工产品的各批次产品明细中归集的生产费用包括全部产品的直接材料、完工产品的直接人工和制造费用。如果明细账中登记的产品全部完工，则账簿余额即是完工产品成本；如果明细账中登记的产品部分完工，还需要将直接材料费用在完工产品与在产品之间进行分配，可以采用约当产量法等，具体分配方法参见品种法中的生产费用分配方法。

1. 编制完工产品成本计算表

完工产品成本的计算是编制完工产品成本计算表来完成的。百制公司 502 批和 601-1 批两批产品无在产品，因此无须将直接材料在完工产品与在产品之间进行分配；编制的 502 批和 601-1 批产品的成本计算表见表 4-52 和表 4-53。

表 4-52 502 批次产品成本计算表

2019 年 6 月 30 日

单位：元

项目	成本项目				合计
	直接材料	生产工时	直接人工	制造费用	
生产成本明细账余额	194894.33	4808.00	355696.49	75780.69	626371.51
完工产品成本	194894.33	4808.00	355696.49	75780.69	626371.51
完工产品产量	10		10	10	
完工产品单位成本	19489.43	4808.00	35569.65	7578.07	62637.15

会计主管：　　　复核：　　　制单：

表 4-53 601-1 批次产品成本计算表

2019 年 6 月 30 日

单位：元

项目	成本项目				合计
	直接材料	生产工时	直接人工	制造费用	
生产成本明细账余额	182354.33	4168.00	308349.20	65693.41	556396.94
完工产品成本	182354.33	4168.00	308349.20	65693.41	556396.94
完工产品产量	8		8	8	
完工产品单位成本	22794.29	4168.00	38543.65	8211.68	69549.62

会计主管：　　　复核：　　　制单：

表 4-53 和表 4-54 计算公式如下：

表中生产成本明细账余额为该批次产品成本明细账的本月合计。

完工产品成本 = 生产成本明细账余额

完工产品单位成本 = 完工产品成本 / 完工产品产量

2. 填制结转完工产品成本的记账凭证

前述计算完工产品成本应结转至“库存商品”账户，财务人员应以产品成本计算表为原始凭证填写结转完工产品成本的记账凭证，登记生产成本明细账。

百制公司财务人员以完工产品成本计算表表 4-52 和表 4-53 为原始凭证，填制写记账凭证的会计分录见表 4-54。

表 4-54　会计分录表　　凭证号数：8

摘要	借贷方向	总账科目	明细账科目		金额
结转完工产品	借：	库存商品	502 批		626371.51
		库存商品	601-1 批		556396.94
	贷：	生产成本	基本生产成本	502 批	626371.51
		生产成本	基本生产成本	601-1 批	556396.94

简化分批法下，百制公司“生产成本”“制造费用”明细账的登记，可扫描 M4-1 查看。

M4-1

分批法账簿

通过上述一般分批法与简化分批法的核算，可以看出简化分批法与一般分批法相比较，前者具有以下特点：

① 必须设立“基本生产成本”二级账，归集累计间接费用和生产工时。

② 基本生产车间可以不设“制造费用”明细账，辅助生产车间也可以不设“辅助生产成本”明细账。

③ 要分配间接费用。每月发生的间接费用，不需要每月进行分配，先在二级账中进行累计，在有完工产品的月份才进行分配，并计入“生产成本”明细账。分配间接费用实际上也是将间接费用在完工产品与在产品之间进行分配。

简化分批法的优点是只有当有产品完工时才分配间接费用，大大简化了间接费用的分配和登记工作，而且月末未完工产品批次越多，核算工作就越简化。但由于各批产品的“生产成本”明细账中没有计入在产品应负担的间接费用，因而“生产成本”明细账不能完整反映出各批在产品的成本，不便于了解各批产品的在产品成本构成情况；同时，在各月间接费用水平相差悬殊的情况下会影响各批产品成本计算的准确性，这是简化分批法明显的缺点。

【课后演练】

一、单项选择题

1. 简化分批法（　　）。

A. 与分批法一样要分批计算在产品的成本

B. 不分批计算在产品成本的分批法

C. 与品种法一样要按品种计算在产品成本

D. 与分步法一样要按步骤计算在产品成本

2. 采用简化分批法下“生产成本”明细账特有的专栏是（ ）。

A. 直接材料 B. 直接人工 C. 制造费用 D. 生产工时

3. 单件小批的单步骤企业的产品成本计算方法是（ ）。

A. 品种法 B. 分类法 C. 分步法 D. 分批法

4. 下列各项中，属于简化分批法特点的是（ ）。

A. 分批计算完工产品成本

B. 分批计算月末在产品成本

C. 只有在有完工产品的月份才对所归集的间接费用进行分配

D. 各项生产费用均不必在各批产品间进行分配

5. 分批法的主要特点是（ ）。

A. 生产费用不需要在批内完工产品与在产品之间进行分配

B. 以产品批别为成本计算对象

C. 按品种进行费用的归集与分配

D. 成本计算期与会计报告期相同

6. 分批法下往往是按照客户的订单组织生产，因而也称为（ ）。

A. 分类法 B. 定额法

C. 系数法 D. 订单法

7. 下列各种产品核算方法中，成本计算周期与产品生产周期基本一致，但与财务报告期不一致的方法是（ ）。

A. 品种法 B. 分批法

C. 逐步结转分步法 D. 平行结转分步法

二、多项选择题

1. 采用简化分批法，要求（ ）。

A. 必须设立“基本生产”二级账

B. 必须计算累计间接计入费用分配率

C. 在“基本生产成本”二级账中只登记间接计入费用

D. 不分批计算在产品成本

2. 产品成本计算的分批法适用于（ ）。

A. 单件生产的企业

B. 新产品的试制

C. 小批量多步骤且管理上不需要分步骤计算产品成本的企业

D. 小批单步骤生产的企业

3. 分批法成本计算对象可以按（ ）。

A. 一张订单中的不同品种产品分别确定

B. 一张订单中的同种产品分批确定

C. 一张订单中单件产品的组成部分分别确定

D. 多张订单中的同种产品确定

4. 可采用分批法计算产品成本的企业有（ ）。

A. 重型机械厂 B. 船舶制造厂 C. 纺织厂 D. 精密仪器厂

5. 简化分批法下，产品完工前某批“产品成本”明细账只需按月登记（　　）。

A. 直接费用　　B. 间接费用　　C. 工时数　　D. 制造费用

三、判断题

1. 分批法下，单件生产的企业，月末不需将生产费用在完工产品与在产品之间分配。（　　）

2. 简化分批法下，必须设基本生产成本二级账。（　　）

3. 分批法的成本计算期与会计报告期相同。（　　）

4. 当订单的批量较大时，可以把订单分为几批组织生产。（　　）

5. 如果一张订单有几种不同产品，应将订单作为一批组织生产。（　　）

四、业务操作

薇薇服装厂设有裁剪、缝纫、烫整三个基本生产车间和机修车、技术两个辅助生产部门，该厂按订单安排生产任务，管理上不需要计算每步骤产品的成本。2020 年 8 月同时生产女裙装、女风衣、女套装三批服装：701 批女裙装 7 月投产，已加工 60%，本月全部完工；801-1 批女风衣本月投产并完工，产量为 1000 件；801-2 批女套装本月投产，本月加工程度为 60%，下月完工产量为 1200 套。各种费用分配率的计算保留至小数点后六位，分配金额保留至小数点后两位，分配金额的尾差计入最后的分配对象。薇薇服装厂 2020 年 8 月初 701 批女裙装产品“生产成本”明细账见下表。

生产成本明细分类账　　总第____页　分第____页

产品名称：女裙装　　投产日期：2020 年 7 月 8 日　　二 级科目编号及名称　基本生产成本

批量（台）：1100　　完工日期：2020 年 8 月 28 日　　三 级科目编号及名称　701 批

2020 年		凭证号数	摘要	借方	贷方	借或贷	余额	（借）方金额分析			
月	日							1 直接材料	2 直接人工	3 制造费用	
7	31	1	分配材料费用	49430.00		借	49430.00	49430.00			
7	31	2	分配职工薪酬	57400.00		借	106830.00		57400.00		
7	31	3	分配制造费用	56508.12		借	163338.12			56508.12	

1. 本月的生产任务通知单见下表。

薇薇服装厂生产任务通知单（财务部）

编号：20200801　　生产批号：801-1

需方：	高诗商场	合同号：	202080101	需方联系人：	李一	电话：	136******88
序号	产品名称	图纸号	规格型号	数量（件）			技术标准质量要求
				实际数量	预留	合计	
1	女风衣	GB/T14272-20		1000		1000	与合同一致
交货时间		2020 年 8 月 29 日		交货地点	高诗商场	生产班组	略
通知任务时间		2020 年 8 月 2 日		通知人姓名	刘苛	运输方式	物流公司承运
接单时间		2020 年 8 月 1 日		生产主管经理	史玉	包装格式	标准包装

审核：　　生产主管：　　制单：　　制单时间：

薇薇服装厂生产任务通知单（财务部）

编号：20200802　　　　　　　　　　　　　　　　　　　　　　　　生产批号：801-2

需方：	泰富商场	合同号：	202080101	需方联系人：	王伟	电话：	136******66
序号	产品名称	图纸号	规格型号	数量（套）			技术标准质量要求
				实际数量	预 留	合计	
1	女套装	GB/T14273-20		1200		1200	与合同一致
交货时间		2020 年 9 月 10 日交付		交货地点	泰富商场	生产班组	略
通知任务时间		2020 年 8 月 2 日		通知人姓名	刘苛	运输方式	物流公司承运
接单时间		2020 年 8 月 1 日		生产主管经理	史玉	包装格式	标准包装

审核：　　　　　　　生产主管：　　　　　　　制单：　　　　　　　制单时间：

要求：为薇薇服装厂 2020 年 8 月份 801-1 和 801-2 两批产品进行期初建账。

2. 薇薇服装厂 2020 年 8 月份发料凭证汇总表见下表，该厂存货发出采用实际成本法，材料费用以产量为标准进行分配。

薇薇服装厂发料凭证汇总表

2020 年 8 月 30 日　　　　　　　　　　　　　　单位：元

材料名称	计量单位	发出数量	单价	金额	领用部门	用途
斜纹面料	米	1800	16.80	30240.00	裁剪车间	801-1 批产品用
羊毛面料	米	2300	80.00	184000.00	裁剪车间	801-2 批产品用
涤纶面料	米	180	4.50	810.00	裁剪车间	801-1 批产品用
雪纺面料	米	230	14.60	3358.00	裁剪车间	801-2 批产品用
衬料	米	300	8.00	2400.00	缝纫车间	701 批产品用
垫料	个	1300	15.50	20150.00	缝纫车间	三批产品共用
缝纫线	个	560	7.80	4368.00	缝纫车间	三批产品共用
纽扣	盒	10	230.00	2300.00	烫整车间	三批产品共用
拉链	条	1300	0.60	780.00	烫整车间	三批产品共用
挂牌	套	2200	0.40	880.00	烫整车间	三批产品共用
包装盒	套	2200	3.50	7700.00	烫整车间	三批产品共用
丝带	米	2200	0.50	1100.00	烫整车间	三批产品共用
合计				258086.00		

会计主管：　　　　　　　　复核：　　　　　　　　制单：

要求：编制薇薇服装厂 2020 年 8 月份材料费用分配表，填写记账凭证，登记账簿。

3. 薇薇服装厂 2020 年 8 月份低值易耗品的领用情况见如下领料单，该厂低值易耗品采用一次摊销法，基本生产车间领用的低值易耗品三个车间平均分配。

领料单

领料部门：机修车间　　2020 年 8 月 14 日　　No：4

材料类别	品名及规格	单位	数量		单价 / 元	金额 / 元	用途
			请领	实领			
低值易耗品	针杆	个	50	50	5.94	297.00	修理用
低值易耗品	针杆套	个	50	50	2.50	125.00	修理用
低值易耗品	机针	包	3	3	5.90	17.70	修理用
低值易耗品	缝纫机油	瓶	5	5	15.80	79.00	修理用
低值易耗品	双针车梭床	个	26	26	75.00	1950.00	修理用
低值易耗品	缝纫压脚	个	68	68	4.00	272.00	修理用
合计						¥2740.70	

第二联财务记账

记账：　发料单位主管：　发料人：　领料单位主管：　领料人：

领料单

领料部门：技术车间　　2020 年 8 月 14 日　　No：5

材料类别	品名及规格	单位	数量		单价 / 元	金额 / 元	用途
			请领	实领			
低值易耗品	针杆	个	14	14	5.94	83.16	车间一般耗用
低值易耗品	针杆套	个	14	14	2.50	35.00	车间一般耗用
低值易耗品	机针	包	2	2	5.90	11.80	车间一般耗用
低值易耗品	缝纫机油	瓶	2	2	15.80	31.60	车间一般耗用
低值易耗品	双针车梭床	个	3	3	75.00	225.00	车间一般耗用
低值易耗品	缝纫压脚	个	15	15	4.00	60.00	车间一般耗用
合计						¥446.56	

第二联财务记账

记账：　发料单位主管：　发料人：　领料单位主管：　领料人：

领料单

领料部门：基本生产车间　　2020 年 8 月 15 日　　No：6

材料类别	品名及规格	单位	数量		单价 / 元	金额 / 元	用途
			请领	实领			
低值易耗品	机针	包	100	100	5.90	590.00	修理用
低值易耗品	缝纫机油	瓶	60	60	15.80	948.00	修理用
合计						¥1538.00	

第二联财务记账

记账：　发料单位主管：　发料人：　领料单位主管：　领料人：

要求：编制薇薇服装厂 2020 年 8 月份低值易耗品摊销表，填写记账凭证，登记账簿。

4. 薇薇服装厂 2020 年 8 月份水电仪表记录见下表。

薇薇服装厂水电仪表记录表

部门	电表记录 / 度	水表记录 / 吨
机修车间	1060	130
技术车间	1800	560
裁剪车间	6500	456
缝纫车间	15600	564
烫整车间	16700	1890
行政部门	1450	156
销售部门	1340	134

要求：编制薇薇服装厂2020年8月份电费、水费分配表，填写记账凭证，登记账簿。

5. 薇薇服装厂2020年8月份职工薪酬结算汇总表见下表，生产工人工资按产品的定额工时进行分配，701批产品定额工时为7260小时，801-1批单位产品定额工时为7小时，801-2批单位产品定额工时为11小时，由于本月只加工了60%，所以同，定额工时的按60%计算。

薇薇服装厂职工薪酬结算汇总表

2020年8月　　　　单位：元

部门	人员类别	计时工资	计件工资			应付工资
			701	801-1	801-2	
裁剪车间	车间管理人员	15600.00				15600.00
	工人	85430.00	6460.00	12700.00	13800.00	105690.00
缝纫车间	车间管理人员	11800.00				11800.00
	工人	123560.00	6650.00	18020.00	12000.00	142210.00
烫整车间	车间管理人员	14500.00				14500.00
	工人	126540.00	7560.00	38700.00	38900.00	173000.00
机修车间	工人	25000.00				25000.00
技术车间	工人	48000.00				48000.00
行政部门	管理人员	39000.00				39000.00
销售部门	销售人员	57000.00				57000.00
合计		546430.00	20670.00	69420.00	64700.00	631800.00

审核：　　　　制单：

要求：编制薇薇服装厂2020年8月份人工费用分配表，填写记账凭证，登记账簿。

6. 薇薇服装厂2020年8月份固定资产折旧计算表见下表。

薇薇服装厂固定资产折旧计算表

2020年8月31日　　　　单位：元

使用部门	固定资产类别	固定资产月初余额	月折旧率	上月增加固定资产原值	上月减少固定资产的原值	本月应计提折旧额
裁剪车间	房屋建筑物	443000.00	0.30%			
	生产设备	120000.00	0.50%		120000.00	

续表

使用部门	固定资产类别	固定资产月初余额	月折旧率	上月增加固定资产原值	上月减少固定资产的原值	本月应计提折旧额
缝纫车间	房屋建筑物	346000.00	0.30%			
	生产设备	230000.00	0.50%	180000.00		
烫整车间	房屋建筑物	456000.00	0.30%			
	生产设备	180000.00	0.50%			
机修车间	房屋建筑物	430000.00	0.30%			
	生产设备	13000.00	0.50%			
技术车间	房屋建筑物	456000.00	0.30%			
	生产设备	130000.00	0.50%		230000.00	
行政部门	房屋建筑物	323000.00	0.30%			
	办公设备	30000.00	0.50%	130000.00	80000.00	
销售部门	房屋建筑物	289000.00	0.30%			
	办公设备	20000.00	0.50%			
折旧额合计		3466000.00	—	—	—	

会计主管：　　　　复核：　　　　制单：

要求：计算本月折旧费用，编制薇薇服装厂2020年8月份折旧费用分配表，填写记账凭证，登记账簿。

7. 薇薇服装厂2020年8月份辅助生产部门劳务耗用量见下表。

薇薇服装厂劳务耗用量通知单

2020年8月

受益对象	耗用量	
	机修车间/工时	技术车间/件
机修车间		
技术车间	254	23
裁剪车间	356	2200
缝纫车间	334	
烫整车间	326	
管理部门	67	
销售部门	58	
合计	1395	2223

要求：根据前述业务的会计处理，按直接分配法编制辅助生产费用分配表，填写记账凭证，登记账簿。

8. 薇薇服装厂制造费用以生产工时为标准进行分配。各基本生产车间的生产工时见表1至表3。

表 1 薇薇服装厂每批产品生产工时记录表

部门：裁剪车间　　　　2020 年 8 月 30 日

序号	产品名称	规格型号	数量	总工时	备注
1	801-1	略	1000	1120	
2	801-2	略	1200	2340	

审核：　　　　制单：

表 2 薇薇服装厂每批产品生产工时记录表

部门：缝纫车间　　　　2020 年 8 月 30 日

序号	产品名称	规格型号	数量	总工时	备注
1	701	略	1100	3210	
2	801-1	略	1000	3970	
3	801-2	略	1200	7110	

审核：　　　　制单：

表 3 薇薇服装厂每批产品生产工时记录表

部门：烫整车间　　　　2020 年 8 月 30 日

序号	产品名称	规格型号	数量	总工时	备注
1	701	略	1100	4240	
2	801-1	略	1000	1980	
3	801-2	略	1200	3420	

审核：　　　　制单：

要求：根据前述业务的会计处理，编制制造费用分配表，填写记账凭证，登记账簿。

9. 薇薇服装厂 2020 年 8 月份产成品入库单见下表。

薇薇服装厂产成品入库单

生产部门：烫整车间　　　　2020 年 8 月 30 日

产品批号	产品名称	规格型号	包装规格	单位	数量	生产日期	检验单号
701	女裙装	略	略	件	1100	2020 年 8 月 30 日	20082
801-1	女风衣	略	略	件	1000	2020 年 8 月 30 日	20083

入库员：　　　　复核员：　　　　仓管员：

要求：根据前述业务的会计处理，编制 701 批和 801-1 批产品成本计算表，填写记账凭证，登记账簿。

10. 假设薇薇服装厂采用简化分批法核算产品成本，请完成该厂从期初建账到编制 701 批和 801-1 批产品成本计算表，填写记账凭证，登记账簿的一系列业务。

M4-2

参考答案

项目五

用分步法核算产品成本

如项目二所述，分步法是以产品的生产步骤为成本计算对象计算产品成本的方法，适用于大量大批多步骤生产，并且成本管理上要求分步计算产品成本的企业。分步法按是否需要计算和结转各步骤半成品成本，分为逐步结转分步法和平行结转分步法两种。

任务一 用逐步结转分步法核算产品成本

逐步结转分步法又称顺序结转分步法，是按照产品加工生产步骤的先后顺序，逐步计算并结转半成品成本，直到最后一步计算出产成品成本的方法。该方法的特点是上一步骤所产半成品成本，要随着半成品实物的转移，从上一步骤的“基本生产”明细账转入该产品下一步骤的“基本生产成本”明细账中，以便逐步计算半成品成本和最后一个步骤的产成品成本。适用于大量大批连续式复杂生产的企业。这类企业一般半成品的种类不多，逐步结转半成品成本的工作量不是很大，或者半成品的种类较多，但管理上要求提供各个生产步骤半成品成本资料。逐步结转分步法按照成本在下一步骤成本计算单中的反映方式，还可以分为综合结转和分项结转两种方法。

【工作任务】

江海化肥厂是大量大批连续式多步骤生产的企业，在管理上要求按步骤计算产品成本，并按步骤提供半成品成本，由于只生产一种产品，不单独核算燃料成本和算废品损失。原材料分为原料及主要材料、燃料、辅助材料、修理用配件、包装材料五大类，原材料和低值易耗品采用实际成本核算。设有合成车间、分离与回收车间、成品车间三个基本生产车间，只生产尿素一种产品；同时，设有供水车间、机修车间和动力车间三个辅助生产车间。尿素经过三步生产，生产过程：合成车间将液氨与二氧化碳生产为合成氨；分离与回收车间将尿素熔融物与未反应物分离，并将尿素熔融物蒸发、造粒生产为散尿素；成品车间将散尿素灌装成袋生产为成品尿素。江海化肥厂有关产品成本核算资料如下。

江海化肥厂 2019 年 7 月各车间生产情况见表 5-1。

表 5-1 江海化肥厂 2019 年 7 月产量记录

项目	计量单位	合成车间	分离与回收车间	成品车间
月初在产品	吨			1050
本月投产	吨	16000	16000	16000
本月完工产品	吨	16000	16000	15970
月末在产品	吨			1080
完工程度				80%

要求：为江海化肥厂选择成本核算方法，确定成本项目，并核算 7 月份的产品成本。

【任务分析】

江海化肥厂是大量大批连续式多步骤生产的企业，在管理上要求按步骤计算产品成本，并按步骤提供半成品成本，应选择逐步分步法作为该公司的成本计算方法；同时，由于该厂生产过程中，需要消耗大量的燃料，要求单独核算燃料成本，应设置了“燃料”账户，增设“燃料及动力”成本项目，所以该厂成本明细账中应设置“直接材料”“燃料及动力”“直接工资”和“制造费用”4 个成本项目。

【任务操作步骤】

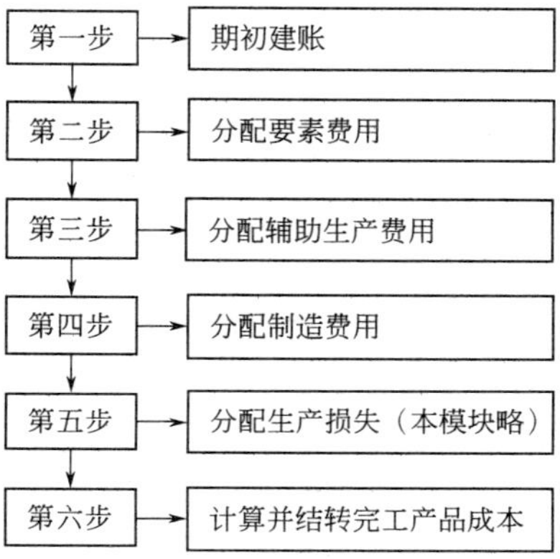

【任务操作】

一、期初建账

分步法按产品的生产步骤及产品名称设置明细账，归集本步骤发生的各项费用及上步骤转来的半成品成本。如果企业只生产一种产品，以产品的生产步骤为成本核算对象开设“产品成本”明细账；如果企业生产多种产品，则以每一生产步骤的每一种产品为成本核算对象开设“产品成本”明细账。若企业单独设置半成品仓库，还应开设“半成品”明细账。

江海化肥厂只生产尿素一种产品，以尿素的生产步骤开设成本明细账，因为尿素的每一步骤都有半成品，所以该厂以每一步半成品的名称作为明细账的名称，该厂有关“辅助生产成本”和“制造费用”明细账的开设参见品种法，本模块略。

二、分配要素费用

分步法的成本计算期与会计报告期一致，因此，月末应将发生的要素费用分配计入每一步产品的成本。分步法中分配要素费用的方法与品种法相同，将可以直接归属于某步骤各种产品的直接费用计入该步骤各种产品的“生产成本”明细账；不能直接归属于某步骤各种产品的间接费用，按照一定的标准在每一步各种产品之间进行分配。

1. 分配材料费用

（1）归集分配原材料费用

① 取得领（退）料凭证。分步法同品种法一样，每月末财务人员应收集本月有关领

（退）料凭证，作为分配材料费用的依据。江海化肥厂2019年7月的领料单见表5-2～表5-7。

表5-2 领料单

领料部门：　合成车间　　2019年7月4日　　No：1

材料类别	品名及规格	单位	数量		单价/元	金额/元	用途
			请领	实领			
原料及主要材料	液氨	吨	8960	8960	1000.00	8960000.00	生产合成氨
原料及主要材料	二氧化碳	吨	12160	12160	600.00	7296000.00	生产合成氨
燃料	煤	吨	17000	17000	450.00	7650000.00	生产合成氨
合计						¥23906,000.00	

第二联财务记账

记账：　发料单位主管：　发料人：　领料单位主管：　领料人：

表5-3 领料单

领料部门：分离回收车间　　2019年7月4日　　No：2

材料类别	品名及规格	单位	数量		单价/元	金额/元	用途
			请领	实领			
燃料	煤	吨	6000	6000	450.00	2700000.00	生产散尿素
合计						¥2700,000.00	

第二联财务记账

记账：　发料单位主管：　发料人：　领料单位主管：　领料人：

表5-4 领料单

领料部门：成品车间　　2019年7月4日　　No：3

材料类别	品名及规格	单位	数量		单价/元	金额/元	用途
			请领	实领			
包装材料	编织袋	个	400000	400000	1.50	600000.00	生产成品尿素
包装材料	缝包线	千克	1000	1000	13.00	13000.00	生产成品尿素
合计						¥613000.00	

第二联财务记账

记账：　发料单位主管：　发料人：　领料单位主管：　领料人：

表5-5 领料单

领料部门：动力车间　　2019年7月4日　　No：4

材料类别	品名及规格	单位	数量		单价/元	金额/元	用途
			请领	实领			
燃料	煤	吨	500	500	450.00	225000.00	生产高压蒸汽
燃料	柴油	吨	30	30	5600.00	168000.00	生产高压蒸汽
原料及主要材料	磷酸三钠	千克	45	45	5800.00	261000.00	生产高压蒸汽
合计						¥654000.00	

第二联财务记账

记账：　发料单位主管：　发料人：　领料单位主管：　领料人：

表 5-6 领料单

领料部门：供水车间　　2019 年 7 月 4 日　　No：5

材料类别	品名及规格	单位	数量		单价 / 元	金额 / 元	用途
			请领	实领			
原料及主要材料	原水	吨	500000	500000	8.15	4075000.00	供水用
原料及主要材料	液氯	吨	8	8	1300	10400.00	供水用
辅助材料	烧碱	吨	25	25	2700	67500.00	供水用
辅助材料	冷凝液	千克	20	20	1500	30000.00	供水用
辅助材料	水稳定剂	千克	70	70	3590	251300.00	供水用
辅助材料	盐酸	千克	800	800	350	280000.00	供水用
合计						¥4714200.00	

第二联财务记账

记账：　　发料单位主管：　　发料人：　　领料单位主管：　　领料人：

表 5-7 领料单

领料部门：机修车间　　2019 年 7 月 4 日　　No：6

材料类别	品名及规格	单位	数量		单价 / 元	金额 / 元	用途
			请领	实领			
修理备用件	防腐油漆	千克	400	400	15.00	6000.00	修理用
修理备用件	设备配件	个	100	100	380.00	38000.00	修理用
修理备用件	润滑油	千克	150	150	2300.00	345000.00	修理用
合计						¥389000.00	

第二联财务记账

记账：　　发料单位主管：　　发料人：　　领料单位主管：　　领料人：

② 编制发料凭证汇总表。分步法下如果只生产一种产品，发料凭证汇总表是按产品的生产步骤进行归集汇总，如果生产多种产品，按每一步骤的各种产品分别汇总，材料费用的汇总方法参见品种法。

江海化肥厂只生产一种产品，所以按尿素的生产步骤进行汇总，材料核算人员或成本核算人员所编制的发料凭证汇总表见表 5-8。

表 5-8 江海化肥厂发料凭证汇总表

2019 年 7 月 31 日　　单位：元

材料名称	计量单位	发出数量	单价	金额	领用部门	用途
液氨	吨	8960	1000.00	8960000.00	合成车间	生产合成氨
二氧化碳	吨	12160	600.00	7296000.00	合成车间	生产合成氨
煤	吨	17000	450.00	7650000.00	合成车间	生产合成氨
煤	吨	6000	450.00	2700000.00	分离回收车间	生产散尿素
编织袋	个	400000	1.50	600000.00	成品车间	生产成品尿素
缝包线	千克	1000	13.00	13000.00	成品车间	生产成品尿素
煤	吨	500	450.00	225000.00	动力车间	生产高压蒸汽
柴油	吨	30	5600.00	168000.00	动力车间	生产高压蒸汽
磷酸三钠	千克	45	5800.00	261000.00	动力车间	生产高压蒸汽
原水	吨	500000	8.15	4075000.00	供水车间	供水用
液氯	吨	8	1300.00	10400.00	供水车间	供水用

续表

材料名称	计量单位	发出数量	单价	金额	领用部门	用途
烧碱	吨	25	2700.00	67500.00	供水车间	供水用
冷凝液	千克	20	1500.00	30000.00	供水车间	供水用
水稳定剂	千克	70	3590.00	251300.00	供水车间	供水用
盐酸	千克	800	350.00	280000.00	供水车间	供水用
防腐油漆	千克	400	15.00	6000.00	机修车间	修理用
设备配件	个	100	380.00	38000.00	机修车间	修理用
润滑油	千克	150	2300.00	345000.00	机修车间	修理用
合计				3297620000		

会计主管： 复核： 制单：

③ 编制材料费用分配表。分步法下，财务人员根据发料凭证汇总表，结合定额资料或投料记录等按照材料的领用部门及用途分配材料费用，编制材料费用分配表。只生产一种产品，发料凭证汇总表上的每步产品归集材料费用，直接计入该步骤的产品成本；若同时生产几种产品，每步骤的各种产品共同耗用的材料费用，需要采用合理的分配标准，分配计入每步骤各种产品的成本；材料费用分配表的应借账户根据材料用途及领用部门确定，属于某步骤某种产品耗用的应计入“基本生产成本——第 × 步（×× 产品）”，属于辅助生产部门耗用的应计入“生产成本——辅助生产（×× 车间）”；具体分配方法参见品种法。

江海化肥厂只生产一种产品原材料费用属于直接计入费用，不需要分配。该厂财务人员根据发料凭证汇总表编制的材料费用分配表见表 5-9。

表 5-9 江海化肥厂材料费用分配表

2019 年 7 月 31 日　　单位：元

应借科目			成本项目	分配额
生产成本	基本生产成本	合成氨	直接材料	16256000.00
生产成本	基本生产成本	合成氨	燃料及动力	7650000.00
生产成本	基本生产成本	散尿素	燃料及动力	2700000.00
生产成本	基本生产成本	成品尿素	直接材料	613000.00
生产成本	辅助生产成本	供水车间	直接材料	4714200.00
生产成本	辅助生产成本	动力车间	直接材料	654000.00
生产成本	辅助生产成本	机修车间	直接材料	389000.00
合计				32976200.00

会计主管： 复核： 制单：

④ 填制记账凭证，登记有关成本费用明细账。财务人员以领料单、发料凭证汇总表和材料费用分配表为原始凭证，填写分配材料费用的记账凭证，登记有关“成本费用”明细账。

江海化肥厂财务人员根据表 5-2 ～表 5-9 填制记账凭证的会计分录见表 5-10。

表 5-10 会计分录表 凭证号数：1

摘要	借贷方向	总账科目	明细账科目			金额
分配材料费用	借：	生产成本	基本生产成本	合成氨	直接材料	16256000.00
		生产成本	基本生产成本	合成氨	燃料及动力	7650000.00
		生产成本	基本生产成本	散尿素	燃料及动力	2700000.00
		生产成本	基本生产成本	成品尿素	直接材料	613000.00
		生产成本	辅助生产成本	供水车间	直接材料	4714200.00
		生产成本	辅助生产成本	动力车间	直接材料	654000.00
		生产成本	辅助生产成本	机修车间	直接材料	389000.00
	贷：	原材料				32976200.00

（2）摊销周转材料。分步法下，周转材料摊销方法的选择、步骤及汇总表的编制参见品种法，财务人员根据周转材料的领用部门、用途及所选用的摊销方法进行分配。

① 取得发出周转材料的原始凭证。江海化肥厂财务人员从生产部门取得有关领用低值易耗品的领料单见表 5-11。

表 5-11 领料单

领料部门：基本生产车间　　2019 年 7 月 15 日　　No：7

材料类别	品名及规格	单位	数量		单价 / 元	金额 / 元	用途
			请领	实领			
低值易耗品	工作服	套	626	626	45.00	28170.00	合成车间领用
低值易耗品	工作服	套	47	47	45.00	2115.00	分离与回收车间领用
低值易耗品	工作服	套	17	17	45.00	765.00	成品车间领用
低值易耗品	橡胶手套	副	56	56	30.00	1680.00	合成车间领用
低值易耗品	橡胶手套	副	47	47	30.00	1410.00	分离与回收车间领用
低值易耗品	橡胶手套	副	17	17	30.00	510.00	成品车间领用
合计						¥34650.00	

第二联财务记账

记账：　发料单位主管：　发料人：　领料单位主管：　领料人：

② 编制周转材料摊销表。周转材料的能够直接确定属于某步骤产品耗用的计入“基本生产成本——第 × 步（×× 产品）”，属于基本生产车间一般耗用的借记“制造费用——×× 车间”，属于辅助生产部门耗用的借记“辅助生产成本（×× 车间）”，属于管理部门耗用的借记“管理费用”。

江海化肥厂的低值易耗品采用一次摊销法，财务人员根据表 5-11 编制的低值易耗品摊销表见表 5-12。

表 5-12 江海化肥厂低值易耗品摊销表

2019 年 7 月 31 日　　单位：元

应借账户			成本或费用项目	摊销方法	摊销金额
总账账户	二级账户	明细账户			
制造费用		合成车间	物料消耗	一次摊销法	29850.00
制造费用		分离与回收车间	物料消耗	一次摊销法	3525.00
制造费用		成品车间	物料消耗	一次摊销法	1275.00
合计					34650.00

会计主管：　复核：　制单：

③ 填制摊销周转材料的记账凭证，登记有关“成本费用”明细账。

江海化肥厂财务人员根据低值易耗品摊销表填制记账凭证的会计分录见表 5-13。

表 5-13 会计分录表　　凭证号数：2

摘要	借贷方向	总账科目	明细账科目		金额
摊销低值易耗品	借：	制造费用	合成车间	物料消耗	29850.00
		制造费用	分离与回收车间	物料消耗	3525.00
		制造费用	成品车间	物料消耗	1275.00
	贷：	周转材料			34650.00

2. 分配外购动力费用

（1）取得外购动力费用耗用量统计表。有关外购动力费用的内容参见品种法。江海化肥厂外购电力耗用表见表 5-14，电价为 0.6 元 / 度。

表 5-14 江海化肥厂外购电力耗用表

2019 年 7 月 31 日

部门	用途	耗电量 / 度
合成车间	生产合成氨	38214
	一般耗用	2800
分离与回收车间	生产尿素	34667
	一般耗用	1980
成品车间	生产成品尿素	19421
	一般耗用	1870
供水车间	生产水	75531
动力车间	生产高压蒸汽	56608
机修车间	机修生产耗用	11382
厂部	一般耗用	6394
合计		248867

（2）编制外购动力费用分配表。根据购动力费用耗用量统计表分配外购动力费用，基本生产车间直接用于产品生产的外购动力费用，计入“基本生产成本——第 × 步（×× 产品）”明细账的“燃料及动力”（或“直接材料”）；其他部门分配外购动力费用应计入的账户同品种法。

表 5-15 江海化肥厂外购电力费用分配表

2019 年 7 月 31 日

应借科目			成本或费用项目	电费分配		
总账	二级账	明细账		用电度数 / 度	电价 / 元	分配金额 / 元
生产成本	基本生产成本	合成氨	燃料及动力	38214	0.6	22928.40
生产成本	基本生产成本	散尿素	燃料及动力	34667	0.6	20800.20
生产成本	基本生产成本	成品尿素	燃料及动力	19421	0.6	11652.60
生产成本	辅助生产成本	供水车间	燃料及动力	75531	0.6	45318.60

续表

应借科目			成本或费用项目	电费分配		
总账	二级账	明细账		用电度数 / 度	电价 / 元	分配金额 / 元
生产成本	辅助生产成本	动力车间	燃料及动力	56608	0.6	33964.80
生产成本	辅助生产成本	机修车间	燃料及动力	11382	0.6	6829.20
制造费用	合成车间		电费	2800	0.6	1680.00
制造费用	分离与回收车间		电费	1980	0.6	1188.00
制造费用	成品车间		电费	1870	0.6	1122.00
管理费用			电费	6394	0.6	3836.40
合计				248867	0.6	149320.20

会计主管：　　　　　　　　　　复核：　　　　　　　　　　制单：

（3）填制分配外购动力费用的记账凭证。江海化肥厂财务人员以外购电力耗用表和外购电力费用分配表为原始凭证填制记账凭证的会计分录见表 5-16。

表 5-16　会计分录表　　　　凭证号数：3

摘要	借贷方向	总账科目	明细账科目			金额
分配电费	借：	生产成本	基本生产成本	合成氨	燃料及动力	22928.40
		生产成本	基本生产成本	散尿素	燃料及动力	20800.20
		生产成本	基本生产成本	成品尿素	燃料及动力	11652.60
		生产成本	辅助生产成本	供水车间	燃料及动力	45318.60
		生产成本	辅助生产成本	动力车间	燃料及动力	33964.80
		生产成本	辅助生产成本	机修车间	燃料及动力	6829.20
		制造费用	合成车间	电费		1680.00
		制造费用	分离与回收车间	电费		1188.00
		制造费用	成品车间	电费		1122.00
		管理费用	电费			3836.40
	贷：	应付账款	供电公司			149320.20

3. 分配职工薪酬

分步法下分配职工薪酬同样要先取得结算职工薪酬结算单，财务人员按职工类别及所在部门汇总计时工资，按每步骤的产品汇总计件工资，并编制职工薪酬结算汇总表，然后分配职工薪酬。

（1）编制职工薪酬结算汇总表。江海化肥厂财务人员根据职工薪酬结算单编制的职工薪酬结算汇总表见表 5-17。

表 5-17　江海化肥厂职工薪酬结算汇总表

2019 年 7 月 31 日　　　　单位：元

部门	人员类别	职工人数	应付工资
合成车间	生产工人	54	234500.00
	管理人员	2	12400.00

续表

部门	人员类别	职工人数	应付工资
分离与回收车间	生产工人	45	202568.00
	管理人员	2	12600.00
成品车间	生产工人	15	86900.00
	管理人员	2	9400.00
供水车间	工人	16	64560.00
动力车间	工人	22	88450.00
机修车间	工人	12	46900.00
厂部管理人员		16	97800.00
销售人员		18	113500.00
合计		295	969578.00

会计主管： 复核： 制单：

（2）编制职工薪酬分配表。职工薪酬依据职工所在的部门及其所属的人员类别进行分配，基本生产车间生产工人的职工薪酬能够直接确定归属于某步骤某种产品的，计入该步骤该种产品的成本；否则，按一定标准分配计入各步骤的每种产品成本，分配标准参见品种法。基本生产车间生产工人的职工薪酬计入“基本生产成本——第×步（××产品）”账户；基本生产车间管理人员的职工薪酬计入“制造费用”账户；辅助车间人员的职工薪酬计入“辅助生产成本——××车间”。

江海化肥厂只生产一种产品，基本生产车间生产工人的工资不需要分配，直接计入每步骤产品的成本，该厂财务人员根据职工薪酬结算汇总表编制的职工薪酬分配表见表5-18。

表5-18 江海化肥厂职工薪酬分配表

2019年7月31日 单位：元

应借账户			职工薪酬
总账	二级账	明细账	
生产成本	基本生产成本	合成氨	234500.00
生产成本	基本生产成本	散尿素	202568.00
生产成本	基本生产成本	成品尿素	86900.00
生产成本	辅助生产成本	供水车间	64560.00
生产成本	辅助生产成本	动力车间	88450.00
生产成本	辅助生产成本	机修车间	46900.00
制造费用	合成车间		12400.00
制造费用	分离与回收车间		12600.00
制造费用	成品车间		9400.00
管理费用			97800.00
销售费用			113500.00
合计			969578.00

会计主管： 复核： 制单：

（3）填制分配职工薪酬的记账凭证。江海化肥厂财务人员根据职工薪酬分配表填制记账凭证的会计分录见表 5-19。

表 5-19 会计分录表 凭证号数：4

摘要	借贷方向	总账科目	明细账科目			金额
分配职工薪酬	借：	生产成本	基本生产成本	合成氨	直接人工	234500.00
		生产成本	基本生产成本	散尿素	直接人工	202568.00
		生产成本	基本生产成本	成品尿素	直接人工	86900.00
		生产成本	辅助生产成本	供水车间	直接人工	64560.00
		生产成本	辅助生产成本	动力车间	直接人工	88450.00
		生产成本	辅助生产成本	机修车间	直接人工	46900.00
		制造费用	合成车间	职工薪酬		12400.00
		制造费用	分离与回收车间	职工薪酬		12600.00
		制造费用	成品车间	职工薪酬		9400.00
		管理费用	职工薪酬			97800.00
		销售费用	职工薪酬			113500.00
	贷：	应付职工薪酬	工资			969578.00

4. 计提折旧费用

逐步结转分步法下固定资产折旧方法和折旧率的选择、折旧额的计算与分配等详细内容参见品种法。

（1）编制固定资产折旧计算表。逐步结转分步法下，在确定了固定资产折旧率后，应在每个月月末编制固定资产折旧计算表。

江海化肥厂财务人员编制的固定资产折旧计算表 5-20。

表 5-20 江海化肥厂固定资产折旧计算表

2019 年 7 月 31 日

使用单位		固定资产类型	月初固定资产原值 / 元	月分类折旧率 /%	月折旧额 / 元
基本生产车间	合成车间	房屋建筑物	964560.00	0.40	3858.24
		机器设备	1164164.00	0.80	9313.31
		小计	2128724.00		13171.55
	尿素车间	房屋建筑物	939246.00	0.40	3756.98
		机器设备	1013273.00	0.80	8106.18
		小计	1952519.00		11863.16
	成品车间	房屋建筑物	971463.00	0.40	3885.85
		机器设备	717562.00	0.80	5740.50
		小计	1689025.00		9626.35
辅助生产车间	供水车间	房屋建筑物	935685.00	0.40	3742.74
		机器设备	813227.00	0.80	6505.82
		小计	1748912.00		10248.56
	动力车间	房屋建筑物	997143.00	0.40	3988.57
		机器设备	954698.00	0.80	7637.58
		小计	1951841.00		11626.15

续表

使用单位		固定资产类型	月初固定资产原值 / 元	月分类折旧率 /%	月折旧额 / 元
辅助生产车间	机修车间	房屋建筑物	974126.00	0.40	3896.50
		机器设备	345618.00	0.80	2764.94
		小计	1319744.00		6661.44
管 理 部 门		房屋建筑物	967156.00	0.40	3868.62
		办公设备	126180.00	0.80	1009.44
		小计	1093336.00		4878.06
合计			21751800.00		68075.29

会计主管：　　　　复核：　　　　制单：

表 5-20 的计算公式如下：

本月应计提折旧额 = 上月固定资产应计提的折旧额 + 上月增加固定资产应计提的折旧额 − 上月减少固定资产应计提的折旧额

第一车间房屋建筑物本月应计提折旧额 =（固定资产月初余额 + 上月增加固定资产原值 − 上月减少固定资产原值）× 月折旧率

（2）编制折旧费用分配表。根据固定资产折旧计算表编制固定资产折旧费用分配表，表中应借账户参见品种法。

江海化肥厂财务人员编制的固定资产折旧费用分配表见表 5-21。

表 5-21　江海化肥厂折旧费用分配表

2019 年 7 月 31 日　　　　单位：元

应借科目			成本或费用项目	原值	折旧额
总账	二级账	明细账			
生产成本	辅助生产成本	供水车间	制造费用	1748912.00	10248.56
		动力车间	制造费用	1951841.00	11626.16
		机修车间	制造费用	1319744.00	6661.45
制造费用	合成氨		折旧费	2128724.00	13171.55
	分离与回收车间		折旧费	1952519.00	11863.17
	成品车间		折旧费	1689025.00	9626.35
管理费用			折旧费	1093336.00	4878.06
合计				11884101.00	68075.29

会计主管：　　　　复核：　　　　制单：

（3）填制计提折旧的记账凭证。江海化肥厂财务人员根据固定资产折旧费用分配表填制记账凭证的会计分录见表 5-22。

表 5-22　会计分录表　　　凭证号数：5

摘要	借贷方向	总账科目	明细账科目			金额
计提折旧	借：	生产成本	辅助生产成本	供水车间	制造费用	10248.56
		生产成本	辅助生产成本	动力车间	制造费用	11626.16
		生产成本	辅助生产成本	机修车间	制造费用	6661.45
		制造费用	合成氨	折旧费		13171.55
		制造费用	分离与回收车间	折旧费		11863.17
		制造费用	成品车间	折旧费		9626.35
		管理费用	折旧费			4878.06
	贷：	累计折旧				68075.29

三、分配辅助生产费用

经过要素费用的分配，“辅助生产成本”账户已经归集了成本计算期内发生的辅助生产费用，应将其分配给基本生产车间和有关部门。辅助生产费用的分配方法参见品种法，同样是从取得各辅助生产车间劳务耗用量通知单开始。

1. 取得各辅助生产车间劳务耗用量通知单

为分配辅助生产费用公司财务人员应从各辅助生产车间取得辅助生产车间劳务耗用量通知单。

江海化肥厂财务人员取得的各辅助生产车间的劳务耗用量通知单见表 5-23。

表 5-23　江海化肥厂辅助生产车间劳务耗用量通知单

2019 年 7 月 31 日

耗用单位			耗用量		
			供水车间 / 吨	动力车间 / 立方米	机修车间 / 小时
辅助车间	供水车间			2850	610
	动力车间		168900	—	510
	机修车间		1100		—
基本生产车间	合成车间	产品耗用	219000	7810	
		一般耗用	6800		360
	尿素车间	产品耗用	90800	3140	
		一般耗用	3600		430
	成品车间	产品耗用			
		一般耗用	1400		210
管理部门			8400		860
合计			500000	13800	2980

2. 选择辅助生产费用分配方法，编制辅助生产费用分配表

辅助生产费用的分配方法及适用范围如品种法所述，公司根据企业规模、辅助车间之间提供劳务情况及计算机应用情况等选择适合的辅助生产费用分配方法。

江海化肥厂是在成本会计中已运用电子计算技术的企业，所以该厂采用代数分配法分配辅助生产费用。

（1）建立方程组。设辅助生产车间的单位成本为未知数，建立方程组的方程式为：

辅助生产成本明细账账户余额 + 耗用其他辅助生产车间的劳务数量 × 其他辅助生产车间劳务的单位成本 = 该辅助生产车间提供劳务总量 × 该辅助生产车间劳务的单位成本。

江海化肥厂设供水车间、动力车间和机修车间的单位成本分别为：X、Y 和 Z，建立的方程组为：

$$4834327.16 + 2850Y + 610Z = 50000X$$

$$788040.96 + 168900X + 510Z = 660Y$$

$$449390.65 + 1100X + = 2980Z$$

（2）求解方程组，计算出辅助生产车间的单位成本。卡州公司求解上述方程组得：

$X=10.98181961$　　$Y=197.235276$　　$Z=154.8559227$

（3）根据上述计算结果编制辅助生产费用代数分配法的分配表。

江海化肥厂代数分配法的辅助生产费用分配表见表 5-24，表中计算公式参见品种法。

表 5-24　江海化肥厂辅助生产费用代数分配法的分配表

2019 年 8 月 31 日　　　　单位：元

项目					供水车间	动力车间	机修车间	金额合计
辅助生产成本明细账账户余额					4834327.16	788040.96	449390.65	6071758.77
辅助车间提供的劳务总量					500000	13800	2980	—
辅助生产车间的单位成本					10.98181961	197.235276	154.8559227	—
应借账户	生产成本	辅助生产成本	供水车间	接受劳务量	—	2850	610	—
				应负担成本	0.00	562120.54	94462.11	656582.65
			动力车间	接受劳务量	168900	—	510	—
				应负担成本	1854829.33	0.00	78976.52	1933805.85
			机修车间	接受劳务量	1100	—	—	—
				应负担成本	12080.00	0.00	0.00	12080.00
		基本生产成本	合成氨	接受劳务量	219000.00	7810.00	—	—
				应负担成本	2405018.49	1540407.51	0.00	3945426.00
			散尿素	接受劳务量	90800.00	3140.00	—	—
				应负担成本	997149.22	619318.77	0.00	1616467.99
	制造费用	合成车间		接受劳务量	6800	—	360	—
				应负担成本	74676.37	0.00	55748.13	130424.50
		分离与回收车间		接受劳务量	3600	—	430	
				应负担成本	39534.55	0.00	66588.05	106122.60
		成品车间		接受劳务量	1400	—	210	
				应负担成本	15374.55	0.00	32519.74	47894.29
	管理费用			接受劳务量	8400	—	860	
				应负担成本	92247.28	0.00	133176.09	225423.37
分配费用额合计					5490909.81	2721846.81	461470.65	

会计主管：　　　　复核：　　　　制单：

3. 填写分配辅助生产费用的记账凭证

江海化肥厂财务人员根据辅助生产费用分配表填制记账凭证的会计分录见表 5-25。

表 5-25 会计分录表

凭证号数：6

摘要	借贷方向	总账科目	明细账科目			金额
分配辅助生产费用	借：	生产成本	辅助生产成本	供水车间	制造费用	656582.65
		生产成本	辅助生产成本	动力车间	制造费用	1933805.85
		生产成本	辅助生产成本	机修车间	制造费用	12080.00
		生产成本	基本生产成本	合成氨	制造费用	3945426.00
		生产成本	基本生产成本	散尿素	制造费用	1616467.99
		制造费用	合成车间	水费		74676.37
		制造费用	合成车间	修理费用		55748.13
		制造费用	分离与回收车间	水费		39534.55
		制造费用	分离与回收车间	修理费用		66588.05
		制造费用	成品车间	水费		15374.55
		制造费用	成品车间	修理费用		32519.74
		管理费用	水费			92247.28
		管理费用	修理费用			133176.09
	贷：	生产成本	辅助生产成本	供水车间		5490909.81
		生产成本	辅助生产成本	动力车间		2721846.81
		生产成本	辅助生产成本	机修车间		461470.65

四、分配制造费用

如前所述，要素费用和辅助生产费用的分配过程就是制造费用的归集过程，“制造费用”账户的余额为待分配制造费用。若生产车间只生产一种产品，制造费用无须分配，直接结转至该步骤“产品成本”明细账即可；若生产车间生产多种产品，需要将制造费用在本步骤各产品之间进行分配，分配方法的选择及分配标准的确定参见品种法。分配至产品成本的制造费用，应借记“基本生产成本——第 × 步（×× 产品）”账户。

1. 编制制造费用分配表

江海化肥厂财务人员编制的制造费用分配表见表 5-26。

表 5-26 江海化肥厂制造费用分配表

2019 年 7 月 31 日　　单位：元

借方账户			制造费用额
总账账户	二级账户	明细账户	
生产成本	基本生产成本	合成氨	187526.06
		散尿素	135298.77
		成品尿素	69317.64
合计			392142.47

会计主管：　　复核：　　制单：

2. 填制分配制造费用的记账凭证

江海化肥厂财务人员根据辅助生产费用分配表填制记账凭证的会计分录见表 5-27。

表 5-27 会计分录表　　凭证号数：7

摘要	借贷方向	总账科目	明细账科目			金额
分配制造费用	借：	生产成本	基本生产成本	合成氨	制造费用	187526.06
		生产成本	基本生产成本	散尿素	制造费用	135298.77
		生产成本	基本生产成本	成品尿素	制造费用	69317.64
	贷：	制造费用	合成车间			187526.06
		制造费用	分离与回收车间			135298.77
		制造费用	成品车间			69317.64

五、按产品生产加工的步骤逐步结转半成品成本

经过第二步至第五步的要素费用、辅助生产费用、制造费用以及生产损失的分配，已经按生产步骤归集了成本核算期内所发生的生产费用。为计算出完工产品成本，应按生产加工的步骤计算出每一生产步骤的半成品成本，并将半成品成本随其实物的结转而结转。半成品成本的结转方法包括实际成本法和计划成本法，企业可以根据管理的需要选择半成品成本的结转方法。半成品实物的流转有两种形式：一是设置半成品仓库，生产完工的半成品验收入库，下一生产步骤根据生产的需要从半成品仓库领用，半成品库的日常收入、发出和结存的半成品可按实际成本入账，发出的半成品可以选择先进先出法、加权平均法等计价方法计算其实际成本；二是不设置半成品仓库，上一生产步骤完工的半成品验收合格后，直接转交下一生产步骤继续进行加工。分步法下从第二步起，每一步都要领用前一步的半成品，将各生产步骤所耗用的上一步骤半成品成本，综合逐步结转分步法下，半成品总成品登记在各步骤“产品成本”明细账的“直接材料”或专设的“自制半成品”成本项目中；分项结转分步法下，半成品成本按成本项目分项登记在各步骤“产品成本”明细账的成本项目中。

1. 不设半成品仓库的综合逐步结转分步法

综合逐步结转分步法下，在半成品的收发不设置半成品仓库的情况下，结转半成品成本的核算程序见图 5-1。

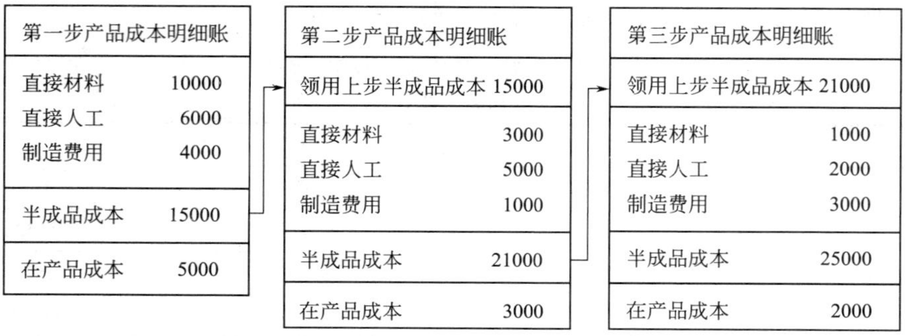

图 5-1 综合逐步结转分步法成本核算程序（不设置半成品库）图

（1）结转第一步半成品成本

① 取得第一步自制半成品转移单。综合逐步结转分步法下，半成品成本随着实物的转移而转移，每一步往下一步转移实物时，需要填写半成品转移单。财务人员进行成本核算时，需要从生产部门取得自制半成品转移单。

江海化肥厂财务人员取得第一步合成氨的自制半成品转移单见表 5-28。

表 5-28 江海化肥厂自制半成品转移单

生产车间：合成车间　　2019 年 7 月 31 日　　No：1

产品名称	规格型号	单位	数量	质检员
合成氨	略	吨	16000	李某

审核：　　接收单位：　　接收员：

第三联交财务

② 编制第一步半成品成本计算单。在逐步结转分步法下，可以把每一步骤的半成品当成一种产品，每一步骤中的半成品成本的计算就是用品种法计算该种产品的成本，可以理解为经过几步就是计算几种产品的成本。将生产费用在本步骤完工产品与在产品之间分配时，所采用的分配方法参见品种法。

江海化肥厂因为只生产一种产品，各步骤之间不设半成品仓库，每一步骤的生产费用不需要在几种产品之间进行分配，又由于第一步骤没有在产品，所以，不需要将生产费用在完工产品与在产品之间进行分配。该厂财务人员根据自制半成品转移单和第一步成本明细账编制的第一步半成品成本计算表见表 5-29。

表 5-29 江海化肥厂合成氨成本计算表

2019 年 7 月 31 日　　单位：元

项目	成本项目				合计
	直接材料	燃料及动力	直接人工	制造费用	
合成氨成本明细账余额	16256000.00	7672928.40	234500.00	4132952.06	28296380.46
本月完工产品数量	16000	16000	16000	16000	16000
完工产品总成本	16256000.00	7672928.40	234500.00	4132952.06	28296380.46
完工产品单位成本	1016.00	479.56	14.66	258.31	1768.52

会计主管：　　复核：　　制单：

③ 填写结转合成氨成本的记账凭证。半成品不通过仓库收发的情况下，每一步完工转入下一步加工，随半成品实物的转移，将其成本转入下一步骤产品成本明细账，依次逐步累计结转，直至最后步骤计算出产成品成本为止。江海化肥厂财务人员根据合成氨成本计算表填制记账凭证的会计分录见表 5-30。

表 5-30 会计分录表　　凭证号数：8

摘要	借贷方向	总账科目	明细账科目		金额
结转合成氨成本	借：	生产成本	基本生产成本	散尿素	28296380.46
	贷：	生产成本	基本生产成本	合成氨	28296380.46

（2）结转第二步半成品成本

① 取得第二步自制半成品转移单。江海化肥厂财务人员取得第二步散尿素的自制半成品转移单见表 5-31。

表 5-31　江海化肥厂自制半成品转移单

生产车间：分离与回收车间　　2019 年 7 月 31 日　　No：2

产品名称	规格型号	单位	数量	质检员
散尿素	略	吨	16000	傅某

审核：　　接收单位：　　接收员：

第三联交财务

② 编制第二步半成品成本计算单。综合逐步结转分步法下，第一步完工结转至第二步的半成品成本可以登记在“直接材料”成本项目下，也可以在第二步及以后各步的成本计算单中增设“自制半成品”成本项目，用于登记上步骤转来的半成品，但如果企业要进行成本还原，必须增设“自制半成品”成本项目。

江海化肥厂第二步没有在产品，第二步产品散尿素成本明细登记的金额即为完工产品成本。由于该厂要进行成本还原，所以，散尿素成本明细账中单独设立半成品成本项目，成本项目名称为“合成氨”。该厂财务人员根据自制半成品转移单和第二步成本明细账编制的第二步半成品成本计算表见表 5-32。

表 5-32　江海化肥厂散尿素成本计算表

2019 年 7 月 31 日　　单位：元

项目	成本项目				合计
	燃料及动力	直接人工	制造费用	合成氨	
散尿素成本明细账余额	2720800.20	202568.00	1751766.75	28296380.46	32971515.41
本月完工产品数量	16000	16000	16000	16000	16000
完工产品总成本	2720800.20	202568.00	1751766.75	28296380.46	32971515.41
完工产品单位成本	170.05	12.66	109.49	1768.52	2060.72

会计主管：　　复核：　　制单：

③ 填写结转散尿素成本的记账凭证。江海化肥厂财务人员根据第二步散尿素的自制半成品转移单和散尿素成本计算表填制记账凭证的会计分录见表 5-33。

表 5-33　会计分录表　　凭证号数：9

摘要	借贷方向	总账科目	明细账科目		金额
结转散尿素成本	借：	生产成本	基本生产成本	成品尿素	32971515.41
	贷：	生产成本	基本生产成本	散尿素	32971515.41

（3）计算最后一步的完工产品成本。如果企业产品生产经过若干步，第三步至最后一步之间的成本结转参见第二步；最后一步中，计算完工产品成本。

① 取得完工产品入库单。产品经过最后一步加工成为产成品，生产车间要将产成品交成品仓库，填写产成品入库单，其中有一联要交给财务部门。

江海化肥厂财务人员取得最后一步成品尿素的产成品入库单见表 5-34。

表 5-34　江海化肥厂产成品入库单

生产部门：成品车间　　2019 年 7 月 31 日　　No：1

产品名称	规格型号	包装规格	单位	数量	生产日期	批号	检验单号
尿素	略	略	吨	15970	2019/7/31	7-201	36509

入库员：　　复核员：　　仓管员：

第三联交财务

② 编制最后一步半成品成本计算表。江海化肥厂第三步是最后一步，该厂财务人员编制的第三步成品尿素成本计算表见表 5-35。

表 5-35 江海化肥厂成品尿素成本计算表

2019 年 7 月 31 日 单位：元

项目	成本项目					合计
	直接材料	燃料及动力	直接人工	制造费用	散尿素	
成品尿素成本明细账余额	1679780.00	720552.60	115636.00	79187.64	32971515.41	35566671.65
本月完工产品数量	15970	15970	15970	15970	15970	
月末在产品数量	1080	1080	1080	1080	1080	
在产品约当产量	648	648	648	648	648	
约当总产量	16618	16618	16618	16618	16618	
费用分配率	101.081959	43.359767	6.958479	4.765173	1984.084451	
月末在产品成本	65501.11	28097.13	4509.09	3087.83	1285686.72	1386881.89
完工产品总成本	1614278.89	692455.47	111126.91	76099.81	31685828.69	34179789.76
完工产品单位成本	101.08	43.36	6.96	4.77	1984.08	2140.25

会计主管： 复核： 制单：

③ 编制成本还原计算表。采用综合逐步结转分步法结转半成品成本，各步骤所耗半成品的成本是以“自制半成品”或“直接材料”项目综合反映在完工产品成本计算单中的。如果单独设置“自制半成品”项目，则该项目是除最后一步以外的各步骤所投入的直接材料、直接人工和制造费用等成本项目金额总和；如果不单独设置“自制半成品”项目，而是每一步领用上一步的半成品都直接计入“直接材料”项目，则该项目的金额是最后一步的直接材料和以前各步骤投入的直接材料、直接人工和制造费用等成本项目金额总和。而最后一步完工成品成本计算单中的直接人工、制造费用只是产成品消耗最后一个生产步骤的人工费和制造费用。显然，最后一步完工成品成本计算单不能显示出产品生产过程所耗用的直接材料、直接人工和制造费用各为多少，不符合产品成本的实际情况，不便于从整个企业角度分析和考核产品成本的构成和水平。为此，在综合逐步结转分步法下，每一步领用上一步的半成品应单独设置“自制半成品”成本项目；月末结转完工产品成本时应将“自制半成品”项目进行分解，分解为直接材料、直接人工和制造费用等，即进行成本还原。

成本还原，是指从最后一个步骤起，把各步骤所耗用上一步骤半成品的综合成本进行逐步分解，还原成按直接材料、直接人工、制造费用等原始成本项目反映的产成品成本。成本还原的方法包括还原分配率法和成本项目构成法，进行成本还原应编制成本还原计算表，并将成本还原计算表作为结转完工产品成本的原始凭证。

江海化肥厂财务人员编制的成本还原计算表见表 5-36 或表 5-37。

④ 填写结转完工产品成本的记账凭证。江海化肥厂财务人员根据成品尿素成本计算表和成本还原计算表填制记账凭证的会计分录见表 5-38。

表 5-36 江海化肥厂尿素成本还原计算表（还原分配率法）

产品名称：尿素　　　　2019 年 7 月 31 日　　　　单位：元

项目	行次	还原分配率	散尿素	合成氨	直接材料	燃料及动力	直接人工	制造费用	合计
完工产品成品尿素还原前成本	1		31685828.69		1614278.89	692455.47	111126.91	76099.81	34179789.76
散尿素本月成本	2	0.96		28296380.46		2720800.20	202568.00	1751766.75	32971515.41
散尿素成本还原值	3=2× 还原分配率		-31685828.69	27164525.24	0.00	2611968.19	194465.28	1681696.08	0.00
第一次成本还原后的成本	4=1+3			27192995.30	1614278.89	3307161.16	305796.00	1759558.41	34179789.76
合成氨本月成本	5	0.96			16256000.00	7672928.40	234500.00	4132952.06	28296380.46
合成氨成本还原值	6=5× 还原分配率			-27192995.30	15622115.78	7373731.29	225355.94	3971792.30	0.00
第二次成本还原后的成本	7=4+6				17236394.67	10680892.45	531151.94	5731350.70	34179789.76
完工产品产量	8				15970	15970	15970	15970	15970
单位成本	9=7/8				1079.30	668.81	33.26	358.88	2140.25

会计主管：　　　　复核：　　　　制单：

表 5-37 江海化肥厂尿素成本还原计算表（项目比重法）

产品名称：尿素　　　　2019 年 7 月 31 日　　　　单位：元

项目	行次	散尿素	合成氨	直接材料	燃料及动力	直接人工	制造费用	合计
完工成品尿素还原前成本	1	31685828.69		1614278.89	692455.47	111126.91	76099.81	34179789.76
散尿素本月成本	2		28296380.46	0.00	2720800.20	202568.00	1751766.75	32971515.41
散尿素成本项目比重	3		0.86	0.00	0.08	0.01	0.05	1.00
散尿素成本还原值	4=3× 散尿素	-31685828.69	27192995.30	0.00	2614705.69	194669.09	1683458.60	0.00
第一次成本还原后的成本	5=4+1		27192995.30	1614278.89	3307161.16	305796.00	1759558.41	34179789.76
合成氨本月成本	6			16256000.00	7672928.40	234500.00	4132952.06	28296380.46
合成氨成本项目比重	7			0.57	0.27	0.01	0.15	1.00
合成氨成本还原值	8=7× 合成氨		-27192995.30	15622115.78	7373731.29	225355.94	3971792.30	0.00
第二次成本还原后的成本	9=5+8			17236394.67	10680892.45	531151.94	5731350.70	34179789.76
完工产品产量	10			15970	15970	15970	15970	15970
单位成本	11=9/10			1079.30	668.81	33.26	358.88	2140.25

会计主管：　　　　复核：　　　　制单：

表 5-37 中各行的计算见表中行次的计算公式，还原分配率的计算公式为：

还原分配率 = 本月产成品所耗上一步骤半成品成本合计 / 本月所产该种半成品总成本

将散尿素还原的还原分配率 =31685828.69÷32971515.41=0.96

将合成氨还原的还原分配率 =27192995.30÷28296380.46=0.96

表 5-38 会计分录表

凭证号数：10

摘要	借贷方向	总账科目	明细账科目		金额
结转完工产品成本	借：	库存商品	尿素		34179789.76
	贷：	生产成本	基本生产成本	成品尿素	34179789.76

表 5-38 中各行的计算见表中行次的计算公式，还原分配率的计算公式为：

项目比重 = 上一步骤完工半成品成本中料、工、费的金额 / 上一步骤完工半成品的成本合计

如散尿素的成本中合成氨项目比重 =28296380.46÷32971515.41=0.86

散尿素的成本中燃料及动力项目比重 =2720800.20÷32971515.41=0.08，其他项目以此类推。

江海化肥厂逐步结转分步法的成本费用明细账，可扫描 M5-1 查看。

M5-1

综合逐步结转分步法账簿

2. 设半成品仓库的综合逐步结转分步法

综合逐步结转分步法下，在半成品的收发设置半成品仓库的情况下，结转半成品成本的核算程序见图 5-2。

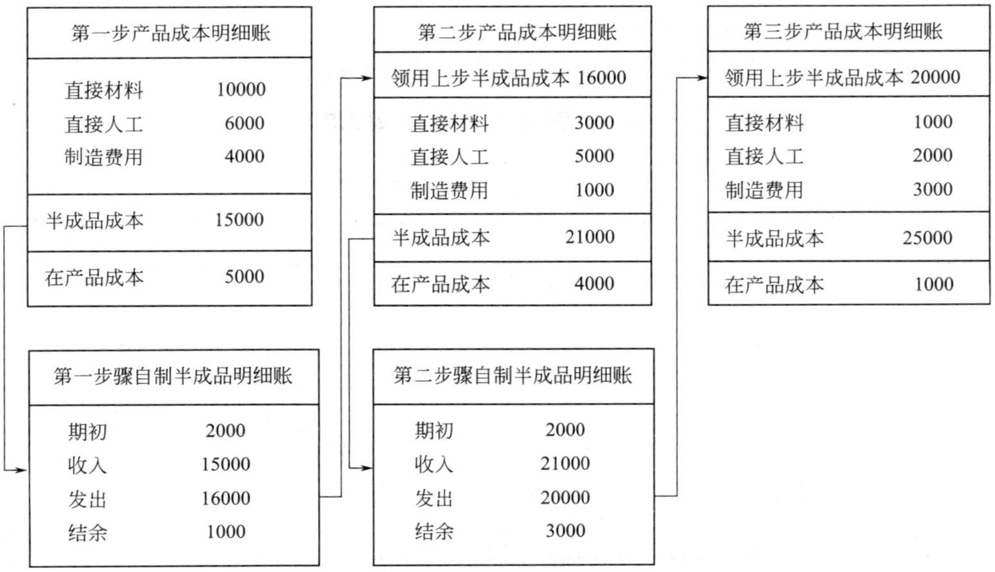

图 5-2 逐步结转分步法（设置半成品库）

（1）结转第一步半成品成本

① 取得自制半成品入库单。企业设置自制半成品仓库，每一步完工入半成品库，生产部门或仓储部门应填写入库单，并将其传递给财务部门。

江海化肥厂财务人员取得的自制半成品入库单见表 5-39。

表 5-39　江海化肥厂自制半成品入库单

生产车间：合成车间　　2019 年 7 月 11 日　　No：1

产品名称	规格型号	单位	数量	质检员
合成氨	略	吨	16000	李某

审核：　　接收单位：　　接收员：

第三联交财务

② 编制第一步半成品成本计算单。设自制半成品仓库与不设自制半成品仓库的第一步半成品成本计算单的编制相同。

江海化肥厂合成氨成本计算表见表 5-29。

③ 填写结转合成氨成本记账凭证。设自制半成品仓库的综合逐步结转分步法，应增设"自制半成品"账户，第一步完工的半成品先入半成品仓库，借记"自制半成品——××产品"，贷记"基本生产成本——第 × 步（×× 产品）"。

江海化肥厂财务人员根据合成氨成本计算表填制记账凭证的会计分录见表 5-40。

表 5-40　会计分录表　　凭证号数：8

摘要	借贷方向	总账科目	明细账科目		金额
结转合成氨成本	借：	自制半成品	合成氨		28296380.46
	贷：	生产成本	基本生产成本	合成氨	28296380.46

（2）第二步从半成品仓库领用半成品

① 取得自制半成品出库单。设置自制半成品仓库的逐步结转分步法，从第二步开始，每步需要从自制半成品仓库领用上一步骤的自制半成品，领用部门或仓储部门应填制自制半成品出库单，并将其传递给财务部门。

江海化肥厂财务人员取得的自制半成品出库单见表 5-41。

表 5-41　江海化肥厂自制半成品出库单

领用部门：分离与回收车间　　2019 年 7 月 15 日　　No：1

产品名称	规格	计量单位	数量		单价 / 元	金额 / 元	用途
			请领	实领			
合成氨	略	吨	16000	16000	1768.52	28296380.46	生产尿素
合计						¥28296380.46	

记账：　　发料单位主管：　　发料人：　　领料单位主管：　　领料人：

第二联财务记账

② 填写领用合成氨的记账凭证，会计分录见表 5-42。

表 5-42　会计分录表　　凭证号数：9

摘要	借贷方向	总账科目	明细账科目		金额
领用合成氨	借：	生产成本	基本生产成本	散尿素	28296380.46
	贷：	自制半成品	合成氨		28296380.46

（3）结转第二步半成品成本

① 取得自制半成品入库单。企业设置自制半成品仓库，每一步完工入半成品库，生产

部门或仓储部门应填写入库单，并将其传递给财务部门。

江海化肥厂财务人员取得的自制半成品入库单见表 5-43。

表 5-43 江海化肥厂自制半成品入库单

生产车间：分离与回收车间 2019 年 7 月 18 日 No：2

产品名称	规格型号	单位	数量	质检员
散尿素	略	吨	16000	傅某

审核： 接收单位： 接收员：

第三联交财务

② 编制第二步半成品成本计算单。设自制半成品仓库与不设自制半成品仓库的第二步半成品成本计算单的编制相同。

江海化肥厂散尿素成本计算表见表 5-32。

③ 填写结转散尿素成本记账凭证。设自制半成品仓库的综合逐步结转分步法，应增设“自制半成品”账户，第一步完工的半成品先入半成品仓库，借记“自制半成品——××产品”，贷记“基本生产成本——第 × 步（×× 产品）”。

江海化肥厂财务人员根据自制半成品入库单和散尿素成本计算表填制记账凭证的会计分录见表 5-44。

表 5-44 会计分录表 凭证号数：10

摘要	借贷方向	总账科目	明细账科目		金额
结转散尿素成本	借：	自制半成品	散尿素		32971515.41
	贷：	生产成本	基本生产成本	散尿素	32971515.41

（4）最后一步从半成品仓库领用半成品

① 取得自制半成品出库单。江海化肥厂财务人员取得的自制半成品出库单见表 5-45。

表 5-45 江海化肥厂自制半成品出库单

领用部门：成品车间 2019 年 7 月 19 日 No：2

产品名称	规格	计量单位	数量		单价 / 元	金额 / 元	用途
			请领	实领			
散尿素	略	吨	16000	16000	2060.72	32971515.41	生产尿素
合计						¥32971515.41	

记账： 发料单位主管： 发料人： 领料单位主管： 领料人：

第二联财务记账

② 填写领用散尿素的记账凭证，会计分录见表 5-46。

表 5-46 会计分录表 凭证号数：11

摘要	借贷方向	总账科目	明细账科目		金额
领用散尿素	借：	生产成本	基本生产成本	成品尿素	32971515.41
	贷：	自制半成品	散尿素		32971515.41

（5）计算最后一步的完工产品成本。设自制半成品仓库与不设自制半成品仓库的第后

一步计算完工产品成本的过程相同。

3. 用分项逐步结转分步法核算产品成本

分项结转分步法是将各步骤所耗上一步骤自制半成品成本，按照直接材料、直接人工、制造费用等成本项目分项记入各该生产步骤“基本生产成本”明细账的各个成本项目。如果自制半成品通过半成品库收发，在“自制半成品”明细账中也要按照成本项目分别登记。分项结转半成品成本，既可以按照半成品的实际成本结转，也可以按照半成品的计划成本结转，然后按照成本项目分别调整成本差异。由于调整半成品成本差异的工作量较大，一般多采用按实际成本分项结转。

分项结转分步法的成本核算过程与综合逐步结转分步法相同，只是每步结转成本的计算表及登记明细账不同。

江海化肥厂采用分项逐步结转分步法的各步骤成本计算表见表 5-47 ～表 5-49。

表 5-47 江海化肥厂合成氨成本计算表

2019 年 7 月 31 日　　单位：元

项目	成本项目				合计
	直接材料	燃料及动力	直接人工	制造费用	
生产费用累计	16256000.00	7672928.40	234500.00	4132952.06	28296380.46
本月完工产品数量	16000.00	16000.00	16000.00	16000.00	16000.00
完工产品总成本	16256000.00	7672928.40	234500.00	4132952.06	28296380.46
完工产品单位成本	1016.00	479.56	14.66	258.31	1768.52

会计主管：　　复核：　　制单：

表 5-48 江海化肥厂散尿素成本计算表

2019 年 7 月 31 日　　单位：元

项目	成本项目				合计
	直接材料	燃料及动力	直接人工	制造费用	
生产费用累计		2720800.20	202568.00	1751766.75	4675134.95
领用合成氨成本	16256000.00	7672928.40	234500.00	4132952.06	28296380.46
本月完工产品数量	16000.00	16000.00	16000.00	16000.00	16000.00
完工产品总成本	16256000.00	10393728.60	437068.00	5884718.81	32971515.41
完工产品单位成本	1016.00	649.61	27.32	367.79	2060.72

会计主管：　　复核：　　制单：

表 5-49 江海化肥厂成品尿素成本计算表

2019 年 7 月 31 日　　单位：元

项目	成本项目				合计
	直接材料	燃料及动力	直接人工	制造费用	
生产费用累计	1679780.00	720552.60	115636.00	79187.64	2595156.24
领用散尿素成本	16256000.00	10393728.60	437068.00	5884718.81	32971515.41
本月完工产品数量	15970.00	15970.00	15970.00	15970.00	15970.00

续表

项目	成本项目				合计
	直接材料	燃料及动力	直接人工	制造费用	
月末在产品数量	1080.00	1080.00	1080.00	1080.00	1080.00
在产品约当产量	648.00	648.00	648.00	648.00	648.00
约当总产量	16618.00	16618.00	16618.00	16618.00	16618.00
费用分配率	1079.30	668.81	33.26	358.88	
月末在产品成本	699385.33	433388.75	21552.06	232555.75	1386881.89
完工产品总成本	17236394.67	10680892.45	531151.94	5731350.70	34179789.76
完工产品单位成本	1079.30	668.81	33.26	358.88	2140.25

会计主管：　　　　　　复核：　　　　　　制单：

江海化肥厂采用分项逐步结转分步法的明细账，可扫描M5-2查看。

M5-2

分项逐步结转分步法账簿

逐步结转分步法的成本计算对象是企业各生产步骤的半成品及最终的产成品，能够提供各个生产步骤的半成品成本资料。不论是采用综合结转还是分项结转，半成品成本都是随着半成品实物的转移而结转的，能为半成品和在产品的实物管理和生产资金管理提供资料。综合结转法的优点是能够全面反映各生产步骤完工产品中所耗用上一步骤半成品费用水平和本步骤生产费用水平，有利于各个生产步骤的成本管理。逐步结转分步法的缺点是为加强企业综合的成本管理，必须进行成本还原，成本核算的工作比较复杂，工作量较大，及时性较差。该方法适用于管理上要求计算各步骤完工产品所耗半成品成本，且不要求进行成本还原的企业。

采用分项结转分步法结转半成品成本时，不需要成本还原就可以直接正确地提供按原始成本项目反映的产品成本资料，便于企业从整体上考核和分析产品成本计划的执行情况。但是成本结转工作比较复杂，而且在各步骤完工产品成本中看不出所耗上一步骤半成品的费用和本步骤生产费用等信息，不便于对各步骤完工自半成品或产成品成本进行分析，因此，分项逐步结转分步法一般适用于管理上不要求分别提供各步骤完工自制半成品费用或产成品所耗自制半成品费用和本步骤生产费用，但要求按原始成本项目反映产品成本的多步骤生产企业。

任务二　用平行结转分步法核算产品成本

平行结转分步法，也称为不计算半成品成本的分步法，是指各步骤不计算结转半成品成本，只核算各步骤发生的生产费用及应计入当期完工产成品成本的份额，并将各步骤产成品成本的“份额”平行结转、汇总，计算出产成品成本的一种方法，如图5-3所示。该方法主要适用于半成品种类比较多，逐步结转各步骤半成品成本工作量比较大，且管理上不要求提供各步骤半成品成本资料的大量大批多步骤生产企业，包括连续加工式生产和平行装配式生产的企业。这类企业各步骤所产半成品种类较多，但对外销售较少，在管理上不要求计算半成品成本。平行结转分步法以产品品种及其所经过的生产步骤为成本计算对象，按生产步骤归集生产费用，不计算各步骤半成品成本，也不随半成品实物的转移而结转半成品成本，因而不论半成品在各生产步骤之间是直接转移还是通过半成品库收发，均不通过“自制半成品”账户进行价值核算，只需进行自制半成品的数量核算。采用平行结转分步法计算产品成本时，每一步骤的生产费用应在最终产成品和广义在产品之间进行分配。

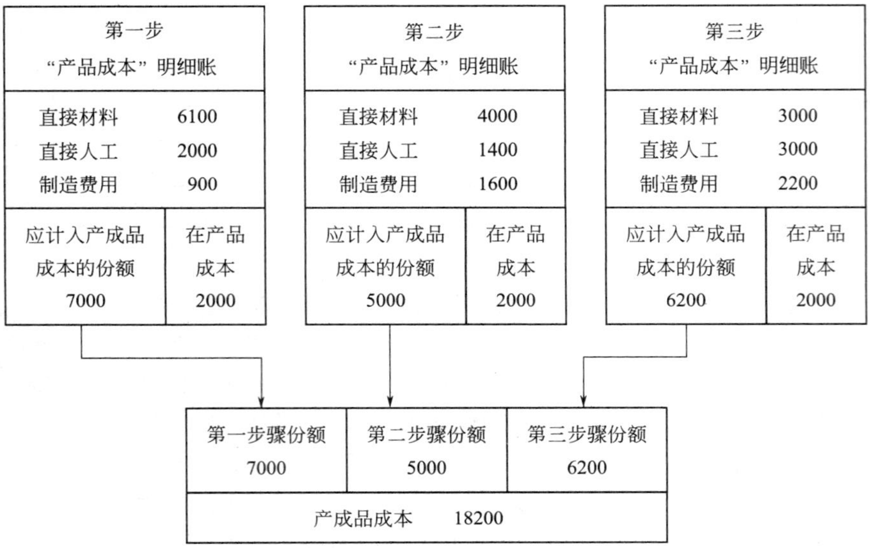

图 5-3 平行结转分步法成本计算程序图

平行结转分步法的优点是：各步骤可以同时计算应计入产成品成本的份额，平行汇总计算产成品成本，不必逐步结转半成品成本，使计算归集过程比较简单，可以简化和加速成本核算工作。能够直接提供按原始成本项目反映的产成品资料，不必进行成本还原，可以简化成本计算工作。

平行结转分步法的缺点是：各步骤不计算和结转半成品成本，不能提供各生产步骤的半成品成本资料，不利于各步骤的成本管理和成本分析。各步骤的半成品成本不随半成品实物转移而结转，使产品成本与实物分离，不利于在产品的实物管理和资金管理。在平行结转分步法下，为了弥补在产品成本和在产品实物脱节这一缺陷，必须加强在产品收发结存的数量核算和清查工作，及时反映在产品报废和短缺、毁损造成的损失，以便为产品的实物管理和资金管理提供资料。

【工作任务】

锦富机电设备厂是大批大量多步骤生产的平行装配式企业，从事 D120 和 D220 两种产品的生产，两种产品均需经过铸造、加工、装配三个步骤。企业设有铸造、加工和装配三个基本生产车间，同时，设有模具、机修两个辅助生产车间。企业生产工艺流程为：铸造车间将材料铸造成机体，验收合格后直接交装配车间；加工车间将轴料加工成机轴，验收合格后直接交装配车间；装配车间将收到的机体、机轴以及外购电机等配件装配成机电设备，验收合格后交产成品仓库。投料方式为：在每道工序开始时一次投入本工序（车间）所需的材料。该企业各步骤所产半成品不对外销售，在管理上要求按步骤计算产品成本，但不要求计算每步的半成品成本。锦富机电设备厂 2019 年 9 月各车间生产情况见表 5-50，锦富机电设备厂单位产品定额见表 5-51。

表 5-50　锦富机电设备厂各车间生产情况表

项目	铸造车间		加工车间		装配车间	
	D120	D220	D120	D220	D120	D220
月初在产品台数	4	6	4	6	3	2
本月投产台数	200	80	200	80	202	82
本月完工台数	202	82	202	82	200	80
月末在产品台数	2	4	2	4	5	4
月末在产品完工程度	60%	65%	50%	60%	70%	50%

表 5-51　锦富机电设备厂材料消耗定额及工时定额表

品种	铸造车间		加工车间		装配车间	
	消耗定额 / 千克	工时定额	消耗定额 / 千克	工时定额	消耗定额 / 千克	工时定额
D120	45	3	18	2	16	6
D220	80	3.5	42	3	26	10

要求：为锦富机电设备厂选择成本核算方法，确定成本核算项目，核算 9 月份的产品成本。

【任务分析】

锦富机电设备厂是大量大批多步骤的平行装配式生产企业，由于该企业各步骤所产半成不对外销售，在管理上要求按步骤计算产品成本，但不要求计算每步的半成品成本，应选择平行结转分步法作为该公司的成本核算方法；同时，由于该厂生产过程中，不需要单独核算燃料成本，不需要单独设置“燃料及动力”成本项目。所以，该厂成本明细账中设置“直接材料”“直接工资”和“制造费用”三个成本项目即可。

【任务操作步骤】

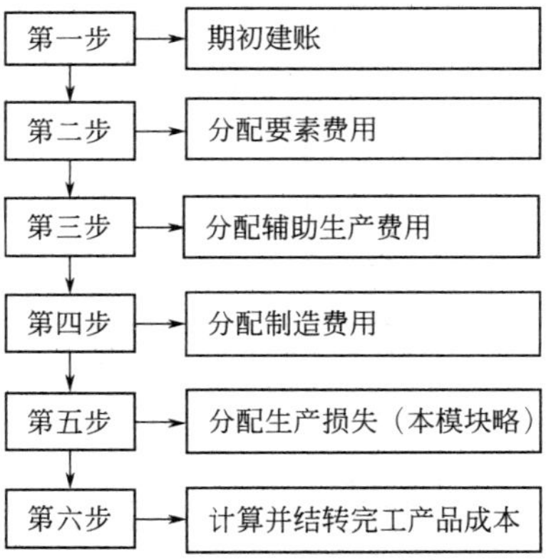

一、期初建账

平行结转分步法的期初建账同逐步结转分步法一样，以产品的生产步骤和品种作为成本计算对象开设“生产成本”明细账，归集其在本步骤加工发生的各项费用，但不包括其所耗上一步骤半成品的成本。在平行结转分步法下，不管半成品实物是否通过半成品仓库收发，由于不计算各加工步骤半成品的成本，因此都不需要开设“自制半成品”明细账进行核算。

锦富机电设备厂生产两种产品，每种产品经过三步生产，这样该厂需要开设6个“基本生产成本”明细账，该厂有关“辅助生产成本”和“制造费用”明细账的开设参见品种法，本模块略。由于该厂的每一步在一个车间完成，所以步骤以基本生产车间的名称来命名。该厂财务人员应开设“基本生产成本——铸造车间（D120）”“基本生产成本——加工车间（D120）”“基本生产成本——装配车间（D120）”“基本生产成本——铸造车间（D220）”“基本生产成本——加工车间（D220）”“基本生产成本——装配车间（D220）”6个基本生产成本明细账。

二、分配要素费用

平行结转分步法中分配要素费用的方法与品种法相同，将可以直接归属于某步骤各种产品的直接费用计入该步骤各种产品的“生产成本”明细账；不能直接归属于某步骤各种产品的间接费用，按照一定的标准在每一步各种产品之间进行分配。

1. 分配材料费用

平行结转分步法的材料费用分配同品种法一样，每月末财务人员应收集本月有关领（退）料凭证，以此为依据编制发料凭证汇总表。为节约篇幅，本步骤周转材料与原材料一起分配，材料费用分配从编制发料凭证汇总表开始。

（1）编制发料凭证汇总表。锦富机电设备厂领料单略，该厂的周转材料采用一次摊销法，材料核算人员或成本核算人员所编制的发料凭证汇总表见表5-52。

表5-52 锦富机电设备厂发料凭证汇总表

2019年9月30日　　　　单位：元

领料部门		用途	原材料				周转材料	合计
			灰铁	合金钢	标准件	修理配件		
基本生产车间	铸造车间	生产产品用	876000.00					876000.00
	加工车间	生产产品用		675400.00				675400.00
	装配车间	生产产品用			965000.00		216000.00	1181000.00
	铸造车间	一般耗用					3240.00	3240.00
	加工车间	一般耗用					4360.00	4360.00
	装配车间	一般耗用					5120.00	5120.00
辅助生产车间	模具车间	生产模具用	143500.00				8726.00	152226.00
	机修车间	修理用				32100.00	5467.00	37567.00
管理费用		办公用					4232.00	4232.00
合计			1019500.00	675400.00	965000.00	32100.00	247145.00	2939145.00

会计主管：　　　　复核：　　　　制单：

（2）编制材料费用分配表。平行结转分步法下发料凭证汇总表的编制参见逐步结转分步法。

锦富机电设备厂财务人员根据发料凭证汇总表编制的材料费用分配表见表5-53。

表 5-53 锦富机电设备厂材料费用分配表

2019 年 9 月 30 日　　　　单位：元

应借账户			生产或费用项目	间接计入费用			直接计入费用	合计
总账账户	二级账户	明细账户		分配标准	分配率	分配额		
基本生产成本	铸造车间	D120	直接材料	9090.00		508807.67		508807.67
		D220	直接材料	6560.00		367192.33		367192.33
		小计		15650.00	55.97	876000.00		876000.00
	加工车间	D120	直接材料	3636.00		346857.97		346857.97
		D220	直接材料	3444.00		328542.03		328542.03
		小计		7080.00	95.40	675400.00		675400.00
	装配车间	D120	直接材料	3200.00		715757.58		715757.58
		D220	直接材料	2080.00		465242.42		465242.42
		小计		5280.00	223.67	1181000.00		1181000.00
辅助生产成本	模具车间		直接材料				152226.00	152226.00
	机修车间		直接材料				37567.00	37567.00
制造费用	铸造车间		原材料				3240.00	3240.00
	加工车间		原材料				4360.00	4360.00
	装配车间		原材料				5120.00	5120.00
管理费用			原材料				4232.00	4232.00
合计								2939145.00

会计主管：　　　　复核：　　　　制单：

（3）填制分配材料费用的记账凭证。财务人员以领料单、发料凭证汇总表和材料费用分配表为原始凭证，填写分配材料费用的记账凭证，登记有关“成本费用”明细账。

锦富机电设备厂财务人员根据表 5-52、表 5-53 及领料单，填制记账凭证的会计分录见表 5-54。

表 5-54 会计分录表　　　　凭证号数：1

摘要	借贷方向	总账科目	明细账科目			金额
分配材料费用	借：	基本生产成本	铸造车间	D120	直接材料	508807.67
		基本生产成本	铸造车间	D220	直接材料	367192.33
		基本生产成本	加工车间	D120	直接材料	346857.97
		基本生产成本	加工车间	D220	直接材料	328542.03
		基本生产成本	装配车间	D120	直接材料	715757.58
		基本生产成本	装配车间	D220	直接材料	465242.42
		辅助生产成本	模具车间	直接材料		152226.00
		辅助生产成本	机修车间	直接材料		37567.00
		制造费用	铸造车间	物料消耗		3240.00
		制造费用	加工车间	物料消耗		4360.00
		制造费用	装配车间	物料消耗		5120.00
		管理费用	物料消耗			4232.00
	贷：	原材料				2692000.00
		周转材料				247145.00

2. 分配外购动力费用

（1）取得外购动力费用耗用量统计表。有关外购动力费用的内容参见品种法。锦富机电设备厂外购电费、外购水费分配表见表 5-55、表 5-56。

表 5-55　锦富机电设备厂外购电费分配表

车间及部门		用电度数 / 度
基本生产车间	铸造车间	11220
	加工车间	13210
	装配车间	9240
辅助生产车间	模具车间	7860
	机修车间	4620
管理部门		8460
合计		54610

表 5-56　锦富机电设备厂外购水费分配表

车间、部门		用水数量 / 吨
基本生产车间	铸造车间	2140
	加工车间	2364
	装配车间	1970
辅助生产车间	模具车间	1100
	机修车间	1040
管理部门		2250
合计		10864

（2）编制外购动力费用分配表。根据外购动力费用耗用量统计表，分配外购动力费用参见逐步结转分步法。锦富机电设备厂电费用单价为 1.2 元 / 度，水费单价为 4.1 元 / 吨，该厂财务人员编制的外购电费和外购水费分配表见表 5-57 和表 5-58。

表 5-57　锦富机电设备厂外购电费分配表

2019 年 9 月 30 日　　单位：元

应借账户		成本或费用项目	电力耗用量			直接计入费用	合计
总账账户	明细账户		仪表记录	分配率	分配额		
辅助生产成本	模具车间	制造费用				9432.00	9432.00
	机修车间	制造费用				5544.00	5544.00
制造费用	铸造车间	电费	11220		13464.00		13464.00
	加工车间	电费	13210		15852.00		15852.00
	装配车间	电费	9240		11088.00		11088.00
管理费用						10152.00	10152.00
合计				1.2			65532.00

会计主管：　　复核：　　制单：

表 5-58　锦富机电设备厂外购水费分配表

2019 年 9 月 30 日　　　　单位：元

应借账户		成本或费用项目	电力耗用量			直接计入费用	合计
总账账户	明细账户		仪表记录	分配率	分配额		
辅助生产成本	模具车间	制造费用				4510.00	4510.00
	机修车间	制造费用				4264.00	4264.00
制造费用	铸造车间	水费	2140		8774.00		8774.00
	加工车间	水费	2364		9692.40		9692.40
	装配车间	水费	1970		8077.00		8077.00
管理费用		水费				9225.00	9225.00
合计				4.1			44542.40

会计主管：　　　　复核：　　　　制单：

（3）填制分配外购动力费用的记账凭证（表 5-59、表 5-60）。

表 5-59　会计分录表　　　　凭证号数：2

摘要	借贷方向	总账科目	明细账科目		金额
分配电费	借：	辅助生产成本	模具车间	制造费用	9432.00
		辅助生产成本	机修车间	制造费用	5544.00
		制造费用	铸造车间	电费	13464.00
		制造费用	加工车间	电费	15852.00
		制造费用	装配车间	电费	11088.00
		管理费用	电费		10152.00
	贷：	应付账款	供电公司		65532.00

表 5-60　会计分录表　　　　凭证号数：3

摘要	借贷方向	总账科目	明细账科目		金额
分配水费	借：	辅助生产成本	模具车间	制造费用	4510.00
		辅助生产成本	机修车间	制造费用	4264.00
		制造费用	铸造车间	水费	8774.00
		制造费用	加工车间	水费	9692.40
		制造费用	装配车间	水费	8077.00
		管理费用	水费		9225.00
	贷：	应付账款	供电公司		44542.40

3. 分配职工薪酬

（1）编制职工薪酬结算汇总表（表 5-61）。

表 5-61　锦富机电设备厂工资结算汇总表

2019 年 9 月 30 日　　　　单位：元

车间或部门		生产工人工资	管理人员工资	合计
基本生产车间	铸造车间	87600.00	26800.00	114400.00
	加工车间	98600.00	23800.00	122400.00
	装配车间	85600.00	24500.00	110100.00
	小计	271800.00	75100.00	346900.00

续表

车间或部门		生产工人工资	管理人员工资	合计
辅助生产车间	模具车间	34700.00	8700.00	43400.00
	机修车间	13500.00	9600.00	23100.00
	小计	48200.00	18300.00	66500.00
管理部门			45600.00	45600.00
合计		320000.00	139000.00	459000.00

会计主管： 复核： 制单：

（2）编制职工薪酬（即“人工费用”）分配表（表5-62）。

表5-62 锦富机电设备厂人工费用分配表

2019年9月30日 单位：元

应借账户			生产或费用项目	间接计入费用			直接计入费用	合计
总账账户	二级账户	明细账户		分配标准	分配率	分配额		
基本生产成本	铸造车间	D120	直接人工	609.60		58960.98		58960.98
		D220	直接人工	296.10		28639.02		28639.02
		小计		905.70	96.72	87600.00		87600.00
	加工车间	D120	直接人工	406.00		60727.55		60727.55
		D220	直接人工	253.20		37872.45		37872.45
		小计		659.20	149.58	98600.00		98600.00
	装配车间	D120	直接人工	1221.00		51209.02		51209.02
		D220	直接人工	820.00		34390.98		34390.98
		小计		2041.00	41.94	85600.00		85600.00
辅助生产成本	模具车间		直接人工				43400.00	43400.00
	机修车间		直接人工				23100.00	23100.00
制造费用	铸造车间		工资				26800.00	26800.00
	加工车间		工资				23800.00	23800.00
	装配车间		工资				24500.00	24500.00
管理费用			工资				45600.00	45600.00
合计						271800.00	187200.00	459000.00

会计主管： 复核： 制单：

（3）填制分配职工薪酬的记账凭证（表5-63）。

表5-63 会计分录表

凭证号数：4

摘要	借贷方向	总账科目	明细账科目			金额
分配职工薪酬	借：	基本生产成本	铸造车间	D120	直接人工	58960.98046
		基本生产成本	铸造车间	D220	直接人工	28639.01954
		基本生产成本	加工车间	D120	直接人工	60727.55
		基本生产成本	加工车间	D220	直接人工	37872.45
		基本生产成本	装配车间	D120	直接人工	51209.02
		基本生产成本	装配车间	D220	直接人工	34390.98

续表

摘要	借贷方向	总账科目	明细账科目		金额
分配职工薪酬	借：	辅助生产成本	模具车间	直接人工	43400.00
		辅助生产成本	机修车间	直接人工	23100.00
		制造费用	铸造车间	工资	26800.00
		制造费用	加工车间	工资	23800.00
		制造费用	装配车间	工资	24500.00
		管理费用	工资		45600.00
	贷：	应付职工薪酬	工资		459000.00

4. 计提折旧费用

平行结转分步法下，固定资产折旧方法、折旧率的选择、折旧额的计算与分配等详细内容参见品种法。计提折旧可以是先编制固定资产折旧计算表，再编制折旧费用分配表，也可将二者合为一体。

（1）编制固定资产折旧计算表（表 5-64）。

表 5-64 固定资产折旧计算表 单位：元

应借账户	使用单位	固定资产折旧率/%	上月应提折旧额	上月增加固定资产原值	上月减少固定资产原值	本月应提折旧额
制造费用	铸造车间	8	4360.00	23000.00		6200.00
	加工车间	8	4120.00	26500.00	13400.00	5168.00
	装配车间	8	2850.00		5600.00	2402.00
辅助生产成本	模具车间	5	2043.00			2043.00
	机修车间	5	1630.00	4500.00		1855.00
管理费用	管理部门	3	5890.00	12300.00		6259.00
合计		3	20893.00	66300.00	19000.00	68193.00

会计主管： 复核： 制单：

（2）填制计提折旧的记账凭证（表 5-65）。

表 5-65 会计分录表 凭证号数：5

摘要	借贷方向	总账科目	明细账科目		金额
计提折旧	借：	制造费用	铸造车间	折旧费	6200.00
		制造费用	加工车间	折旧费	5168.00
		制造费用	装配车间	折旧费	2402.00
		辅助生产成本	模具车间	折旧费	2043.00
		辅助生产成本	机修车间	折旧费	1855.00
		管理费用	折旧费		6259.00
	贷：	累计折旧			23927.00

三、分配辅助生产费用

经过要素费用的分配，“辅助生产成本”账户已经归集了成本计算期内发生的辅助生产费用，应将其分配给基本生产车间和有关部门。辅助生产费用的分配方法参见品种法，同样是从取得各辅助生产车间劳务耗用量通知单开始。

1. 取得各辅助生产车间劳务耗用量通知单

锦富机电设备厂辅助生产提供劳务（产品）数量汇总见表 5-66。

表 5-66　锦富机电设备厂辅助生产提供劳务（产品）数量汇总表

2019 年 9 月 30 日

耗用单位	劳务（产品）项目名称		备注
	模具 / 件	修理 / 工时	
铸造车间	300	1460	模具车间本月生产的 870 件模具全部提供给耗用单位
加工车间	260	1050	
装配车间	310	1180	
模具车间		470	
管理部门		830	
合计	870	4990	

2. 选择辅助生产费用分配方法，编制辅助生产费用分配表

锦富机电设备厂辅助生产费用采用计划成本分配法，如表 5-67 所示。模具车间计划单位成本为 200 元 / 件，机修车间 12 元 / 工时。

表 5-67　锦富机电设备厂辅助生产费用分配表

2019 年 9 月 30 日　　单位：元

项目				模具车间	机修车间	金额合计
归集的辅助生产费用				164250.00	51283.00	215533.00
辅助车间提供的劳务总量				870	4990	
辅助费用分配率				180	12	
应借账户	辅助生产成本	模具车间	接受劳务量		470	
			金额		5640.00	5640.00
	制造费用	铸造车间	接受劳务量	300	1460	
			金额	54000.00	17520.00	71520.00
		加工车间	接受劳务量	260	1050	
			金额	46800.00	12600.00	59400.00
		装配车间	接受劳务量	310	1180	
			金额	55800.00	14160.00	69960.00
	管理费用		接受劳务量		830	
			应负担费用		9960.00	9960.00
计划成本金额				156600.00	59880.00	216480.00
辅助生产车间实际成本				169890.00	51283.00	221173.00
实际成本与计划成本的差异				13290.00	8597.00	21887.00

会计主管：　　复核：　　制单：

3. 填制分配辅助生产费用的记账凭证

该记账凭证的会计分录表如表 5-68 所示。

表 5-68 会计分录表

凭证号数：6

摘要	借贷方向	总账科目	明细账科目		金额
分配辅助生产费用	借：	辅助生产成本	模具车间	制造费用	5640.00
		制造费用	铸造车间	修理费	17520.00
		制造费用	铸造车间	模具费	54000.00
		制造费用	加工车间	修理费	12600.00
		制造费用	加工车间	模具费	46800.00
		制造费用	装配车间	修理费	14160.00
		制造费用	装配车间	模具费	55800.00
		管理费用	修理费		1363.00
		管理费用	模具费		13290.00
	贷：	辅助生产成本	模具车间		169890.00
		辅助生产成本	机修车间		51283.00

四、分配制造费用

如前所述，要素费用和辅助生产费用的分配过程就是制造费用的归集过程，“制造费用”账户的余额为待分配制造费用。若生产车间只生产一种产品，制造费用无需分配，直接结转至该步骤“产品成本”明细账即可；若生产车间生产多种产品，需要将制造费用在本步骤各产品之间进行分配，分配方法的选择及分配标准的确定参见品种法。分配至产品成本的制造费用，应借记“基本生产成本——第 × 步（×× 产品）”账户。

1. 编制制造费用分配表

编制的锦富机电设备厂制造费用分配表如表 5-69 所示。

表 5-69 锦富机电设备厂制造费用分配表

2019 年 9 月 30 日

单位：元

借方账户			成本或费用项目	生产工时	分配率	制造费用额
总账账户	二级账户	明细账户				
基本生产成本	铸造车间	D120	制造费用	606		86019.43
		D220	制造费用	287		40738.57
		小计		893	141.9462486	126758.00
	加工车间	D120	制造费用	404		70800.94
		D220	制造费用	246		43111.46
		小计		650	175.2498462	113912.40
	装配车间	D120	制造费用	1200		69616.20
		D220	制造费用	800		46410.80
		小计		2000	58.0135	116027.00
合计						356697.40

会计主管： 复核： 制单：

2. 填制分配制造费用的记账凭证

该记账凭证的会计分录表如表5-70所示。

表5-70 会计分录表

凭证号数：7

摘要	借贷方向	总账科目	明细账科目			金额
分配制造费用	借：	基本生产成本	铸造车间	D120	制造费用	86019.43
		基本生产成本	铸造车间	D220	制造费用	40738.57
		基本生产成本	加工车间	D120	制造费用	70800.94
		基本生产成本	加工车间	D220	制造费用	43111.46
		基本生产成本	装配车间	D120	制造费用	69616.20
		基本生产成本	装配车间	D220	制造费用	46410.80
	贷：	制造费用	铸造车间			126758.00
		制造费用	加工车间			113912.40
		制造费用	装配车间			116027.00

五、编制产品成本计算表

经过前述四步费用的分配，成本核算期内生产产品所发生的生产费用已经归集到产品成本明细中。为计算完工产品的成本，需要将生产费用在完工产品与在产品之间进行分配。平行结转分步法下，由于各步骤生产费用不随半成品实物的转移而结转，所以各步骤计算分配的费用只是本步骤发生的费用，不包括耗用上一步骤的半成品成本。每一步骤的生产费用是本步骤广义在产品成本和最后一步产成品成本之和；所以，应将该生产费用在广义在产品和最后一步产成品之间进行分配，计算出本步骤生产费用应由完工产成品负担的份额。广义在产品，如模块三用品种法核算产品成本中所述，是指产品生产从投料开始，到最终制成产成品并验收入库前的全部在产品和半成品，包括：尚在本步骤加工中的在产品、正在等待返修的可修复废品、本步骤已完工转入半成品库的结存半成品、从半成品库转到以后各步骤进一步加工而尚未最终加工成产成品的在产品以及尚未验收入库的产成品等。实际工作中，将每一步的生产费用在产成品与广义在产品之间进行分配，通常采用定额比例法、约当产量比例法等方法计算分配。若采用约当产量比例法，应先计算广义在产品的约当产量。

1. 计算广义在产品的约当产量

由于分配材料费用应按投料程度计算的约当产量分配，分配燃料动力费用、人工费用和制造费用应按完工程度计算的约当产量分配；所以，广义在产品的约当产量应按投料程度和完工程度分别计算。

锦富机电设备厂采用约当产量比例法分配每一步的生产费用，根据锦富机电设备厂的生产情况编制广义在产品约当产量计算表见表5-71。

表5-71 锦富机电设备厂广义在产品约当产量计算表

项目	铸造车间		加工车间		装配车间	
	D120	D220	D120	D220	D120	D220
月初在产品台数	4	6	4	6	3	2
本月投产台数	200	80	200	80	202	82

续表

项目	铸造车间		加工车间		装配车间	
	D120	D220	D120	D220	D120	D220
本月完工台数	202	82	202	82	200	80
月末在产品台数	2	4	2	4	5	4
月末在产品完工程度	60%	65%	50%	60%	70%	50%
广义在产品投料程度约当产量	7	8	7	8	5	4
广义在产品完工程度约当产量	6.2	6.6	6	6.4	3.5	2

会计主管： 复核： 制单：

表 5-71 中计算公式如下：

广义在产品完工程度的在产品约当产量 = 本步骤在产品数量 × 本步骤月末在产品完工程度 + 经本步骤加工留存以后各步骤的月末在产品数量

例：铸造车间 D120 产品的广义在产品完工程度的在产品约当产量 =2×60%+5=6.2

广义在产品投料程度的在产品约当产量 = 本步骤在产品数量 × 本步骤月末在产品投料程度 + 经本步骤加工留存以后各步骤的月末在产品数量

例：铸造车间 D120 产品的广义在产品投料程度的在产品约当产量 =2×100%+5=7

注：产品的生产过程是铸造车间完工移交装配车间，所以，铸造车间的下一步只有装配车间，计算铸造车间广义在产品的约当产量时，不包括加工车间的在产品。

2. 编制每一生产步骤的成本计算表

根据广义在产品的约当产量计算表，编制每一生产步骤的成本计算表，计算出每一步骤生产费用应由完工产成品负担的份额。

锦富机电设备厂的成本核算人员根据广义在产品的约当产量计算表（表 5-71），编制每一生产步骤的成本计算单表，见表 5-72 ～表 5-77。

表 5-72 锦富机电设备厂产品成本计算表

生产车间：铸造车间（D120） 2019 年 9 月 30 日 单位：元

项目	成本项目			合计
	直接材料	直接人工	制造费用	
生产成本明细账余额	324433.25	38509.02	43298.57	406240.84
本月完工产品数量	200	200	200	
月末在产品数量	7	7	7	
广义在产品约当产量	7	6.2	6.2	
约当总产量	207	206.2	206.2	
费用分配率	1567.310367	186.7556719	209.9833819	
月末在产品成本	10971.17	1157.89	1301.90	13430.96
应计入产成品成本份额	313462.07	37351.13	41996.68	392809.88

会计主管： 复核： 制单：

表 5-73 锦富机电设备厂产品成本计算表

生产车间：加工车间（D120） 2019 年 9 月 30 日 单位：元

项目	成本项目			合计
	直接材料	直接人工	制造费用	
生产成本明细账余额	399934.92	67507.55	74000.94	541443.41
本月完工产品数量	200	200	200	
月末在产品数量	7	7	7	
广义在产品约当产量	7	6	6	
约当总产量	207	206	206	
费用分配率	1932.052731	327.7065463	359.2278536	
月末在产品成本	13524.37	1966.24	2155.37	17645.98
应计入产成品成本份额	386410.55	65541.31	71845.57	523797.43

会计主管： 复核： 制单：

表 5-74 锦富机电设备厂产品成本计算表

生产车间：装配车间（D120） 2019 年 9 月 30 日 单位：元

项目	成本项目			合计
	直接材料	直接人工	制造费用	
生产成本明细账余额	271774.85	55859.02	70846.20	398480.07
本月完工产品数量	200	200	200	
月末在产品数量	5	5	5	
广义在产品约当产量	5	3.5	3.5	
约当总产量	205	203.5	203.5	
费用分配率	1325.730968	274.4914751	348.1385749	
月末在产品成本	6628.65	960.72	1218.49	8807.86
应计入产成品成本份额	265146.19	54898.30	69627.71	389672.20

会计主管： 复核： 制单：

表 5-75 锦富机电设备厂产品成本计算表

生产车间：铸造车间（D220） 2019 年 9 月 30 日 单位：元

项目	成本项目			合计
	直接材料	直接人工	制造费用	
生产成本明细账余额	324433.25	38509.02	43298.57	406240.84
本月完工产品数量	80	80	80	
月末在产品数量	4	4	4	
广义在产品约当产量	8	6.6	6.6	
约当总产量	88	86.6	86.6	
费用分配率	3686.741432	444.6769	499.983526	
月末在产品成本	29493.93	2934.87	3299.89	35728.69
应计入产成品成本份额	294939.31	35574.15	39998.68	370512.14

会计主管： 复核： 制单：

表 5-76　锦富机电设备厂产品成本计算表

生产车间：加工车间（D220）　　2019 年 9 月 30 日　　单位：元

项目	成本项目			合计
	直接材料	直接人工	制造费用	
生产成本明细账余额	379635.08	44452.45	46641.46	470728.99
本月完工产品数量	80	80	80	
月末在产品数量	4	4	4	
广义在产品约当产量	8	6.4	6.4	
约当总产量	88	86.4	86.4	
费用分配率	4314.035054	514.4959659	539.8317379	
月末在产品成本	34512.28	3292.77	3454.92	41259.97
应计入产成品成本份额	345122.80	41159.68	43186.54	429469.02

会计主管：　　复核：　　制单：

表 5-77　锦富机电设备厂产品成本计算表

生产车间：装配车间（D220）　　2019 年 9 月 30 日　　单位：元

项目	成本项目			合计
	直接材料	直接人工	制造费用	
生产成本明细账余额	178490.15	38820.98	47620.80	264931.93
本月完工产品数量	80	80	80	
月末在产品数量	4	4	4	
广义在产品约当产量	4	2	2	
约当总产量	84	82	82	
费用分配率	2124.882756	473.426644	580.7414634	
月末在产品成本	8499.53	946.85	1161.48	10607.86
应计入产成品成本份额	169990.62	37874.13	46459.32	254324.07

会计主管：　　复核：　　制单：

表 5-72 ～表 5-77 中的计算公式如下：

约当总产量 = 月末在产品数量 + 广义在产品约当产量

费用分配率 = 生产成本明细账余额 / 约当总产量

月末在产品成本 = 费用分配率 × 广义在产品约当产量

应计入产成品成本份额 = 生产成本明细账余额 − 月末在产品成本

3. 汇总编制完工产品成本计算单

将每一步成本计算单进行汇总，编制完工产品成本计算表。

锦富机电设备厂的成本核算人员根据每一生产步骤的成本计算表（表 5-72 至表 5-77），编制完工产品成本计算表，见表 5-78 和表 5-79。

表 5-78 锦富机电设备厂完工产品成本计算表（一）

产品名称：D120　　2019 年 9 月 30 日　　单位：元

摘要	直接材料	直接人工	制造费用	合计
铸造车间转入	313462.07	37351.13	41996.68	392809.88
加工车间转入	386410.55	65541.31	71845.57	523797.43
装配车间转入	265146.19	54898.30	69627.71	389672.20
完工产品总成本	965018.81	157790.74	183469.96	1306279.51
单位成本	4825.09	788.95	917.35	6531.39

会计主管：　　复核：　　制单：

表 5-79 锦富机电设备厂完工产品成本计算表（二）

产品名称：D220　　2019 年 9 月 30 日　　单位：元

摘要	直接材料	直接人工	制造费用	合计
铸造车间转入	294939.31	35574.15	39998.68	370512.14
加工车间转入	345122.80	41159.68	43186.54	429469.02
装配车间转入	169990.62	37874.13	46459.32	254324.07
完工产品总成本	810052.74	114607.96	129644.54	1054305.24
单位成本	3686.74	444.68	499.98	4631.40

会计主管：　　复核：　　制单：

六、计算并填写结转完工产品成本的记账凭证

以每一步产品成本计算单和完工产品成本计算单为原始凭证，填写结转完工产品成本的记账凭证。

锦富机电设备厂的成本核算人员根据每一生产步骤的成本计算表（表 5-72 至表 5-77）和完工产品成本计算表（表 5-78 和表 5-79），填制记账凭证见表 5-80。

表 5-80 会计分录表

凭证号数：8

摘要	借贷方向	总账科目	明细账科目		金额
结转完工产品成本	借：	库存商品	D120		1306279.51
		库存商品	D220		1054305.24
	贷：	基本生产	铸造车间	D120	392809.88
		基本生产	加工车间	D120	523797.43
		基本生产	装配车间	D120	389672.20
		基本生产	铸造车间	D220	370512.15
		基本生产	加工车间	D220	429469.02
		基本生产	装配车间	D220	254324.07

锦富机电设备厂平行结转分步法的成本费用明细账，可扫描 M5-3 查看。

M5-3

平行结转分步法账簿

平行结转分步法与逐步结转分步法的区别如下。

1. 成本管理的要求不同

逐步结转分步法是计算半成品成本的分步法，平行结转分步法是不计算半成品成本的分步法。是否计算自制半成品的成本，取决于成本管

理的要求。

当企业自制半成品的种类比较多且不对外销售时，在成本管理上可以不要求计算半成品成本。此时，采用平行结转分步法，各生产步骤可以同时计算应计入相同产成品成本的份额，不需要逐步计算和结转半成品成本，可以简化和加速成本核算工作。

当企业自制半成品可以加工为多种产成品，或自制半成品对外销售，或需要进行半成品成本控制和同行业半成品成本比较时，在成本管理上必然要求计算自制半成品成本。此时，采用逐步结转分步法，可以为分析和考核各生产步骤半成品成本计划的执行情况及正确计算自制半成品的成本提供资料。

2. 在产品的含义不同

平行结转分步法不计算也不结转半成品成本，各生产步骤完工产成品仅指最终产成品，月末在产品为广义在产品。半成品的实物已经转移，但成本仍留在本步骤；即使有半成品仓库办理自制半成品的收入、发出和结存，也只进行数量核算；各生产步骤“产品成本”明细账中的月末在产品成本与该步骤月末在产品的实物不相符，不利于加强在产品和自制半成品的管理。

逐步结转分步法计算并结转半成品成本，自制半成品成本随着实物的转移而结转，自制半成品通过半成品仓库收发时，设置“自制半成品”账户，同时进行数量和金额的核算。各生产步骤的完工产品是指本步骤已经完工的半成品（最后步骤为产成品），月末在产品为狭义在产品，仅指本步骤正在加工的在制品。这样，各生产步骤“产品成本”明细账中的月末在产品成本与该步骤月末在产品的实物一致，有利于加强在产品和自制半成品的管理。

3. 产成品成本的计算方式不同

平行结转分步法是将各生产步骤应计入相同产成品成本的份额汇总来求得产成品的成本，各生产步骤应计入相同产成品成本的份额可以同时计算，不需要等待，可以简化和加速成本核算工作。

逐步结转分步法按照产品成本核算所划分的生产步骤，逐步计算和结转自制半成品成本，直到最后步骤计算出产成品成本。各生产步骤的成本核算要等待上一步骤的成本核算结果（转入的自制半成品成本数额）。

【课后演练】

一、单项选择题

1. 不计算半成品成本的分步法是指（　　）。

A. 分项逐步结转分步法

B. 平行结转分步法

C. 按实际成本的综合逐步结转分步法

D. 按计划成本的综合逐步结转分步法

2. 需要进行成本还原的分步法是（　　）。

A. 分项逐步结转分步法　　B. 综合逐步结转分步法

C. 逐步结转分布法　　D. 平行结转分步法

3. 半成品成本流转与实物流转相一致，且不需要成本还原的方法是（　　）。

A. 逐步结转分步法　　B. 平行结转分步法

C. 分项逐步结转分步法　　D. 综合逐步结转分步法

4. 某企业采用逐步结转分步法计算产品成本。甲产品的生产分两步，第二步月初甲产品的在产品成本 1800 元，本月领用的第一步甲半成品成本为 5200 元，生产甲产品发生的其他生产费用为 6600 元，月末甲产品的在产品成本为 1200 元。则甲产品完工产品成本为（　　）元。

A. 11800　　B. 12400

C. 13600　　D. 14800

5. 采用平行结转分步法，第二生产步骤的广义在产品不包括（　　）。

A. 第一生产步骤正在加工的在产品

B. 第二生产步骤正在加工的在产品

C. 第二生产步骤完工入库的半成品

D. 第三生产步骤正在加工的在产品

6. 某产品生产由 3 个生产步骤组成，采用综合逐步结转分步法计算产品成本，需要进行成本还原的次数是（　　）。

A.2 次　　B. 3 次　　C. 0 次　　D.4 次

7. 平行结转分步法中在产品含义是指（　　）。

A. 自制半成品　　B. 广义在产品

C. 狭义在产品　　D. 半成品和产成品

二、多项选择题

1. 采用综合结转法结转半成品成本的优点是（　　）。

A. 能够提供各个生产步骤的半成品成本资料，便于各步骤进行成本管理

B. 能够全面反映各生产步骤完工产品中所耗用上一步骤半成品费用水平和本步骤生产费用水平，有利于各个生产步骤的成本管理

C. 便于各生产步骤完工产品的成本分析

D. 便于同行业间产品成本对比分析

2. 平行结转分步的优点是（　　）。

A. 各步骤可以同时计算应计入产成品成本的份额，平行汇总计算产成品成本

B. 不必逐步结转半成品成本，使计算归集过程比较简单

C. 必须进行成本还原

D. 可以简化和加速成本核算工作

3. 分步法下，可以作为成本计算对象的生产步骤是（　　）。

A. 生产车间

B. 实际生产步骤

C. 一个车间中的每个生产步骤

D. 几个车间合并成的一个生产步骤

4. 采用平行结转分步法不能提供（　　）。

A. 按原始成本项目反映的产成品成本资料

B. 所耗上一步骤半成品成本的资料

C. 各步骤完工半成品成本的资料

D. 本步骤应计入产成品成本份额的资料

5. 一般采用分步法进行成本计算的企业是（ ）。

A. 冶金企业 B. 纺织企业 C. 造纸企业 D. 化工企业

三、判断题

1. 分步法适用于大量、大批的单步骤生产的企业。（ ）

2. 分步法的成本计算对象是各种产品的生产步骤和产品品种。（ ）

3. 采用平行结转分步法，半成品成本随半成品实物转移而结转。（ ）

4. 逐步结转分步法必须进行成本还原。（ ）

5. 平行结转分步法，能够直接提供按原始成本项目反映的产成品成本资料，不必进行成本还原。（ ）

6. 分项结转分步法结转半成品成本时，不需要成本还原就可以直接正确地提供按原始成本项目反映的产品成本资料。（ ）

7. 不论是综合结转还是分项结转，半成品成本都是随着半成品实物的转移而结转。（ ）

四、业务操作

景辉机械厂是大量生产 DS-6 产品的企业，经过三步生产，分设第一车间、第二车间、第三车间三个基本生产车间，同时，设有动力、机修两个辅助生产车间。在管理上要求按步骤计算产品成本，并按步骤提供半成品成本，不单独核算燃料成本和废品损失；每个步骤开始时一次投入本步骤（车间）所需的材料。其他费用均衡陆续投入，各步骤产品成本采用约当产量法计算，在产品完工程度均为 50%；原材料和低值易耗品采用实际成本核算。

1. 景辉机械厂 2020 年 6 月末在产品成本资料如下表。

景辉机械厂 2020 年 6 月末在产品的成本资料 单位：元

车间	成本项目					合计
	直接材料	燃料及动力	直接人工	制造费用	半成品 2	
第三车间	1210.00	330.00	13240.00	1680.00	1320.00	17780.00

要求：为该厂进行 2020 年 7 月份的期初建账。

2. 景辉机械厂 2020 年 7 月发料凭证汇总如下表，该厂设“燃料及动力成本”项目，燃料费用与原材料一起分配。

景辉机械厂发料凭证汇总表

2020 年 7 月 31 日

材料名称	发出数量	单价 / 元	金额 / 元	领用部门	用途
001YA	7560	68.00	514080.00	第一车间	生产产品用
002EY	6300	70.00	441000.00	第一车间	生产产品用
003TR	1890	6.80	12852.00	第一车间	生产产品用
天然气	1890	5.60	10584.00	第二车间	生产产品用
004BZ	1300	1.50	1950.00	第三车间	生产产品用
005FB	800	13.00	10400.00	第三车间	生产产品用
003TR	5000	5.60	28000.00	动力车间	生产蒸汽
006CY	300	3.50	1050.00	动力车间	生产蒸汽
007LS	45	240.00	10800.00	动力车间	生产蒸汽
工具	46	150.00	6900.00	机修车间	修理用

续表

材料名称	发出数量	单价 / 元	金额 / 元	领用部门	用途
零件	120	56.00	6720.00	机修车间	修理用
润滑油	245	4.60	1127.00	机修车间	修理用
合计			1045463.00		

会计主管：　　　　　　　　复核：　　　　　　　　制单：

要求：编制该厂材料费用分配表，填写记账凭证，登记账簿。

3. 景辉机械厂 2020 年 7 月低值易耗品的领料单见下表，该厂低值易耗品采用一次摊销法。

领料单

领料部门：基本生产车间　　　　2020 年 7 月 15 日　　　　No：1

材料类别	品名及规格	单位	数量		单价 / 元	金额 / 元	用途
			请领	实领			
低值易耗品	防尘口罩	个	626	626	45.00	28170.00	第一车间领用
低值易耗品	防尘口罩	个	47	47	45.00	2115.00	第二车间领用
低值易耗品	防尘口罩	个	17	17	45.00	765.00	第三车间领用
低值易耗品	安全帽	个	56	56	30.00	1680.00	第一车间领用
低值易耗品	安全帽	个	47	47	30.00	1410.00	第二车间领用
低值易耗品	安全帽	个	17	17	30.00	510.00	第三车间领用
合计						¥34650.00	

第二联：财务记账

记账：　　　发料单位主管：　　　发料人：　　　领料单位主管：　　　领料人：

要求：编制该厂低值易耗品摊销表，填写记账凭证，登记账簿。

4. 景辉机械厂 2020 年 7 月份水、电耗用量见下表。

景辉机械厂水、电耗用量统计表

2020 年 7 月 31 日

部门	用途	耗电量 / 度	耗水量 / 吨
第一车间	生产产品用	24210	345
	一般耗用	2400	120
第二车间	生产产品用	18680	356
	一般耗用	1580	112
第三车间	生产产品用	6420	350
	一般耗用	1470	114
动力车间	生产蒸汽	5260	4560
机修车间	机修耗用	2300	36
厂部	管理用	2100	24
合计		64420	6017

要求：编制景辉机械厂 2020 年 7 月份电费、水费分配表，填写记账凭证，登记账簿。

5. 景辉机械厂 2020 年 7 月份职工薪酬结算汇总表见下表。

景辉机械厂职工薪酬结算汇总表

2020 年 7 月 31 日

部门	人员类别	职工人数	应付工资 / 元
第一车间	生产工人	34	180200.00
	管理人员	1	6500.00
第二车间	生产工人	32	169600.00
	管理人员	1	6500.00
第三车间	生产工人	28	148400.00
	管理人员	1	6500.00
动力车间	工人	18	95400.00
机修车间	工人	6	31800.00
厂部管理人员		8	56000.00
销售人员		12	84000.00
合计		141	784900.00

会计主管：　　　　复核：　　　　制单：

要求：编制景辉机械厂 2020 年 7 月份人工费用分配表，填写记账凭证，登记账簿。

6. 景辉机械厂 2020 年 8 月份固定资产折旧计算表见下表。

景辉机械厂固定资产折旧计算表

2020 年 7 月 31 日

使用单位		固定资产类型	月初固定资产原值 / 元	月分类折旧率 /%	月折旧额 / 元
基本生产车间	第一车间	房屋建筑物	564380.00	0.20	
		机器设备	164244.00	0.60	
		小计	728624.00		
	第二车间	房屋建筑物	434546.00	0.20	
		机器设备	121273.00	0.60	
		小计	555819.00		
	第三车间	房屋建筑物	245663.00	0.20	
		机器设备	19845.00	0.60	
		小计	265508.00		
辅助生产车间	动力车间	房屋建筑物	97156.00	0.20	
		机器设备	234796.00	0.60	
		小计	331952.00		
	机修车间	房屋建筑物	225678.00	0.20	
		机器设备	16740.00	0.60	
		小计	242418.00		
管理部门		房屋建筑物	457167.00	0.20	
		办公设备	34529.00	0.60	
		小计	491696.00		
合计			2616017.00		

会计主管：　　　　复核：　　　　制单：

要求：计算本月折旧费用，编制景辉机械厂 2020 年 7 月份折旧费用分配表，填写记账凭证，登记账簿。

7. 景辉机械厂 2020 年 7 月份辅助生产部门劳务耗用量见下表。

景辉机械厂辅助生产车间劳务耗用量通知单

2020 年 7 月

耗用单位			耗用量	
			动力车间 / 立方米	机修车间 / 小时
辅助生产车间	动力车间		—	246
基本生产车间	第一车间	产品耗用	3210	
		一般耗用		423
	第二车间	产品耗用	2670	
		一般耗用		368
	第三车间	一般耗用		265
管理部门				860
合计			5880	2162

要求：根据前述业务的会计处理，按直接分配法编制辅助生产费用分配表，填写记账凭证，登记账簿。

8. 根据前述业务的会计处理，编制制造费用分配表，结转基本生产车间的制造费用，填写记账凭证，登记账簿。

9. 景辉机械厂不设半成品仓库，月末按约当产量法分配生产费用，每一步骤的半成品直接转移到下一步，半成品 1、半成品 2 的转移单及产成品 DS-6 的入库单如下表

景辉机械厂半成品 1 转移单

生产车间：第一车间　　2020 年 7 月 11 日　　No：1

产品名称	规格型号	单位	数量	质检员
半成品 1	略	千克	1260	赵某

审核：任某　　接收单位：第二车间　　接收员：王某

第三联交财务

景辉机械厂半成品 2 转移单

生产车间：第二车间　　2020 年 7 月 21 日　　No：2

产品名称	规格型号	单位	数量	质检员
半成品 2	略	千克	1260	付某

审核：谢某　　接收单位：第三车间　　接收员：邹某

第三联交财务

景辉机械厂产成品入库单

生产部门：第三车间　　2020 年 7 月 31 日　　No：1

产品名称	规格型号	包装规格	单位	数量	生产日期	批号	检验单号
DS-6 产品	略	略	吨	1250	2020/7/31	7-223	452

入库员：　　复核员：　　仓管员：

第三联交财务

该厂本月的产量记录见下表。

景辉机械厂 2020 年 7 月产量记录表

项目	计量单位	第一车间	第二车间	第三车间
月初在产品	吨			110
本月投产	吨	1260	1260	1260
本月完工产品	吨	1260	1260	1250
月末在产品	吨			120
完工程度				65%

要求：根据前述业务的会计处理，在综合逐步结转分步法下，编制第一、二、三车间的成本计算单，填写记账凭证，登记账簿。

10. 根据前述业务的会计处理，用项目比重法编制成本还原计算表。

M5-4

参考答案

项目六

用辅助方法核算产品成本

项目三至项目五所述的品种法、分批法和分步法是计算产品成本的基本方法，属于与企业生产类型有直接关系的成本计算方法；此外，还有与企业生产类型无关的辅助方法，如分类法、定额法、标准成本法等。

任务一　以分类法为辅助方法核算成品成本

【工作任务】

承接项目三中的【工作任务】，假设卡州公司大量生产的 BZ1、BZ2 不是两种产品，而是两类产品，BZ1 类产品包括 BZ101、BZ102 、BZ103 三种产品，BZ2 类包括 BZ201、BZ202 两种产品。卡州公司 2019 年 8 月产量及定额见表 6-1。

表 6-1　卡州公司产品产量及单位产品定额表

2019 年 8 月

产品类别	产品名称	产量	工时定额 / 小时	材料消耗定额 / 千克
BZ1	BZ101	50	244	376
	BZ102	12	216	336
	BZ103	10	200	308
BZ2	BZ201	76	190	270
	BZ202	14	170	250

要求：核算卡州公司 8 月份两类产品的类内每种产品的成本。

【任务分析】

假设 BZ1、BZ2 为两类产品，在项目三中，已经按品种法核算了 BZ1 和 BZ2 两类完工产品的成本，现在需要用分类法计算 BZ1 和 BZ2 类内每种产品的成本。

【任务操作步骤】

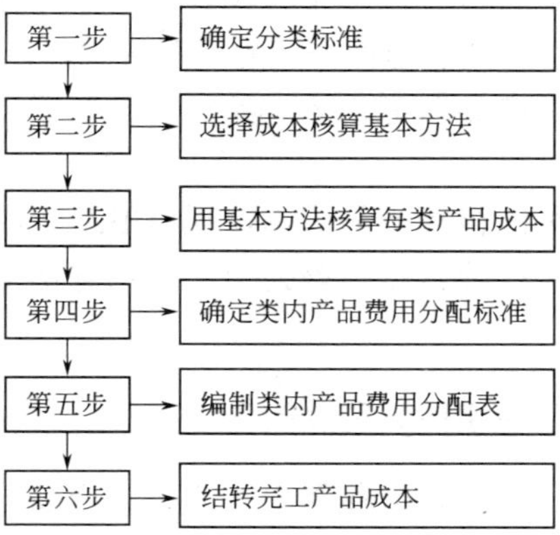

【任务操作】

分类法是以产品类别为成本计算对象归集生产费用、计算产品成本的一种辅助方法，同一类产品内不同品种产品的成本，采用适当的方法在该类内各种产品之间进行分配。分类法是计算产品成本的辅助方法，必须与基本方法结合运用。分类法的成本计算期不固定，与其所结合的基本方法一致。

一、确定分类标准

在分类法下，企业应选择一定的分类标准对产品进行分类。在对产品分类时，类距既不能定得过小，使成本计算工作复杂化；也不能定得过大，影响成本计算的正确性。但无论分配标准选择得如何恰当，分配的结果都会在不同程度上具有一定假定性。企业可以根据产品所用的原材料、工艺技术过程、品种及规格等将产品划分为若干类。

卡州公司根据产品的品种将产品分为 BZ1 和 BZ2 两类。

二、选择成本核算基本方法

产品通过第一步的分类后，要核算每类产品的成本必须确定成本核算的基本方法。品种法下的分类法，即简单分类法，是以产品类别作为成本计算对象；分批法下的分类法，即分批分类法，是以批内产品类别作为成本计算对象；分步法下的分类法，即分步分类法，是以每一步半成品的类别作为成本计算对象。分类后如何选择成本核算基本方法参见项目二选择成本计算方法。

卡州公司成本核算方法在项目二中已经确定为品种法。

三、用基本方法核算产品成本

分类法是成本核算的辅助方法，必须与成本核算的基本方法相结合，通过基本方法核算出每类产品的完工产品成本。品种法下的分类法，将产品的类别视为产品的品种，即将品种法下明细账的品种换成产品的类别即可；按产品的类别设置明细账，以类别为成本计算对象归集生产费用，直接费用计入该类别产品成本明细账，间接费用分配计入各类产品明细账，具体设账方式及核算过程参见品种法。分批法下的分类法，将每批产品按品种、规格等分为若干类，将每类产品视为分批法的每种产品；例如，假设某企业本月订单有两批产品，分别是A0801批和A0802批，由于每批产品的品种、规格繁多，企业将A0801批分为甲、乙两类，将A0802批分为丙、丁、戊三类，甲产品设账方式应为“基本生产成本——A0801批（甲类产品）”，其余各种产品的设账方式，以此类推。分步法下的分类法，将每一步的各种产品视为各类产品即可。按产品类别设账后，按基本方法核算每类产品的完工产品成本。

卡州公司选择的是用品种法核算产品成本，现将BZ1、BZ2视为两类产品，因此，该公司用的品种法下的分类法，在项目三中该公司已经核算出BZ1、BZ2两类产品完工产品的成本。

四、确定类内产品费用分配标准

通过前述步骤的操作，已经计算出各类产品的完工产品总成本，还需要进一步计算类内各种产品的成本；为此，需要确定费用分配标准将生产费用在类内产品中进行分配，分配标准的选择是分类法正确计算产品成本的关键，分配标准应保证与产品成本变动密切相关。分配标准通常有：材料消耗定额、工时定额、工资定额、费用定额、产品售价、产品的重量和体积等。各成本项目可以采用同一个分配标准分配，也可以按照成本项目的性质，分别采用不同的分配标准，使分配结果更加合理。如，直接材料费用可以采用定额消耗量进行分配，直接人工、制造费用等其他费用可以采用工时定额进行分配。分配标准一经确定不得随意变更，以保证核算结果的可比性。

假设卡州公司材料费用分配以定额消耗量为标准，其他费用以工时定额为标准。

五、编制类内产品费用分配表

在分类法下，计算类内各种产品的成本有两种方法：系数分配法和定额比例分配法。假设卡州公司BZ1类内产品采用系数分配法分配，BZ2类内产品采用定额比例法分配。

1. 系数分配法

系数分配法是按照系数分配同类产品内各种产品成本的方法，属于一种简化的分类法。类内产品费用的分配标准直接影响着各种产品成本计算的准确性。应用系数分配法，要在类内产品中选择一种产量大、生产稳定、规格适中的产品作为标准产品，并将其系数定为“1”；然后，将类内其他产品的定额消耗量、定额成本等与标准产品的定额消耗量、定额成本等进行比较，分别求出其他产品的分配标准系数；再将类内各种产品的实际产量，分别乘以该种产品的系数，折算为总系数，总系数又称为标准产量，是系数分配法的分配标准；最后，按总系数分配计算类内各种产品的实际总成本和单位成本。采用系数分配法计算各种产品成本，需要编制各种产品成本计算表。

假设卡州公司BZ1类内产品以BZ102产品为标准产品，该公司财务人员编制的各种产品成本计算表见表6-2。

表6-2 卡州公司BZ1类内各种产品成本计算表——系数分配法

2019年8月31日

项目	成本项目金额	分配率	BZ101	BZ102	BZ103	合计
完工产品产量	—	—	50	12	10	72
直接材料分配标准——定额消耗量	—	—	376	336	308	

续表

项目	成本项目金额	分配率	BZ101	BZ102	BZ103	合计
定额消耗量系数	—	—	1.119048	1	0.916667	
定额消耗量总系数	—	—	55.952381	12	9.166667	77.119048
其他费用分配标准——工时定额	—	—	244	216	200	
工时定额系数	—	—	1.12963	1	0.925926	
工时定额总系数	—	—	56.481481	12	9.259259	77.740741
直接材料	72411.58	938.9584572	52536.96	11267.50	8607.12	
燃料及动力	42057.56	540.9976989	30556.35	6491.97	5009.24	
直接人工	119116.82	1532.231546	86542.71	18386.78	14187.33	
制造费用	244030.42	3139.028765	177297.00	37668.35	29065.08	
废品损失	134361.00	1728.321582	97618.16	20739.86	16002.98	
成本合计	611977.38		444551.18	94554.46	72871.75	611977.38

会计主管： 复核： 制表：

表 6-2 的计算公式如下：

成本项目金额是品种法下计算出的 BZ1 类完工产品的总成本

定额消耗量系数（分配标准系数）= 某种产品定额消耗量 ÷ 标准品定额消耗量

BZ101 产品定额消耗量系数 =376÷336=1.119048

定额消耗量总系数（分配标准总系数，即标准产量）= 完工产品产量 × 定额消耗量系数

BZ101 产品定额消耗量总系数 =50×1.119048=55.952381

工时定额系数 = 某种产品工时定额 ÷ 标准品工时定额

BZ101 产品工时定额系数 =244÷216=1.12963

工时定额总系数 = 完工产品产量 × 工时定额系数

BZ101 产品工时定额总系数 =50×1.12963=56.481481

直接材料分配率 = 直接材料费用金额 ÷ 定额消耗量总系数的合计数 =72411.58 ÷ 77.119048=938.9584572

燃料及动力费用、人工费用、制造费用的分配率 = 燃料及动力费用、人工费用、制造费用金额 ÷ 工时定额总系数的合计数

如：燃料及动力费用的分配率 =42057.56÷77.740741=540.9976989

人工费用和制造费用的分配率参照燃料及动力费用的分配率

某种产品的直接材料费用 = 该种产品的定额消耗量总系数 × 直接材料费用分配率

BZ101 产品直接材料费用 =55.952381×938.9584572=52536.96（元）

某种产品的燃料及动力、人工费用、制造费用 = 该种产品的工时定额总系数 × 燃料及动力费用、人工费用、制造费用的分配率

BZ101 产品燃料及动力费用 =56.481481×540.9976989=30556.35（元）

其他费用的计算以此类推。

2. 定额比例法

定额比例法是按类内各种产品的定额成本或定额耗用量的比例分配计算类内各种产品的成本的一种方法。该方法适用于定额管理基础较好，定额资料完整、准确、稳定的企业。

应用定额比例法计算类内产品成本应编制各种成本计算表，见表 6-3。

表 6-3 卡州公司 BZ2 类内各种产品成本计算表（定额比例法）

2019 年 8 月 31 日

项目	成本项目金额	分配率	BZ201	BZ202	合计
完工产品产量	—	—	76	14	
单位产品定额消耗量	—	—	270	250	
完工产品定额消耗总量	—	—	20520	3500	24020
单位产品工时定额	—	—	190	170	
完工产品工时总定额（时）	—	—	14440	2380	16820
直接材料	108543.53	4.518881	92727.45	15816.09	108543.53
燃料及动力	32868.87	1.954154	28217.99	4650.89	32868.87
直接人工	139430.24	8.289551	119701.11	19729.13	139430.24
制造费用	186374.27	11.080515	160002.64	26371.63	186374.27
停工损失	15108.00	0.898216	12970.24	2137.76	15108.00
成本合计	482324.91	—	413619.43	68705.50	482324.91

会计主管： 复核： 制表：

表 6-3 的计算公式如下：

成本项目金额是品种法下计算出的 BZ2 类完工产品的总成本

完工产品定额消耗总量 = 单位产品定额消耗量 × 完工产品产量

BZ201 产品定额消耗总量 =270×76=20520

工时总定额 = 单位产品工时定额 × 完工产品产量

BZ201 产品工时总定额 =190×76=14440

直接材料分配率 = 该类产品完工产品的直接材料费用 ÷ 各种完工产品定额消耗总量之和 = 108931.56÷24020=4.535036

燃料及动力费用的分配率 = 该类产品完工产品的燃料及动力费用 / 各种完工产品工时总定额之和 =53704.24÷16820=3.19288

人工费用和制造费用的分配率参照燃料及动力费用的分配率

某种产品的直接材料费用 = 该种产品定额消耗总量 × 直接材料分配率

BZ201 产品的直接材料费用 =20520×4.535036=93058.93

某种产品的燃料及动力、直接人工、制造费用 = 该种产品的工时总定额 × 燃料及动力、直接人工、制造费用的分配率

BZ201 产品的燃料及动力费用 =14440×3.19288=46105.19

六、填制结转完工产品成本的记账凭证

以表 6-1 和表 6-2 或表 6-3 为原始凭证填写结转完工产品成本的记账凭证，见表 6-4。

表 6-4 会计分录表 凭证号数：35

摘要	借贷方向	总账科目	明细账科目		金额
结转完工产品成本	借：	库存商品	BZ101 产品		444551.18
		库存商品	BZ102 产品		94554.46
		库存商品	BZ103 产品		72871.75
		库存商品	BZ201 产品		608417.13
		库存商品	BZ202 产品		100813.93
	贷：	生产成本	基本生产成本	BZ1 产品	611977.38
		生产成本	基本生产成本	BZ2 产品	709231.06

在品种法的分类法下，用表 6-4 替换项目三中表 3-133 的第 41 号凭证。

任务二 以定额法为辅助方法核算产品成本

在定额法下，企业通常是事先制定产品的消耗定额、费用定额和定额成本，以此为降低成本的目标，从而达到产品成本的事前控制；企业将生产经营中发生的生产费用分解为定额成本和脱离定额差异分别核算，加强了脱离定额差异的日常核算、分析和控制，达到了事中控制；产品实际成本是以定额成本为基础，加减各种成本差异计算的，为产品成本的定期分析和考核提供了依据，做到了事后控制。

【工作任务】

麦珂琪电器有限公司（以下简称“麦珂琪公司”）为增值税一般纳税人，税率为 13%。公司大批量生产全自动麦琪电器和半自动麦珂电器两种产品，管理上不要求提供每一步产品的成本，有健全的定额管理制度和准确的消耗定额，每半年修订一次定额。每种产品需要两个部件，每个部件由两种零件组成，产品的具体构成情况见表 6-5，有关成本核算资料见表 6-6 ～表 6-10。材料成本差异率为 -2%。公司有关固定资产、辅助生产车间等资料略。

表 6-5 麦珂琪公司产品的构成情况表

产品名称	部件编号	部件名称	部件数量	零件编号	零件名称	零件数量
麦琪	全 -01	电子组件 A	3	全 -0101	电子元件 A01	4
				全 -0102	电子元件 A02	3
	全 -02	电子组件 B	4	全 -0201	电子元件 B01	2
				全 -0202	电子元件 B02	2
麦珂	半 -01	机械组件 A	4	半 -0101	机械零件 A01	2
				半 -0102	机械零件 A02	3
	半 -02	机械组件 B	3	半 -0201	机械零件 B01	3
				半 -0202	机械零件 B02	2

表 6-6 麦珂琪公司在产品成本

2019 年 1 月 1 日　　　　单位：元

项目		直接材料	直接职工薪酬	制造费用	合计
麦琪	定额成本	263328.00	73200.00	87840.00	424368.00
	脱离定额差异	−68000.00	45000.00	−26000.00	−49000.00
麦珂	定额成本	354608.00	104340.00	125208.00	584156.00
	脱离定额差异	−5000	−2000	4000	−3000

表 6-7 麦珂琪公司单位产品材料定额消耗量计算表

产品编号：01　　　　2018 年 7 月 1 日　　　　产品名称：麦琪

部件名称	部件编号	部件数量	零件编号	零件数量	材料编号	材料消耗定额
电子组件 A	全 -01	3	全 -0101	4	A001	60
					A002	72
			全 -0102	3	B001	63
					B002	45
电子组件 B	全 -02	4	全 -0201	2	C001	64
					C002	48
			全 -0202	2	D001	32
					D002	48

会计主管：　　　　审核：　　　　制表：

表 6-8 麦珂琪公司单位产品材料定额消耗量计算表

产品编号：02　　　　2018 年 7 月 1 日　　　　产品名称：麦珂

部件名称	部件编号	部件数量	零件编号	零件数量	材料编号	材料消耗定额
机械组件 A	半 -01	4	半 -0101	2	E001	40
					E002	56
			半 -0102	3	F001	72
					F002	84
机械组件 B	半 -02	3	半 -0201	3	G001	36
					G002	54
			半 -0202	2	H001	24
					H002	30

会计主管：　　　　审核：　　　　制表：

表 6-9 麦珂琪公司单位产品材料定额工时计算表

产品编号：01　　　　2018 年 7 月 1 日　　　　产品名称：麦琪

部件名称	部件编号	部件数量	零件编号	零件数量	零件工时定额	定额工时
电子组件 A	全 -01	3	全 -0101	4	8	96
			全 -0102	3	9	81
电子组件 B	全 -02	4	全 -0201	2	8	64
			全 -0202	2	8	64
合计						305

会计主管：　　　　审核：　　　　制表：

表 6-10　麦珂琪公司单位产品材料定额工时计算表

产品编号：02　　　　　　　　　　2018 年 7 月 1 日　　　　　　　　　　产品名称：麦珂

部件名称	部件编号	部件数量	零件编号	零件数量	零件工时定额	定额工时
机械组件 A	半 -01	4	半 -0101	2	9	72
			半 -0102	3	8	96
机械组件 B	半 -02	3	半 -0201	3	8	72
			半 -0202	2	7	42
合计						282

会计主管：　　　　　　　　　　审核：　　　　　　　　　　制表：

要求：选择适当方法核算麦珂琪公司 2019 年 1 月份的产品成本。

【任务分析】

麦珂琪公司是大批量生产的企业，由于管理上不要求计算每步产品的成本，所以，该公司可采用品种法核算产品成本；又由于该公司有健全的定额管理制度和准确的消耗定额，符合定额法的应用条件。所以，该公司可以选择以品种法为基本方法，以定额法为辅助方法核算产品成本。

【任务操作步骤】

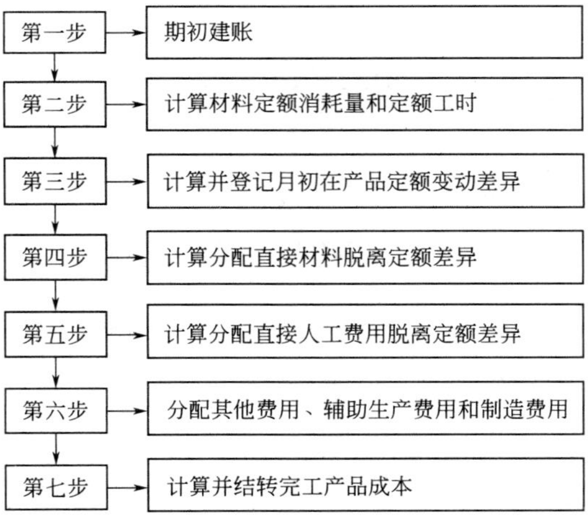

【任务操作】

一、期初建账

定额法不是成本核算的基本方法，只能在基本方法的基础上按定额成本法的特点开设“生产成本”明细账，无论企业采用品种法、分批法和分步法的哪种方法，定额成本法都需要在每个成本项目下开设定额成本、脱离定额差异、定额变动差异专栏，直接材料成本项目还要另外增加一个材料成本差异专栏。在定额法下，若辅助生产车间是为基本生产车间提供产品的，如模具车间提供的模具，为加强控制辅助生产成本，辅助车间也应制定定额，“辅助生产成本”明细账的期初建账与基本生产成本相同。

由于麦珂琪公司选择的成本计算方法为品种法，则应按产品品种开设“生产成本”明细账，因该公司燃料动力费用很少，不设燃料及动力成本项目，同时，该公司不单独核算废品损失，所以“生产成本”明细账可以只开设“直接材料”“直接人工”和“制造费用”三个成本项目。根据定额法的核算要求，每个成本项目下开设“定额成本”“脱离定额差异”“定额变动差异”专栏，直接材料成本项目还要另外增加一个“材料成本差异”专栏。因为要核算麦珂琪公司2019年初产品的成本，所以，应新开设账簿，并登记其初余额。“制造费用”明细账的期初建账方式同品种法，这里略。

二、计算材料定额消耗量和定额工时

定额法下，企业通常事先由企业的财会部门会同企业计划、技术、生产等部门共同制定产品的消耗定额、工时定额和费用定额，以此控制产品成本。材料费用、人工费用的定额成本应根据企业现行材料消耗定额、工时定额、材料计划单价及小时工资率计算。企业的各种定额通常编制成各种定额卡，如零件定额卡、部件定额卡等。由于各个企业产品生产工艺过程不同，产品定额成本的计算程序也不尽相同。如果产品的零部件不多，一般先计算零件定额成本，然后再汇总计算部件和产成品的定额成本。如果产品的零部件较多，为了简化成本计算工作，也可以不计算零件定额成本，而根据所有零件原材料消耗定额、工序计划和工时消耗定额的零件定额卡以及原材料计划单价、计划的工资率和其他费用率，计算部件定额成本，然后汇总计算产成品的定额成本。也可以根据零、部件的定额卡直接计算产品的定额成本。

麦珂琪公司零件数量不多，该公司选择根据零件定额卡直接计算产品的定额成本。

1. 取得零件定额卡

麦珂琪公司零件定额卡见表6-11～表6-18。

表6-11 麦珂琪公司零件定额卡

零件编号：全-0101　　零件名称：电子元件A01

材料编号	材料名称	计量单位	材料消耗定额	
			修订前	修订后
A001	A1	千克	5	4
A002	A2	千克	6	5
工序	工时定额		累计工时定额	
	修订前	修订后	修订前	修订后
1	1	1	1	1
2	3	2	4	3
3	4	3	8	6

部门：　　制表：

表 6-12　麦珂琪公司零件定额卡

零件编号：全 -0102　　　　零件名称：电子元件 A02

材料编号	材料名称	计量单位	材料消耗定额	
			修订前	修订后
B001	B1	千克	7	6
B002	B2	千克	5	4
工序	工时定额		累计工时定额	
	修订前	修订后	修订前	修订后
1	2	2	2	2
2	4	3	6	5
3	3	2	9	7

部门：　　　　制表：

表 6-13　麦珂琪公司零件定额卡

零件编号：全 -0201　　　　零件名称：电子元件 B01

材料编号	材料名称	计量单位	材料消耗定额	
			修订前	修订后
C001	C1	千克	8	7
C002	C2	千克	6	5
工序	工时定额		累计工时定额	
	修订前	修订后	修订前	修订后
1	3	2	3	2
2	3	2	6	4
3	2	2	8	6

部门：　　　　制表：

表 6-14　麦珂琪公司零件定额卡

零件编号：全 -0202　　　　零件名称：电子元件 B02

材料编号	材料名称	计量单位	材料消耗定额	
			修订前	修订后
D001	D1	千克	4	3
D002	D2	千克	6	5
工序	工时定额		累计工时定额	
	修订前	修订后	修订前	修订后
1	1	1	1	1
2	3	2	4	3
3	4	3	8	6

部门：　　　　制表：

表 6-15 麦珂琪公司零件定额卡

零件编号：半 -0101　　零件名称：机械零件 A01

材料编号	材料名称	计量单位	材料消耗定额	
			修订前	修订后
E001	E1	千克	5	4
E002	E2	千克	7	6
工序	工时定额		累计工时定额	
	修订前	修订后	修订前	修订后
1	4	3	4	3
2	3	2	7	5
3	2	2	9	7

部门：　　制表：

表 6-16 麦珂琪公司零件定额卡

零件编号：半 -0102　　零件名称：机械零件 A02

材料编号	材料名称	计量单位	材料消耗定额	
			修订前	修订后
F001	F1	千克	6	5
F002	F2	千克	7	6
工序	工时定额		累计工时定额	
	修订前	修订后	修订前	修订后
1	2	2	2	2
2	3	2	5	4
3	3	2	8	6

部门：　　制表：

表 6-17 麦珂琪公司零件定额卡

零件编号：半 -0201　　零件名称：机械零件 B01

材料编号	材料名称	计量单位	材料消耗定额	
			修订前	修订后
G001	G1	千克	4	3
G002	G2	千克	6	5
工序	工时定额		累计工时定额	
	修订前	修订后	修订前	修订后
1	3	2	3	2
2	2	2	5	4
3	3	2	8	6

部门：　　制表：

表 6-18　麦珂琪公司零件定额卡

零件编号：半 -0202　　　　零件名称：机械零件 B02

材料编号	材料名称	计量单位	材料消耗定额	
			修订前	修订后
H001	H1	千克	4	3
H002	H2	千克	5	4
工序	工时定额		累计工时定额	
	修订前	修订后	修订前	修订后
1	2	2	2	2
2	2	2	4	4
3	3	2	7	6

部门：　　　　制表：

2. 根据零件定额卡编制单位产品材料定额消耗量和定额工时计算表

麦珂琪公司的财务人员根据产品的构成情况表（表 6-5）和零件定额卡表（表 6-11 ～表 6-18），编制单位产品的材料定额消耗量计算表和定额工时计算表见表 6-19 ～表 6-22。

表 6-19　麦珂琪公司单位产品材料定额消耗量计算表

产品编号：01　　　　2019 年 1 月 1 日　　　　产品名称：麦琪

部件名称	部件编号	部件数量	零件编号	零件数量	材料编号	材料消耗定额
电子组件 A	全 -01	3	全 -0101	4	A001	48
					A002	60
			全 -0102	3	B001	54
					B002	36
电子组件 B	全 -02	4	全 -0201	2	C001	56
					C002	40
			全 -0202	2	D001	24
					D002	40

会计主管：　　　　审核：　　　　制表：

表 6-20　麦珂琪公司单位产品材料定额消耗量计算表

产品编号：02　　　　2019 年 1 月 1 日　　　　产品名称：麦珂

部件名称	部件编号	部件数量	零件编号	零件数量	材料编号	材料消耗定额
机械组件 A	半 -01	4	半 -0101	2	E001	32
					E002	48
			半 -0102	3	F001	60
					F002	72
机械组件 B	半 -02	3	半 -0201	3	G001	27
					G002	45
			半 -0202	2	H001	18
					H002	24

会计主管：　　　　审核：　　　　制表：

表 6-19、表 6-20 的计算公式如下：

材料消耗定额 = 部件数量 × 零件数量 × 零件定额卡的消耗定额，以下同。

例：A001 材料消耗定额 =3×4×4=48

表 6-21 麦珂琪公司单位产品定额工时计算表

产品编号：01　　2019 年 1 月 1 日　　产品名称：麦琪

部件名称	部件编号	部件数量	零件编号	零件数量	零件工时定额	定额工时
电子组件 A	全 -01	3	全 -0101	4	6	72
			全 -0102	3	7	63
电子组件 B	全 -02	4	全 -0201	2	6	48
			全 -0202	2	6	48
合　计						231

会计主管：　　审核：　　制表：

表 6-22 麦珂琪公司单位产品定额工时计算表

产品编号：02　　2019 年 1 月 1 日　　产品名称：麦珂

部件名称	部件编号	部件数量	零件编号	零件数量	零件工时定额	定额工时
机械组件 A	半 -01	4	半 -0101	2	7	56
			半 -0102	3	6	72
机械组件 B	半 -02	3	半 -0201	3	6	54
			半 -0202	2	6	36
合计						218

会计主管：　　审核：　　制表：

表 6-21、表 6-22 的计算公式如下：

定额工时 = 部件数量 × 零件数量 × 零件定额卡的工时定额，以下同。

例：麦琪产品零件（全 -0101）定额工时 =3×4×6=72（工时）

三、计算并登记月初在产品定额变动差异

定额变动差异是指因修订消耗定额或生产消耗的计划价格而产生的新旧定额之间的差额，是定额自身变动的结果，与生产费用支出的节约与超支无关。企业的定额成本一般定期在月初、季初或年初进行修订，并在定额变动的当月按新的定额计算本月投产产品的定额成本，而月初在产品的定额成本是按旧定额计算的。因此，定额变动差异是指月初在产品账面定额成本与按新定额计算的定额成本之间的差异。

月初在产品定额变动的差异可以根据发生定额变动的在产品盘存数或在产品账面结存数、修订前后的消耗定额及计划单价，计算出消耗定额修订前后的定额成本，并将其进行比较求得。定额的变动一般在月初进行，如果定额降低，定额变动差异则为“+”号；相反，如果定额提高，定额变动则为“－”号。月初在产品的定额变动差异一般应当按照零件、部件及生产工序分别计算。如果是机械制造企业，定额计算需要从零件、部件到产品，如此计算工作量较大，为了简化计算工作，也可以按照定额变动系数进行计算。采用系数法来计算月初在产品定额变动差异虽然较为简便，但由于系数是按照单位产品计算，而不是按照产品的零件、部件计算的，因而它只适于在零件、部件成套生产或零件、部件成套

性较大的情况下采用；也就是说，在零件、部件生产不是成套或成套性较差的情况下，采用系数法就会影响计算结果的正确性。

麦珂琪公司本月生产情况表及材料计划单价详见表 6-23、表 6-24。原材料在生产开始时一次投入，月末在产品的完工程度均为 50%，公司的计划小时工资率为 5 元 / 工时，计划小时制造费用率为 6 元 / 工时。

表 6-23　麦珂琪公司本月生产情况表

单位：件

项目	麦琪	麦珂
期初在产品数量	96	148
本期投产量	230	320
本期完工产品产量	220	330
期末在产品数量	106	138
在产品完工程度	50%	50%

表 6-24　麦珂琪公司材料计划单价

单位：元 / 千克

材料名称	材料编号	计划单价	材料名称	材料编号	计划单价
A1	A001	6	E1	E001	5
A2	A002	8	E2	E002	6
B1	B001	5	F1	F001	4
B2	B002	4	F2	F002	7
C1	C001	7	G1	G001	8
C2	C002	9	G2	G002	5
D1	D001	6	H1	H001	9
D2	D002	5	H2	H002	7

1. 计算月初在产品定额变动差异

麦珂琪公司的财务人员根据本月生产情况表（表 6-23）、材料计划单价（表 6-24）和产品单位产品材料定额消耗量计算表以及产品定额工时计算表见表 6-19 ～表 6-22，编制的直接材料定额变动差异的计算表详见表 6-25、表 6-26，编制的直接人工定额变动差异计算表见表 6-27，编制的制造费用定额变动差异计算表见表 6-28。

表 6-25　麦珂琪公司月初在产品直接材料定额变动差异计算表

产品名称：麦琪　　2019 年 1 月 1 日　　在产品数量：96　　在产品约当产量：96

材料名称	材料编号	计划单价 / 元	修订前材料消耗定额	修订后材料消耗定额	定额变动差异 / 元
A1	A001	6.00	60	48	6912.00
A2	A002	8.00	72	60	9216.00
B1	B001	5.00	63	54	4320.00
B2	B002	4.00	45	36	3456.00
C1	C001	7.00	64	56	5376.00
C2	C002	9.00	48	40	6912.00
D1	D001	6.00	32	24	4608.00
D2	D002	5.00	48	40	3840.00
合　计					44640.00

会计主管：　　审核：　　制表：

表 6-26 麦珂琪公司月初在产品直接材料定额变动差异计算表

产品名称：麦珂 2019 年 1 月 1 日

在产品数量：148 在产品约当产量：148

材料名称	材料编号	计划单价 / 元	修订前材料消耗定额	修订后材料消耗定额	定额变动差异 / 元
E1	E001	5.00	40	32	5920.00
E2	E002	6.00	56	48	7104.00
F1	F001	4.00	72	60	7104.00
F2	F002	7.00	84	72	12432.00
G1	G001	8.00	36	27	10656.00
G2	G002	5.00	54	45	6660.00
H1	H001	9.00	24	18	7992.00
H2	H002	7.00	30	24	6216.00
合计					64084.00

会计主管： 审核： 制表：

表 6-25 和表 6-26 的计算公式如下：

修订前材料消耗定额取自于表 6-7 和表 6-8，修订后材料消耗定额取自于表 6-19 和表 6-20。

定额变动差异 =（修订前材料消耗定额 − 修订后材料消耗定额）× 在产品约当产量 × 计划单价

表 6-27 麦珂琪公司月初在产品直接人工定额变动差异计算表

2019 年 1 月 1 日

项目		产品名称	
		麦琪	麦珂
在产品数量 / 件		96	148
在产品约当产量 / 件		48	74
修订前直接人工定额成本	修订前定额工时 / 工时	14640	20868
	修订前计划小时工资率 /（元 / 工时）	5.00	5.00
	修订前直接人工定额成本 / 元	73200.00	104340.00
修订后直接人工定额	修订后定额工时 / 工时	11088	16132
	修订后计划小时工资率 /（元 / 工时）	5.00	5.00
	修订后直接人工定额成本 / 元	55440.00	80660.00
直接人工定额变动差异 / 元		17760.00	23680.00

会计主管： 审核： 制表：

表 6-27 的计算公式如下：

修订前定额工时 = 在产品约当产量 × 修订前单位产品定额工时

修订前直接人工定额成本 = 修订前定额工时 × 修订前计划小时工资率

修订后定额工时 = 在产品约当产量 × 修订后单位产品定额工时

修订后直接人工定额成本 = 修订后定额工时 × 修订后计划小时工资率

直接人工定额变动差异 = 修订前直接人工定额成本 − 修订后直接人工定额成本

表 6-28 麦珂琪公司月初在产品制造费用定额变动差异计算表

2019 年 1 月 1 日

项目		产品名称	
		麦琪	麦珂
在产品数量 / 件		96	148
在产品约当产量 / 件		48	74
修订前制造费用定额成本	修订前定额工时 / 工时	14640	20868
	修订前计划小时制造费用率 /（元 / 工时）	6.00	6.00
	修订前制造费用定额成本 / 元	87840.00	125208.00
修订后制造费用定额	修订后定额工时 / 工时	11088	16132
	修订后计划小时制造费用率 /（元 / 工时）	6.00	6.00
	修订后制造费用定额成本 / 元	66528.00	96792.00
制造费用定额变动差异 / 元		21312.00	28416.00

会计主管： 审核： 制表：

表 6-28 的计算公式如下：

修订前定额工时 = 在产品约当产量 × 修订前单位产品定额工时

修订前制造费用定额成本 = 定额工时 × 修订前计划小时制造费用率

修订后定额工时 = 在产品约当产量 × 修订后单位产品定额工时

修订后制造费用定额成本 = 定额工时 × 修订后计划小时制造费用率

制造费用定额变动差异 = 修订前制造费用定额成本 − 修订后制造费用定额成本

假设麦珂琪公司零件、部件成套生产，则可按照定额变动系数计算定额变动差异，月初在产品定额变动差异计算表见表 6-29、表 6-30。

表 6-29 麦珂琪公司月初在产品定额变动差异计算表（一）

产品名称：麦琪 2019 年 1 月 1 日 产品编号：01

修订前单位产品定额：6098.00 修订后单位产品定额：4819.00

成本项目	月初在产品成本 / 元	定额变动系数	月初在产品定额变动差异 / 元
直接材料定额成本	263328.00	0.790259101	55230.65
直接人工定额成本	73200.00		15353.03
制造费用定额成本	87840.00		18423.64
合计	424368.00		89007.32

会计主管： 审核： 制表：

表 6-30 麦珂琪公司月初在产品定额变动差异计算表（二）

产品名称：麦珂 2019 年 1 月 1 日 产品编号：02

修订前单位产品定额：5498.00 修订后单位产品定额：4361.00

成本项目	月初在产品成本 / 元	定额变动系数	月初在产品定额变动差异 / 元
直接材料定额成本	354608.00	0.793197526	73333.81
直接人工定额成本	104340.00		21577.77
制造费用定额成本	125208.00		25893.32
合计	584156.00		120804.90

会计主管： 审核： 制表：

表 6-29、表 6-30 的计算公式如下：

单位产品定额成本＝单位产品直接材料定额＋单位产品直接人工定额＋单位产品制造定额

定额变动系数＝修订后单位产品定额成本 ÷ 修订前单位产品定额成本

月初在产品定额变动差异＝月初在产品成本 ×（1 －定额变动系数）

2. 填制记账凭证

根据上述计算的月初在产品定额变动差异填制记账凭证，当定额降低时，应冲减定额成本，借记“基本生产成本——×× 产品（直接材料、直接人工和制造费用定额变动差异）”，贷记“基本生产成本——×× 产品（直接材料、直接人工和制造费用定额成本）”；当定额提高时，做相反的会计分录。

麦珂琪公司的财务人员以前述自制凭证为原始凭证，填制结转月初在产品定额变动差异的记账凭证会计分录见表 6-31。若定额提高，做一个与表 6-31 借贷相反的记账凭证。

表 6-31　会计分录表　　凭证号数：1

摘要	借贷方向	总账科目	明细账科目	金额
结转月初在产品定额变动差异	借：	基本生产成本	麦琪产品（直接材料定额变动差异）	44640.00
		基本生产成本	麦琪产品（直接人工定额变动差异）	17760.00
		基本生产成本	麦琪产品（制造费用定额变动差异）	21312.00
		基本生产成本	麦珂产品（直接材料定额变动差异）	64084.00
		基本生产成本	麦珂产品（直接人工定额变动差异）	23680.00
		基本生产成本	麦珂产品（制造费用定额变动差异）	28416.00
	贷：	基本生产成本	麦琪产品（直接材料定额成本）	44640.00
		基本生产成本	麦琪产品（直接人工定额成本）	17760.00
		基本生产成本	麦琪产品（制造费用定额成本）	21312.00
		基本生产成本	麦珂产品（直接材料定额成本）	64084.00
		基本生产成本	麦珂产品（直接人工定额成本）	23680.00
		基本生产成本	麦珂产品（制造费用定额成本）	28416.00

四、计算分配直接材料脱离定额差异

脱离定额差异是指产品生产过程中各项实际发生的生产费用脱离现行定额的差异。脱离定额差异反映了企业各项生产费用支出的合理程度和执行现行定额的工作质量，分析生产费用脱离定额的差异，控制生产费用支出，是定额成本法的重要内容。在发生生产费用时，对符合定额的费用和脱离定额的差异，应分别编制定额凭证和差异凭证，并据此在有关的明细账中分别予以登记。差异凭证填制以后，还必须按照规定办理审批手续。

1. 编制限额领料单汇总表

在采用定额成本法时，为了控制材料费用，必须实行限额领料制度，符合定额的原材料应根据限额领料单（或定额发料单）等定额凭证领发，成本核算期末将限额领料单进行汇总，编制限额领料单汇总表。如果因增加产量而增加用料，在办理追加限额手续后，仍按定额凭证领发。由于其他原因需要超额领料或者领用代用材料，应经过一定的审批手续，根据超额领料单、代用材料单等差异凭证领料。

麦珂琪公司财务人员根据限额领料单编制的编制限额领料单汇总表见表 6-32、表 6-33。

表 6-32　麦珂琪公司限额领料单汇总表

产品名称：麦琪　　　　2019 年 1 月

材料编号	材料名称	定额消耗量	实发			限额结余数量
			数量	单价 / 元	金额 / 元	
A001	A1	11040	11000	5	55000	40
A002	A2	13800	13890	7	97230	-90
B001	B1	12420	12300	4	49200	120
B002	B2	8280	8400	3	25200	-120
C001	C1	12880	12800	6	76800	80
C002	C2	9200	9200	8	73600	0
D001	D1	5520	5500	5	27500	20
D002	D2	9200	9280	4	37120	-80

生产部门负责人：　　　　供销部门负责人：　　　　仓库保管员：

表 6-33　麦珂琪公司限额领料单汇总表

产品名称：麦珂　　　　2019 年 1 月

材料编号	材料名称	定额消耗量	实发			限额结余数量
			数量	单价 / 元	金额 / 元	
E001	E1	10240	10200	4	40800	40
E002	E2	15360	15300	5	76500	60
F001	F1	19200	19200	3	57600	0
F002	F2	23040	23000	6	138000	40
G001	G1	8640	8700	7	60900	-60
G002	G2	14400	14400	4	57600	0
H001	H1	5760	5700	8	45600	60
H002	H2	7680	7700	6	46200	-20

生产部门负责人：　　　　供销部门负责人：　　　　仓库保管员：

2. 编制材料费用脱离定额差异计算表

材料费用脱离定额差异包括材料耗用量差异和材料价格差异，这里的材料耗用量差异（即量差），是指在生产过程中产品实际耗用材料数量与其定额耗用量之间的差异。非增加产量而增加用料的超额材料领料单上的材料数额，属于材料脱离定额的超支差异。每批生产任务完成，应根据车间余料编制退料单，办理退料手续，退料单同样要视为差异凭证，退料单中所列的原材料数额和限额领料单中的原材料余额，都是原材料脱离定额的节约差异。但是由于投产的产品数量不一定等于规定的产品数量，期初、期末车间存在余料，使上述差异凭证反映的差异往往只是领料差异，不一定是用料差异，生产过程不能完全控制用料。只有在产品投产数量等于规定的产品数量，而且车间没有余料或者期初、期末余料数量相等的情况下，领料差异才是用料脱离定额差异。因此，要控制用料不超支，不仅要控制领料不超过限额，而且还要控制产品的投产量不少于计划规定的产品数量；此外，还要注意车间有无余料和余料的数量。计算材料费用脱离定额的差异，应根据限额领料单汇总表和单位产品的材料定额消耗量计算表编制直接材料脱离定额差异计算表。

麦珂琪公司财务人员根据限额领料单汇总表和单位产品的材料定额消耗量计算表编制直接材料脱离定额差异计算表见表 6-34 和表 6-35。

表 6-34　麦珂琪公司直接材料脱离定额差异计算表

产品名称：麦琪　　2019 年 1 月　　投产量：230

材料编号	材料名称	计划单价 / 元	实际消耗量	实际成本 / 元	定额消耗量	定额成本 / 元	脱离定额差异		差异原因
							数量	金额 / 元	
A001	A1	6.00	11000	66000.00	11040	66240.00	−40	−240.00	略
A002	A2	8.00	13890	111120.00	13800	110400.00	90	720.00	略
B001	B1	5.00	12300	61500.00	12420	62100.00	−120	−600.00	略
B002	B2	4.00	8400	33600.00	8280	33120.00	120	480.00	略
C001	C1	7.00	12800	89600.00	12880	90160.00	−80	−560.00	略
C002	C2	9.00	9200	82800.00	9200	82800.00	0	0.00	略
D001	D1	6.00	5500	33000.00	5520	33120.00	−20	−120.00	略
D002	D2	5.00	9280	46400.00	9200	46000.00	80	400.00	略
合计			—	524020.00	—	523940.00		80.00	

会计主管：　　审核：　　制表：

表 6-35　麦珂琪公司直接材料脱离定额差异计算表

产品名称：麦珂　　2019 年 1 月　　投产量：320

材料编号	材料名称	计划单价 / 元	实际消耗量	实际成本 / 元	定额消耗量	定额成本 / 元	脱离定额差异		差异原因
							数量	金额 / 元	
E001	E1	5.00	10200	51000.00	10240	51200.00	−40	−200.00	略
E002	E2	6.00	15300	91800.00	15360	92160.00	−60	−360.00	略
F001	F1	4.00	19200	76800.00	19200	76800.00	0	0.00	略
F002	F2	7.00	23000	161000.00	23040	161280.00	−40	−280.00	略
G001	G1	8.00	8700	69600.00	8640	69120.00	60	480.00	略
G002	G2	5.00	14400	72000.00	14400	72000.00	0	0.00	略
H001	H1	9.00	5700	51300.00	5760	51840.00	−60	−540.00	略
H002	H2	7.00	7700	53900.00	7680	53760.00	20	140.00	略
合计			—	627400.00	—	628160.00		−760.00	

会计主管：　　审核：　　制表：

表 6-34、表 6-35 的计算公式如下：

材料实际消耗量 = 本期领用数量 + 期初余料数 − 期末余料数量

注：麦珂琪公司期初、期末无余料，实际消耗量等于本期领料量。

实际成本 = 实际消耗量 × 计划单价

材料定额消耗量 = 产品投产数量 × 单位产品材料定额消耗量

定额成本 = 定额消耗量 × 计划单价

材料脱离定额差异（数量）= 实际消耗量 − 定额消耗量

材料脱离定额差异（金额）= 脱离定额差异（数量）× 材料计划单价

或 = 实际成本 − 定额成本

若原材料在生产开始时一次投入：

产品投产量 = 本期完工产品数量 + 期末在产品数量 − 期初在产品数量

若原材料在每道工序开始时一次投入和在生产过程中均匀投入：

产品投产量 = 本期完工产品数量 + 期末在产品约当产量 − 期初在产品约当产量

为了核算用料差异，更好地控制用料，对于经过切割才能使用的材料，如布匹、板材料、棒材等，应根据限额领料单填制材料切割核算单，计算材料脱离定额的差异，控制用料。材料切割核算单应按切割材料的批别开立，材料切割核算单中填列发交切割材料的种类、数量、消耗定额以及应切割的毛坯数量；切割完成后，再填写实际切割成的毛坯数量和材料的实际消耗量。根据切割的毛坯数量和消耗定额，计算材料的定额耗用量，再与实际耗用量相比较，确定脱离定额的差异。材料定额消耗量和脱离定额的差异，应填入材料切割核算单中，并注明发生差异的原因，且有主管人员的签字。材料切割核算单的格式见表 6-36。

表 6-36　材料切割核算单

材料编号：　　　　材料计量单位：　　　　材料计划单价：

产品名称：　　　　零件编号：　　　　图纸号：

切割工人工号和姓名：　　　　机库编号：

发交切割日期：　　　　完工日期：

<table>
<tr><td colspan="2">发料数量</td><td colspan="2">退回余料数量</td><td>材料实际消耗量</td><td colspan="2">废料实际回收量</td></tr>
<tr><td colspan="2"></td><td colspan="2"></td><td></td><td></td><td></td></tr>
<tr><td>单件消耗定额</td><td>废料回收定额</td><td colspan="2">应割毛坯数量</td><td>实割毛坯数量</td><td>材料定额消耗量</td><td>废料定额回收量</td></tr>
<tr><td colspan="2"></td><td colspan="2"></td><td></td><td></td><td></td></tr>
<tr><td colspan="2">材料脱离定额差异</td><td colspan="3">废料脱离定额差异</td><td>差异原因</td><td>责任人</td></tr>
<tr><td>数量</td><td>金额</td><td>数量</td><td>单价</td><td>金额</td><td rowspan="2"></td><td rowspan="2"></td></tr>
<tr><td></td><td></td><td></td><td></td><td></td></tr>
</table>

表 6-36 中的计算公式如下：

材料实际消耗量 = 发料数量 − 退回余料数量

应割成的毛坯数量 = 材料实际消耗量 / 单位消耗定额

材料定额消耗量 = 实割毛坯数量 × 材料消耗定额

废料定额回收量 = 实割毛坯数量 × 废料回收定额

材料脱离定额差异（数量）= 材料实际消耗量 − 材料定额消耗量

材料脱离定额差异（金额）= 脱离定额差异（数量）× 材料计划单价

废料脱离定额差异（数量）= 废料实际回收量 − 废料定额回收量

废料脱离定额差异（金额）= 废料脱离定额差异（数量）× 废料单价

3. 填制直接材料脱离定额差异的记账凭证

以零件定额卡、单位产品的材料定额消耗量计算表、单位产品定额工时计算表、直接材料脱离定额差异计算表为原始凭证，填制记账凭证并登记账簿。

前述根据零件定额卡编制单位产品材料定额消耗量计算表，根据单位产品的材料定额消耗量计算表编制材料费用脱离定额差异计算表，都是成本核算中自制原始凭证的过程。

麦珂琪公司根据自制的原始凭证单位产品材料定额消耗量计算表和材料费用脱离定额差异计算表，填写记账凭证，见表 6-37、表 6-38。

表 6-37　会计分录表　　凭证号数：2

摘要	借贷方向	总账科目	明细账科目	金额
分配材料费用并结转材料脱离定额差异	借：	基本生产成本	麦琪产品（直接材料定额成本）	523940.00
		基本生产成本	麦琪产品（直接材料脱离定额差异）	80.00
	贷：	原材料	A1	66000.00
		原材料	A2	111120.00
		原材料	B1	61500.00
		原材料	B2	33600.00
		原材料	C1	89600.00
		原材料	C2	82800.00
		原材料	D1	33000.00
		原材料	D2	46400.00

表 6-38　会计分录表　　凭证号数：3

摘要	借贷方向	总账科目	明细账科目	金额
分配材料费用并结转材料脱离定额差异	借：	基本生产成本	麦珂产品（直接材料定额成本）	628160.00
	贷：	基本生产成本	麦珂产品（直接材料脱离定额差异）	760.00
		原材料	E001	51000.00
		原材料	E002	91800.00
		原材料	F001	76800.00
		原材料	F002	161000.00
		原材料	G001	69600.00
		原材料	G002	72000.00
		原材料	H001	51300.00
		原材料	H002	53900.00

4. 编制材料成本差异计算表

材料成本差异也是产品生产费用脱离定额差异的一部分。因为采用定额计算成本，为了便于产品的分析和考核，原材料的日常核算必须按计划成本进行，即原材料的定额费用和脱离定额的差异都按原材料的计划成本计算。所以，前述分配材料费用并结转材料脱离定额差异后，账簿上所登记的材料费用是计划成本，月末计算产品成本时，应将材料费用的计划成本调整为实际成本，计算产品应该分配负担的材料成本差异，即所耗原材料的价格差异（价差）。

麦珂琪公司根据表 6-34、表 6-35 及材料成本差异率编制材料成本差异计算表，见表 6-39、表 6-40。

表 6-39　麦珂琪公司材料成本差异计算表

产品名称：麦琪　　　　2019 年 1 月　　　　单位：元

材料编号	材料名称	定额成本	脱离定额差异	材料成本差异率	材料成本差异	
					定额成本	脱离定额差异
A001	A1	66240.00	−240.00	−2.00%	−1324.80	4.80
A002	A2	110400.00	720.00	−2.00%	−2208.00	−14.40
B001	B1	62100.00	−600.00	−2.00%	−1242.00	12.00
B002	B2	33120.00	480.00	−2.00%	−662.40	−9.60
C001	C1	90160.00	−560.00	−2.00%	−1803.20	11.20
C002	C2	82800.00	0.00	−2.00%	−1656.00	0.00
D001	D1	33120.00	−120.00	−2.00%	−662.40	2.40
D002	D2	46000.00	400.00	−2.00%	−920.00	−8.00
合　计		523940.00	80.00	−2.00%	−10478.80	−1.60

会计主管：　　　　审核：　　　　制表：

表 6-40　麦珂琪公司材料成本差异计算表

产品名称：麦珂　　　　2019 年 1 月　　　　单位：元

材料编号	材料名称	定额成本	脱离定额差异	材料成本差异率	材料成本差异	
					定额成本	脱离定额差异
E001	E1	51200.00	−200.00	−2.00%	−1024.00	4.00
E002	E2	92160.00	−360.00	−2.00%	−1843.20	7.20
F001	F1	76800.00	0.00	−2.00%	−1536.00	0.00
F002	F2	161280.00	−280.00	−2.00%	−3225.60	5.60
G001	G1	69120.00	480.00	−2.00%	−1382.40	−9.60
G002	G2	72000.00	0.00	−2.00%	−1440.00	0.00
H001	H1	51840.00	−540.00	−2.00%	−1036.80	10.80
H002	H2	53760.00	140.00	−2.00%	−1075.20	−2.80
合　计		628160.00	−760.00	−2.00%	−12563.20	15.20

会计主管：　　　　审核：　　　　制表：

表 6-39、表 6-40 中定额成本、脱离定额差异取自于表 6-39 和表 6-40，材料成本差异的计算公式如下：

定额成本的材料成本差异 = 定额成本 × 材料成本差异率

脱离定额差异的材料成本差异 = 脱离定额差异 × 材料成本差异率

例：材料 E001 的定额成本的材料成本差异 =51200×（−2.00%）=−1024.00（元）

5. 填制相关记账凭证

材料成本差异是节约差，应借记“材料成本差异”，贷记“基本生产成本——×× 产品（材料成本差异）”。

麦珂琪公司以表 6-39、表 6-40 材料成本差异计算表为原始凭证填写记账凭证，见表 6-41、表 6-42。

表 6-41 会计分录表

凭证号数：4

摘要	借贷方向	总账科目	明细账科目	金额
结转材料成本差异	借：	材料成本差异		10480.40
	贷：	基本生产成本	麦琪产品（材料成本差异）	10480.40

表 6-42 会计分录表

凭证号数：5

摘要	借贷方向	总账科目	明细账科目	金额
结转材料成本差异	借：	材料成本差异		12548.00
	贷：	基本生产成本	麦珂产品（材料成本差异）	12548.00

五、计算分配直接人工费用脱离定额差异

直接人工费用脱离定额差异应当根据企业工资制度分别进行计算。在计件工资制度下，生产工人工资属于直接计入费用。如果工资定额不变，按计划单价支付的工资就是定额工资，工资定额差异是指由于变更工作条件而多支付的工资、津贴等。符合定额的生产工人工资，应反映在产量记录中，脱离定额的差异部分，应设置“工资补付单”差异凭证予以反映。差异凭证中还应填明差异发生的原因，并要经过一定的审批手续。在计时工资制度下，直接人工费用属于间接计入生产费用，其脱离定额的差异只有在月末实际生产工人工资总额确定以后才能计算。

1. 取得生产工时和职工工资的原始记录

计算直接人工脱离定额差异，需要取得生产工时记录和职工工资结算单，多种产品共同耗用的人工费用，应采用前述品种法下的分配法方法在多种产品之间分配人工费用。

有关麦珂琪公司生产工时记录和职工工资结算单，此处略。假设取得的生产工时和人工费用的分配数额见表 6-43。

表 6-43 麦珂琪公司生产工时及职工薪酬统计表

2019 年 1 月 31 日

产品名称	生产工时 / 工时	应付职工薪酬 / 元
麦琪	70500	387750
麦珂	86000	473000

2. 编制直接人工费用脱离定额差异计算表

根据单位产品定额工时、人工费用分配表等为依据，编制直接人工费用脱离定额差异计算表。麦珂琪公司根据单位产品定额工时计算表（表 6-21、表 6-22）、本月生产情况表（表 6-23）及计划小时工资率（5 元 / 工时）编制直接人工费用脱离定额差异计算表，见表 6-44。

表 6-44 麦珂琪公司直接人工脱离定额差异计算表

2019 年 1 月 31 日

项目		产品名称	
		麦琪	麦珂
完工产品产量 / 件		220	330
在产品产量		106	138
完工程度		0.5	0.5
约当总产量		273	399
实际直接人工	实际工时 / 工时	70500	86000
	实际小时工资率 /（元 / 工时）	5.5	5.5
	实际直接人工费用 / 元	387750	473000
定额直接人工	定额工时 / 工时	63063	86982
	计划小时工资率 /（元 / 工时）	5	5
	定额直接人工费用 / 元	315315	434910
脱离定额差异	工时 / 工时	7437	-982
	金额 / 元	72435	38090
差异原因		略	略

会计主管： 审核： 制表：

表 6-44 中的计算公式：

表中实际直接人工费用是根据工资结算单及人工费用分配表计算的，实际工时是根据生产记录统计的数据，计划小时工资率是计划规定的数据。

实际小时工资率 = 该产品实际直接人工费用 ÷ 该产品实际生产工时

定额工时 =（完工产品产量 + 在产品约当产量）× 单位产品定额工时

定额直接人工费用 = 定额工时 × 计划小时工资率

脱离定额差异（工时）= 实际工时 − 定额工时

脱离定额差异（金额）= 实际直接人工费用 − 定额直接人工费用

3. 填制记账凭证

根据定额工时及计划小时工资率计算的定额人工费用借记“基本生产成本——×× 产品（直接人工定额成本）”，脱离定额差异为超定额差，借记“基本生产成本——×× 产品（直接人工脱离定额差异）”，相反，贷记“基本生产成本——×× 产品（直接人工脱离定额差异）”。

麦珂琪公司以单位产品定额工时计算表和直接人工脱离定额差异计算表（表 6-44）为原始凭证，填制记账凭证，见表 6-45。

表 6-45 会计分录表 凭证号数：6

摘要	借贷方向	总账科目	明细账科目	金额
分配人工费用并结转直接人工脱离定额差异	借：	基本生产成本	麦琪产品（直接人工定额成本）	315315.00
		基本生产成本	麦琪产品（直接人工脱离定额差异）	72435.00
		基本生产成本	麦珂产品（直接人工定额成本）	434910.00
		基本生产成本	麦珂产品（直接人工脱离定额差异）	38090.00
	贷：	应付职工薪酬	工资	860750.00

六、分配其他费用、辅助生产费用和制造费用

企业燃料动力费用和辅助生产费用可以参照材料和人工费用的分配方法用定额法分配，也可以采用前述品种法下的分配方法进行分配，折旧费用同品种法，这里略。制造费用脱离定额差异的计算方法与直接人工脱离定额的差异计算方法相同。

1. 分配制造费用

通过前述各步的直接材料费用、直接人工费用、折旧费用、辅助生产费用等费用的分配，“制造费用”明细账已经归集了成本核算期内所发生的制造费用。由于制造费用通常与计时工资费用一样，一般属于间接计入费用，采用制定费用预算的办法下达给生产部门，其脱离定额的差异不能在平时按照成本计算对象直接计算，只有到月末将实际费用分配给各产品以后，才能以其实际费用与定额费用相比较加以确定。所以，应首先按生产工时将各车间“制造费用”明细账归集的制造费用在多种产品之间进行分配。

假设麦珂琪公司已将制造费用在麦琪和麦珂两种产品之间进行了分配，分配的结果见表 6-46。

表 6-46　麦珂琪公司生产工时及制造费用表

2019 年 1 月 31 日

产品名称	生产工时 / 工时	制造费用 / 元
麦琪	70500	479400.00
麦珂	86000	584800.00

2. 编制制造费用脱离定额差异

表 6-46 中每种产品的制造费用是每种产品制造费用的实际发生额。定额法下，应将实际制造费用与定额制造进行比较，计算制造脱离定额差异，编制制造费用脱离定额差异计算表。

假设麦珂琪公司的计划小时制造费用率为 6 元 / 工时，该公司财务人员根据表 6-46、单位产品定额工时计算表（表 6-21 和表 6-22）及计划小时工资率编制制造费用脱离定额差异计算表，见表 6-47。

表 6-47　麦珂琪电器公司制造费用脱离定额差异计算表

2019 年 1 月 31 日

项目		产品名称	
		麦琪	麦珂
产量 / 件		220	330
在产品产量		106	138
完工程度		0.5	0.5
约当总产量		273	399
实际制造费用	实际工时 / 工时	70500	86000
	实际小时制造费用率 /（元 / 工时）	6.80	6.80
	实际制造费用 / 元	479400.00	584800.00

续表

项目		产品名称	
		麦琪	麦珂
定额制造费用	定额工时 / 工时	63063	86982
	计划小时制造费用率 /（元 / 工时）	6.00	6.00
	定额制造费用 / 元	378378.00	521892.00
脱离定额差异	工时 / 工时	7437	−982
	金额 / 元	101022.00	62908.00
差异原因		略	略

会计主管：　　　　　　　　　　　审核：　　　　　　　　　　制表：

表 6-47 中的计算公式：

表中实际制造费用是根据各车间制造费用明细中归集的制造费用在各产品中分配的结果，实际工时是根据生产记录统计的数据，计划小时制造费用率是计划规定的数据。

实际小时制造费用率 = 该生产部门实际制造费用 ÷ 该生产部门实际生产工时

定额工时 = 产量 × 单位产品定额工时

定额制造费用 = 定额工时 × 计划小时制造费用率

脱离定额差异（工时）= 实际工时 − 定额工时

脱离定额差异（金额）= 实际制造费用 − 定额制造费用

3. 填制记账凭证

根据定额工时及计划小时费用率计算的定额制造费用借记“基本生产成本——×× 产品（制造费用定额成本）”，脱离定额差异为超定额差，借记“基本生产成本——×× 产品（制造费用脱离定额差异）”，相反，贷记“基本生产成本——×× 产品（制造费用脱离定额差异）”。

麦珂琪公司以单位产品定额工时计算表（表 6-21 和表 6-22）和制造费用脱离定额差异计算表（表 6-47）为原始凭证，填制记账凭证，见表 6-48。

表 6-48　会计分录表　　　　凭证号数：7

摘要	借贷方向	总账科目	明细账科目	金额
分配制造费用并结转制造费用脱离定额差异	借：	基本生产成本	麦琪产品（制造费用定额成本）	378378.00
		基本生产成本	麦琪产品（制造费用脱离定额差异）	101022.00
		基本生产成本	麦珂产品（制造费用定额成本）	521892.00
		基本生产成本	麦珂产品（制造费用脱离定额差异）	62908.00
	贷：	制造费用	基本生产车间	1064200.00

七、计算并结转完工产品成本

通过前述步骤的核算，“生产成本”明细账上归集了成本核算期内各种产品所发生的生产费用。如果成本核算期末没有在产品，则生产费用就是该种产品完工产品的成本；如果成本核算期末有在产品，则该生产费用为每种产品完工产品与在产品共同发生的费用，要计算完工产品成本，需采用适当的方法将归集的生产费用在完工产品与在产品之间进行分配。定额法下，计算完工产品成本，首先应该是确定完工产品及在产品数量，确定方法同品种法，这里略。

1. 编制生产费用分配表

由于定额法的日常核算是将定额成本和各种成本差异分别核算的，因而生产费用在完工产品与月末在产品之间分配，也按定额成本及各种成本差异分别进行。分配完工产品和月末在产品的定额成本时，成本核算期末完工产品的定额成本应当按照入库产成品的数量乘以该产品的修订后的单位定额成本计算确定，月末在产品的定额成本用倒挤的方法求得。各种成本差异在完工产品与月末在产品之间进行分配应采用定额成本比例法进行。如果差异不大，或者差异虽大但各月在产品数量变动不大，在产品按定额成本计算，各项差异可由完工产品全部负担。产品生产的周期如小于 1 个月，月初在产品可以月内全部完工，定额变动月份的月初在产品定额变动差异，一般由完工产品成本全部负担。实际工作中，定额修订不会频繁发生，为了简化成本差异的分配，月初在产品定额变动差异可由当月完工产品全部负担。

分配各种成本差异以后，完工产品的定额成本，加减应负担的各种成本差异，即为完工产品的实际成本；月末在产品的定额成本加减应负担的各种成本差异，即为月末在产品的实际成本。

假设麦珂琪公司定额变动差异和材料成本差异全部由完工产品承担，脱离定额差异采用定额比例法进行分配。该公司财务人员根据确定的完工产品和在产品数量、单位产品材料定额消耗量计算表（表 6-19 和表 6-20）、单位产品定额工时计算表（表 6-21 和表 6-22）及计划小时工资率和计划小时制造费用率，编制产品生产费用分配表见表 6-49、表 6-50。

表 6-49、表 6-50 的计算公式如下：

直接材料的单位产品定额成本 =Σ（单位产品材料定额消耗量 × 材料计划单价）

直接人工的单位产品定额成本 = 单位产品定额工时 × 计划小时工资率

制造费用单位产品定额成本 = 单位产品定额工时 × 计划小时制造费用率

各成本项目脱离定额差异分配率 = 各成本项目脱离定额差异合计 / 各成本项目定额成本合计

完工产品的各成本项目定额成本 = 完工产品数量 × 各成本项目的单位产品定额成本

完工产品的各成本项目脱离定额差异 = 完工产品的各成本项目定额成本 × 各成本项目脱离定额差异分配率

完工产品单位成本 = 完工产品成本 / 完工产品数量

月末在产品成本 = 生产成本明细账本月合计 − 本月完工产品成本

2. 填制记账凭证

根据表 6-49、表 6-50 填制记账凭证，见表 6-51。

表 6-49　麦琪产品生产费用分配表

2019 年 1 月 31 日

项目	成本项目										合计				
	直接材料				直接人工			制造费用							
	定额成本	脱离定额差异	定额变动差异	材料成本差异	定额成本	脱离定额差异	定额变动差异	定额成本	脱离定额差异	定额变动差异	定额成本	脱离定额差异	定额变动差异	材料成本差异	实际成本
生产成本明细账本月合计/元	742628.00	−67920.00	44640.00	−10480.40	370755.00	117435.00	17760.00	487530.00	75022.00	21312.00	1600913.00	124537.00	83712.00	−10480.40	1798681.60
完工产品数量/件	220.00	220.00	220.00	220.00	220.00	220.00	220.00	220.00	220.00	220.00	220.00	220.00	220.00	220.00	220.00
单位产品定额成本/元	2278.00				1155.00			1386.00			4819.00				
各成本项目脱离定额差异分配率		−0.09				0.32			0.15						
本月完工产品成本/元	501160.00	−45835.58	44640.00	−10480.40	254100.00	80485.05	17760.00	304920.00	46921.64	21312.00	1060180.00	81571.11	83712.00	−10480.40	1214982.71
完工产品单位成本/元	2278.00	−208.34	202.91	−47.64	1155.00	365.84	80.73	1386.00	213.28	96.87	4819.00	370.78	380.51	−47.64	5522.65
月末在产品成本/元	241468.00	−22084.42	0.00	0.00	116655.00	36949.95	0.00	182610.00	28100.36	0.00	540733.00	42965.89	0.00	0.00	583698.89

会计主管：　　　　审核：　　　　制表：

表 6-50　麦珂产品生产费用分配表

2019 年 1 月 31 日

项目	成本项目										合计				
	直接材料				直接人工			制造费用							
	定额成本	脱离定额差异	定额变动差异	材料成本差异	定额成本	脱离定额差异	定额变动差异	定额成本	脱离定额差异	定额变动差异	定额成本	脱离定额差异	定额变动差异	材料成本差异	实际成本
生产成本明细账本月合计 / 元	918684.00	−5760.00	64084.00	−12548.00	515570.00	36090.00	23680.00	618684.00	66908.00	28416.00	2052938.00	97238.00	116180.00	−12548.00	2253808.00
完工产品数量 / 件	330.00	330.00	330.00	330.00	330.00	330.00	330.00	330.00	330.00	330.00	330.00	330.00	330.00	330.00	330.00
单位产品定额成本 / 元	1963.00				1090.00			1308.00							
各成本项目脱离定额差异分配率		−0.01				0.07			0.11						
本月完工产品成本 / 元	647790.00	−4061.54	64084.00	−12548.00	359700.00	25179.07	23680.00	431640.00	46680.00	28416.00	1439130.00	67797.53	116180.00	−12548.00	1610559.53
完工产品单位成本 / 元	1963.00	−12.31	194.19	−38.02	1090.00	76.30	71.76	1308.00	141.45	86.11	4361.00	205.45	352.06	−38.02	4880.48
月末在产品成本 / 元	270894.00	−1698.46	0.00	0.00	155870.00	10910.93	0.00	187044.00	20228.00	0.00	613808.00	29440.47	0.00	0.00	643248.47

会计主管：　　　　审核：　　　　制表：

表 6-51 会计分录表 凭证号数：8

摘要	借贷方向	总账科目	明细账科目	金额
结转完工产品成本	借：	库存商品	麦琪	1214982.71
		库存商品	麦珂	1610559.53
	贷：	基本生产成本	麦琪产品（定额成本）	1060180.00
		基本生产成本	麦琪产品（脱离定额差异）	81571.11
		基本生产成本	麦琪产品（定额成本变动差异）	83712.00
		基本生产成本	麦琪产品（材料成本差异）	-10480.40
		基本生产成本	麦珂产品（定额成本）	1439130.00
		基本生产成本	麦珂产品（脱离定额差异）	67797.53
		基本生产成本	麦珂产品（定额成本变动差异）	116180.00
		基本生产成本	麦珂产品（材料成本差异）	-12548.00

麦珂琪公司“生产成本”明细账，可扫描 M6-1 查看。

M6-1

定额法账簿

定额法是指为了及时地反映和监督生产费用和产品成本脱离定额的差异，加强定额管理和成本控制而采用的一种成本计算方法。它通过事前制定产品的消耗定额、费用定额和定额成本，作为降低成本的目标；在生产费用发生的当时，将符合定额的费用和发生的差异分别核算，加强对成本差异的日常核算、分析和控制；月末在定额成本的基础上加减各种成本差异，计算产品的实际成本，为成本的定期分析和考核提供数据。因此，定额法具有以下优点。

（1）有利于加强成本的日常控制。通过对生产费用及脱离定额差异的日常核算，能在费用发生的当时就反映出脱离定额的差异，从而能及时、有效地促进节约生产耗费，降低产品成本。

（2）便于进行产品成本的考核与分析。由于产品成本是各种成本差异分别反映的，因而便于进行产品成本的定期考核分析，有利于进一步挖掘降低成本的潜力。

（3）有利于提高成本的定额管理和计划工作的水平。

（4）因为有现成的定额资料，所以能较为简便地分配完工产品成本和月末在产品成本。但同时也存在以下不足：因它要分别核算定额成本、定额差异和定额变动差异，工作量较大，推行起来比较困难；不便于对各个责任部门的工作情况进行考核和分析；定额资料若不准确，则会影响成本计算的准确性。

【课后演练】

一、单项选择题

1. 分类法的成本计算对象是（　　）。

A. 产品品种　　B. 产品类别　　C. 联产品　　D. 副产品

2. 分类法优点的是（　　）。

A. 能降低产品成本　　B. 能控制产品成本水平

C. 能正确计算产品成本　　D. 能简化产品成本的计算过程

3 某企业采用分类法计算产品成本，A、B 两种产品为一类产品，A、B 两种产品的定额消耗量分别为 1 6 千克和 2 0 千克，产量分别为 100 件和 180 件，若以 A 产品作为标准产品，则B产品定额消耗量系数为（ ）。

A. 1.25 B. 125 C. 225 D. 100

4. 分类法适用于（ ）。

A. 大量大批单步骤生产 B. 大量大批多步骤生产

C. 单件小批单步骤生产 D. 各种生产类型

5. 定额成本是（ ）。

A. 行业的平均成本 B. 实际成本

C. 成本控制目标 D. 计划成本

6. 定额法下，本月完工产品实际成本应以（ ）为基础。

A. 月初在产品定额成本 B. 本月完工产品定额成本

C. 月末在产品定额成本 D. 本月投入产品定额成本

7. 定额变动差异是指（ ）账面定额成本与按新定额计算的定额成本之间的差异。

A. 月初在产品 B. 本月投产产品

C. 本月完工产品 D. 月末在产品

8. 如果期末在产品成本按定额成本计算，则实际成本脱离定额的差异会（ ）。

A. 由完工产品和在产品共同负担 B. 由在产品负担

C. 由完工产品负担 D. 以上都不对

二、多项选择题

1. 同类产品内各种产品之间费用的分配标准可以是（ ）。

A. 材料消耗定额 B. 工时定额 C. 工资定额 D. 费用定额

2. 定额成本法通常可以与（ ）结合使用。

A. 品种法 B. 分批法 C. 分步法 D. 间接分配法

3. 采用定额成本法应具备的条件是（ ）。

A. 定额管理基础工作比较好 B. 定额管理制度比较健全

C. 产品生产已经定型 D. 各项消耗定额比较准确

4. 分类法下，类内产品成本的计算一般可以采用（ ）。

A. 系数法 B. 直接分配法

C. 定额比例法 D. 约当产量法

5. 脱离定额成本差异主要包括（ ）。

A. 直接材料脱离定额差异 B. 直接人工费用脱离定额差异

C. 制造费用脱离定额差异 D. 管理费用脱离定额差异

三、判断题

1. 由于分类法一种产品成本计算的辅助方法，必须与基本方法结合运用，所以分类法的成本计算期不固定，与其所结合的基本方法一致。（ ）

2. 分类法下，无论分配标准选择得如何恰当，分配的结果都会在不同程度上具有一定假定性。（ ）

3. 应用系数法计算分配同类产品内各种产品成本时，产品的各项生产费用均按同一系数比例进行分配。（ ）

4. 在采用定额成本法时，为了控制材料费用，必须实行限额领料制度。（ ）

5. 直接人工脱离定额差异应当根据企业工资制度分别进行计算，在计件工资制度下，

生产工人工资属于间接计入费用。（　　）

6. 由于制造费用通常与计件工资费用一样，一般属于直接计入费用。（　　）

7. 定额成本一般在月初、季初或年初定期进行修订。（　　）

8. 分类法下，进行产品分类时，类距的确定越小越好。（　　）

9. 定额法下，分配各种成本差异以后，完工产品的定额成本，加上应负担的各种成本差异，即为完工产品的实际成本。（　　）

10. 由于定额法的日常核算是将定额成本和各种成本差异分别核算的，因而生产费用在完工产品与月末在产品之间分配，也按定额成本及各种成本差异分别进行。（　　）

四、业务操作

承接模块三业务操作，假设 AD 化妆品公司大量生产的面霜、润肤露不是两种产品，而是两类产品，面霜类产品包括保湿面霜、抗衰老面霜、美白类面霜三种产品，润肤露类包括男士润肤露、女士润肤露两种产品。AD 化妆品公司 2020 年 8 月产量及定额见下表。

AD 化妆品公司产品产量及单位产品定额表

2020 年 8 月

产品类别	产品名称	产量	工时定额 / 小时	材料消耗定额 / 千克
面霜	保湿面霜	300	110	180
	抗衰老面霜	200	120	200
	美白类面霜	220	130	220
润肤露	男士润肤露	240	150	260
	女士润肤露	660	170	300

要求：用系数分配法核算面霜类内每种产品的成本和用定额比例法核算润肤露类内每种产品的成本，编制两种产品类内产品成本计算表。

M6-2

参考答案

项目七

编制和分析成本报表

成本报表是根据日常分散的成本核算资料及其他有关资料定期汇总编制，用以反映一定期间的产品成本的水平、构成及升降变动情况的书面报告文件。借助成本报表，可以检查企业成本计划的执行情况，考核企业成本工作绩效；通过成本分析，可以揭示产品成本指标和费用项目变动的原因，挖掘节约费用支出和降低产品成本的潜力。由于成本报表主要是以服务企业内部经营管理为目的，以考核各项费用与生产成本计划执行结果的会计报表。因此，没有固定的种类、格式和内容。

成本报表根据企业管理的要求一般可按月、季、年度编报，若内部管理的特殊需要，也可以按日、按周、按旬，甚至按工作班来编报。根据成本报表编制范围可分为全厂成本报表、车间成本报表、班组成本报表、个人成本报表。根据成本报表内容可分为反映费用情况和反映成本情况两类报表，反映费用情况的报表有制造费用明细表、管理费用明细表、销售费用明细表，通过费用明细表可以了解到企业在一定期间内费用支出总额及其构成，了解费用支出合理性以及支出变动的趋势，有利于企业和主管部门正确制定费用预算、控制费用的支出；反映成本情况的报表有产品生产成本报表、主要产品单位成本表、主要成本消耗指标和技术指标表、各种责任成本表和质量成本表等，这类报表侧重于揭示企业生产产品所花费的成本是否达到了预定的目标，通过分析比较，找出差距，为下一步采取有效措施，挖掘降低成本的内部潜力提供有效的资料。

【工作任务】

阳光公司 2019 大量生产 BQ1、BQ2、BQ3 三种塑料制品，其中 BQ3 产品是 2019 年 1 月投产的新产品，该公司管理层要求财务每月按品种和成本项目编制全部产品的生产报表，根据成本报表进行成本分析。

要求：编制阳光公司 8 月份全部产品生产成本报表并进行成本报表分析。

【任务分析】

企业产品成本水平综合反映企业生产和管理水平，在激烈的市场竞争中，成本的高低是决定企业发展的重要因素。因此，企业应加强内部成本管理，科学地设置和编制成本报表。根据我国《企业会计准则》的规定：成本报表不作为企业向外报送的会计报表，它主要是为满足内部管理需要而编制的。

【任务操作步骤】

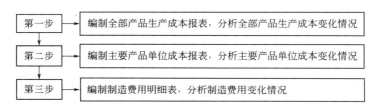

第一步 → 编制全部产品生产成本报表，分析全部产品生产成本变化情况

第二步 → 编制主要产品单位成本报表，分析主要产品单位成本变化情况

第三步 → 编制制造费用明细表，分析制造费用变化情况

【任务操作】

成本报表的编制为了充分反映成本报表的作用，必须做到数字准确、内容完整、编制及时，这是对成本报表质量的统一而不可分割的要求。数字准确，就是指报表的指标必须如实地反映企业成本工作的实际情况，不得以估计的数字、计划数字、定额数字来代替实际数字，内容完整，就是指编制成本报表的种类必须齐全，应填列的报告指标结合文字说明必须全面；表内项目和表外补充资料，不论根据账簿资料直接填列还是分析填列都应当完整无缺，并且不得随意变更；编制及时，就是指要按照规定期限及时报送成本报表，以便有关方面及时利用成本资料的信息进行检查、分析等工作。

任务一 编制全部产品生产成本报表

产品生产成本表是反映企业在报告期内生产的全部产品（包括可比产品和不可比产品）的总成本，以及各种主要产品的单位成本和总成本的报表。

一、确定产品生产成本报表的格式

全部产品生产成本表在格式上一般分为按产品品种反映和按成本项目反映两种形式。

1. 按产品品种反映全部产品生产成本报表

按产品品种反映的全部产品成本报表包括可比产品成本报表和不可比产品成本报表。可比产品是指以前年度正式生产过，具有以往实际成本资料可供比较的产品；不可比产品是指以前年度没有正式生产过，没有以往实际成本资料可供比较的产品。对于去年试制成功、今年正式投产的产品，也应作为不可比产品。

全部产品生产成本报表按可比产品和不可比产品的品种来设置，按照实际产量、单位成本、本月总成本等设置专栏，分别反映上年实际、本年计划、本月实际和本年累计实际单位成本，以及按上年实际单位成本计算和按本年计划单位成本计算的本月（或本年累计）总成本，本月（或本年累计）实际总成本。

阳光公司 8 月份全部产品生产成本按产品品种反映的报表格式见表 7-8。

2. 按成本项目反映的产品生产成本表

按成本项目反映的产品生产成本报表反映企业在报告期内发生的全部生产费用和全部产品成本以及各项生产费用的构成情况。该表分为生产费用和产品生产成本两个部分，分别列示上年实际数、本年计划数、本月实际数和本年累计实际数。表中生产费用部分按成本项目反映报告期内发生的各项生产费用的合计数。产品生产成本是以报告期内生产费用合计数为基础，加上在产品、自制半成品期初余额，减去在产品、自制半成品期末余额计算得出来的。

阳光公司 8 月份全部产品生产成本按成本项目反映的报表格式见表 7-9。

二、取得编制成本报表资料

确定成本报表的格式后，需要计算填写成本报表各项目的数据，为此，应收集相关的数据资料。填写按产品品种反映全部产品生产成本报表需要上一年度产量及实际成本、本年度计划产量及计划成本、本年度实际产量及实际成本等成本资料；填写按成本项目反映的产品生产成本报表，需要这些资料可以通过查找生产费用分配表取得。

阳光公司编制按产品品种反映全部产品生产成本报表的资料包括：2018 年实际成本汇总表、2019 计划成本汇总表、2019 实际成本汇总表（表 7-1 ～表 7-3）。

表 7-1　2018 年实际成本汇总表

单位：元

月份	BQ1			BQ2		
	产量	单位成本	总成本	产量	单位成本	总成本
1	254	354.00	89916.00	230	326.00	74980.00
2	235	352.00	82720.00	232	322.00	74704.00
3	256	350.00	89600.00	228	324.00	73872.00
4	258	352.00	90816.00	234	320.00	74880.00
5	252	356.00	89712.00	235	324.00	76140.00
6	245	350.00	85750.00	233	322.00	75026.00
7	257	356.00	91492.00	233	325.00	75725.00
8	254	348.00	88392.00	235	322.00	75670.00
9	253	354.00	89562.00	237	326.00	77262.00
10	258	346.00	89268.00	232	324.00	75168.00
11	259	356.00	92204.00	236	323.00	76228.00
12	256	348.00	89088.00	233	326.00	75958.00
合计	3037		1068520.00	2798		905613.00

会计主管：　　　　审核：　　　　制表：

表 7-2　2019 年计划成本汇总表

单位：元

月份	BQ1			BQ2			BQ3		
	产量	单位成本	总成本	产量	单位成本	总成本	产量	单位成本	总成本
1	260	340.00	88400.00	240	320.00	76800.00	180	360.00	64800.00
2	240	340.00	81600.00	245	320.00	78400.00	180	360.00	64800.00
3	255	340.00	86700.00	250	320.00	80000.00	180	360.00	64800.00
4	268	340.00	91120.00	260	320.00	83200.00	180	360.00	64800.00
5	265	340.00	90100.00	245	320.00	78400.00	180	360.00	64800.00
6	245	340.00	83300.00	230	320.00	73600.00	180	360.00	64800.00
7	250	340.00	85000.00	240	320.00	76800.00	180	360.00	64800.00
8	260	340.00	88400.00	250	320.00	80000.00	180	360.00	64800.00
9	265	340.00	90100.00	245	320.00	78400.00	180	360.00	64800.00
10	265	340.00	90100.00	235	320.00	75200.00	180	360.00	64800.00
11	270	340.00	91800.00	255	320.00	81600.00	180	360.00	64800.00
12	270	340.00	91800.00	255	320.00	81600.00	180	360.00	64800.00
合计	3113		1058420.00	2950		944000.00	2160		777600.00

会计主管：　　　　审核：　　　　制表：

表 7-3 2019 实际成本汇总表

单位：元

月份	BQ1			BQ2			BQ3		
	产量	单位成本	总成本	产量	单位成本	总成本	产量	单位成本	总成本
1	254	342.00	86868.00	230	318.00	73140.00	175	356.00	62300.00
2	235	344.00	80840.00	232	317.00	73544.00	178	355.00	63190.00
3	256	340.00	87040.00	228	315.00	71820.00	176	354.00	62304.00
4	258	346.00	89268.00	234	318.00	74412.00	182	356.00	64792.00
5	252	348.00	87696.00	235	319.00	74965.00	184	358.00	65872.00
6	245	347.00	85015.00	233	320.00	74560.00	186	356.00	66216.00
7	257	345.00	88665.00	233	322.00	75026.00	180	359.00	64620.00
8	254	348.00	88392.00	235	321.00	75435.00	178	356.00	63368.00
合计	2011		693784.00	1860		592902.00	1439		512662.00

会计主管： 审核： 制表：

阳光公司编制按成本项目反映的产品生产成本报表的资料包括：阳光公司 2018 年 8 月全部产品生产成本报表（按成本项目反映）（表 7-4）、阳光公司 2019 年 1—8 月各产品计划成本汇总表（表 7-5），阳光公司 2019 年 8 月各产品实际成本汇总表（表 7-6）（注：各种产品本月生产费用分配表或成本计算单，为了节约篇幅，此处将三种产品的生产费用分配表中有关完工产品成本的项目汇总至表 7-6）。阳光公司编制按成本项目反映的产品生产成本 2019 年 7 月份报表见表 7-7。

表 7-4 阳光公司全部产品生产成本报表（按成本项目反映）

2018 年 8 月

单位：元

项目	上年实际数	本年计划数	本月实际数	本年累计实际数
直接材料	364452.00	522597.00	68465.00	362432.00
直接人工	597533.00	978424.00	109987.00	693533.00
制造费用	258420.00	352574.00	49845.00	253430.00
合计	1220405.00	1853595.00	228297.00	1309395.00

会计主管： 审核： 制表：

表 7-5 阳光公司 2019 年 1—8 月各产品计划成本汇总表

单位：元

产品名称	成本项目			合计
	直接材料	直接人工	制造费用	
BQ1	206376.00	406516.00	114603.00	727495.00
BQ2	195244.00	351748.00	136060.00	683052.00
BQ3	120867.00	206785.00	102021.00	429673.00
合计	522487.00	965049.00	352684.00	1840220.00

会计主管： 审核： 制表：

表 7-6 阳光公司 2019 年 8 月各产品实际成本汇总表

单位：元

产品名称	成本项目			合计
	直接材料	直接人工	制造费用	
BQ1	25376.00	45112.00	17904.00	88392.00
BQ2	20544.00	38823.00	16068.00	75435.00
BQ3	18351.00	32485.00	12532.00	63368.00
合计	64271.00	116420.00	46504.00	227195.00

会计主管： 审核： 制表：

表 7-7 阳光公司全部产品生产成本报表（按成本项目反映）

2019 年 7 月

单位：元

项目	上年实际数	本年计划数	本月实际数	本年累计实际数
直接材料	346452.00	543487.00	63861.00	432833.00
直接人工	587563.00	965486.00	113568.00	820054.00
制造费用	248625.00	364684.00	47263.00	319266.00
合计	1182640.00	1873657.00	224692.00	1572153.00

会计主管： 审核： 制表：

三、编制全部产品生产成本表

1. 按产品品种反映全部产品生产成本表的编制

根据编制成品报表资料，按成本报表的项目逐项计算填写报表。

阳光公司财务人员编制的按产品品种反映全部产品生产成本表见表 7-8。

表 7-8 中各项的计算填列方法如下：

（1）“本月（实际产量）”栏（第 1 栏）、“本月实际（总成本）”栏（第 9 栏）应根据生产费用分配表或产品成本计算单的有关记录填列。为节约篇幅，阳光公司生产费用分配表或产品成本计算单以表 7-1 数据代替。

（2）“本年累计（实际产量）”栏（第 2 栏）应根据本月实际产量加上上月本表的累计实际产量计算填列。“本年累计实际（总成本）”栏（第 12 栏）应根据本月实际总成本加上上月本表的本年累计实际总成本计算填列。阳光公司的本年累计实际产量和本年累计实际总成本见表 7-3。

（3）“上年实际平均（单位成本）”栏（第 3 栏）应根据上年度本表所列示可比产品的全年实际平均单位成本填列。阳光公司的上年实际平均单位成本根据表 7-1 数据计算填列。

如：BQ1 产品上年实际平均单位成本 = 总成本 ÷ 总产量 =1068520÷3037=351.83（元 / 件）

（4）“本年计划（单位成本）”栏（第 4 栏）应根据本年度成本计划中各产品单位成本的计划数填列。阳光公司的本年计划单位成本根据表 7-2 填列。

（5）“本月实际（单位成本）”栏（第 5 栏）、“本年累计实际平均（单位成本）”栏（第 6 栏）、“按上年实际平均单位成本计（本月总成本）”栏（第 7 栏）、“按本年计划单位成本计（本月总成本）”栏（第 8 栏）、“按上年实际平均单位成本计（本年累计总成本）”栏（第 10 栏）、“按本年计划单位成本计（本年累计总成本）”栏（第 11 栏）应根据报表中指示的计算方法填列。

表 7-8 阳光公司全部产品生产成本报表

2019 年 8 月

单位：元

产品名称	计量单位	实际产量		单位成本				本月总成本			本年累计总成本		
		本月	本年累计	上年实际平均	本年计划	本月实际	本年累计实际平均	按上年实际平均单位成本计	按本年计划平均单位成本计	本月实际	按上年实际平均单位成本计	按本年计划平均单位成本计	本年累计实际
		（1）	（2）	（3）	（4）	（5）=（9）/（1）	（6）=（12）/（2）	（7）=（1）×（3）	（8）=（1）×（4）	（9）	（10）=（2）×（3）	（11）=（2）×（4）	（12）
可比产品合计	—	—	—	—	—	—	—	165424.92	161560.00	163827.00	1309537.73	1278940.00	1286686.00
其中：BQ1	件	254	2011	351.83	340.00	348.00	344.99	89364.82	86360.00	88392.00	707530.13	683740.00	693784.00
BQ2	件	235	1860	323.66	320.00	321.00	318.76	76060.10	75200.00	75435.00	602007.60	595200.00	592902.00
不可比产品合计	—	—	—	—	—	—	—	—	64080.00	63368.00	—	518040.00	512662.00
其中：BQ3	件	178	1439	—	360.00	356.00	356.26	—	64080.00	63368.00	—	518040.00	512662.00
全部产品成本	—	—	—	—	—	—	—	—	225640.00	227195.00	—	1796980.00	1799348.00

会计主管： 审核： 制表：

2. 按成本项目反映全部产品生产成本表的编制

根据编制成本报表资料，按成本报表的项目逐项计算填写报表。

阳光公司财务人员根据表 7-4 ～表 7-7 编制的成本项目反映的产品生产成本表见表 7-9。

表 7-9 阳光公司全部产品生产成本报表（按成本项目反映）

2019 年 8 月　　单位：元

项目	上年同期累计实际数	本年同期累计计划数	本月实际数	本年累计实际数
直接材料	362432.00	522487.00	64271.00	497104.00
直接人工	693533.00	965049.00	116420.00	936574.00
制造费用	253430.00	352684.00	46504.00	365670.00
合计	1309395.00	1840220.00	227195.00	1799348.00

会计主管：　　审核：　　制表：

表 7-9 中各项目填列方法如下：

上年同期累计实际数，应根据上年对应月份的本年累计实际数填列。表 7-9 中的“上年同期累计实际数”根据表 7-4 中的“本年累计实际数”填列。

本年同期累计计划数则根据本年度计划的有关数据填列。表 7-9 中的“本年同期累计计划数”根据表 7-5 的数据填列。

本月实际数，应根据本月各种产品成本明细账中记录的生产费用合计数，按成本项目分别汇总填列。表 7-9 中“本月实际数”根据表 7-6 的数据填列。

本年累计实际数，应根据本月实际数加上上月本表的本年累计实际数计算填列。表 7-9 中的“本年累计实际数”根据表 7-9 中“本月实际数”和表 7-7 的“本年累计实际数”计算填列。

四、分析全部产品生产成本报表

成本报表分析方法，在实践中是多种多样的。采用何种方法，是由分析的目的、分析对象的特点、所掌握的计划资料和核算资料的性质和内容来决定。

1. 确定成本报表分析方法

成本报表分析的基本方法，常用的有比较分析法、比率分析法、因素分析法以及差额计算分析法等。

（1）比较分析法。比较分析法是指通过分析对象在目前的实际状况与相关标准的数据相比，确定差异的一种分析方法。通过对比分析，可以发现寻找差距，并为进一步的分析指明方向。根据比较基数的不同，成本报表的比较分析可采取以下几种方式。

① 将本期实际指标与计划指标进行对比。以实际成本指标与计划成本指标或定额指标对比，分析计划或定额的完成情况，揭示差异的性质。

② 将本期实际指标与前期指标进行对比。以本期实际成本指标与前期（上期、上年同期或历史先进水平）的实际成本指标对比，了解成本指标变动情况和变动趋势，揭示企业生产经营工作改进情况。

③ 将企业实际指标与同行业先进指标进行对比。以本期实际成本指标与国内外同行业

先进成本指标（或平均成本指标）对比，可以了解在大范围内成本管理所处的状况和水平，有利于吸收先进财务管理经验，推动企业改善经营管理。

采用比较分析法，应注意对比指标之间的可比性。该方法只适用于同质指标的数量对比，对比指标双方的指标内容、计算方法、采用的计价基础、时间单位及有关前提条件等应当相互一致。

（2）比率分析法。比率分析法是通过计算和对比经济指标的比率进行数量分析的方法。在成本分析中，常用的比率分析方法主要有以下几种。

① 相关比率分析。将两个性质不同但又相关的指标对比求出比率，再以该项实际数比率与计划数比率（或前期实际数比率）进行比较分析，以便从经济活动的客观联系中，进一步了解企业成本管理和经营状况。在成本效益分析中，与成本指标性质不同而又相关的指标，有反映企业生产成果的产值指标、反映企业销售成果的营业收入指标和反映财务成果的利润指标等。运用相关比率分析法所计算的相关比率包括产值成本率、营业收入成本率和成本利润率等。例如：

产值成本率＝产品成本 / 商品产值 ×100%

营业收入成本率＝产品成本 / 营业收入 ×100%

成本利润率＝利润总额 / 产品成本 ×100%

② 构成比率分析。通过计算某项经济指标的各个组成部分占总体的比重进行分析。例如，在成本分析中，通过计算产品成本中各个项目所占比重、费用总额中各个项目所占比重，可以反映产品成本或费用总额的构成是否合理，为寻找降低成本、节约成本的途径指明了方向。例如：

直接材料费用比率＝直接材料费用 / 产品成本 ×100%

直接人工费用比率＝直接人工费用 / 产品成本 ×100%

制造费用比率＝制造费用 / 产品成本 ×100%

③ 趋势比率分析。将不同时期同类指标的数值对比求出比率，进行动态比较，据以分析该项指标的增减速度和变动趋势，可分为定比趋势百分比和环比趋势百分比两种方式。

（3）因素分析法。因素分析法也称连环替代法，是将综合性经济指标分解为各个因素后，以组成该指标的各个因素的实际数，按顺序替换比较的标准，来计算各个因素变动对该指标的影响程度的方法。运用连环替代法进行分析计算，应当遵循以下计算顺序。

① 根据综合性经济指标的特征和分析的目的，确定构成该指标的因素。例如，在分析单位产品成本中的直接材料费用的变动原因时，可以确定分析材料消耗的数量和单价两个因素的影响。

② 根据因素的依存关系，按一定顺序排列因素。采用连环替代法，改变因素的顺序，计算结果会有所不同。为了便于比较和分析，应当确定因素的排列顺序。在实际工作中，一般将反映数量的因素排列在前，反映质量的因素排列在后；反映实物量和劳动量的因素排列在前，反映价值量的因素排列在后。

③ 确定比较的标准后，依次以各因素的本期实际数值替代该因素的标准数，每次替换后计算出新的数据，有几个因素就需要替换几次，直至最后计算出该指标的实际数据。

④ 以每次替换后计算出的数据，减去前一个数据，其差额就是该因素变动对经济指标

的影响程度。

⑤ 综合各个因素的影响程度，其总和就是该经济指标的实际数与标准数的差异。

阳光公司分析全部产品成本计划完成情况选择了比较分析法和比率分析法，分析可比产品成本计划完成情况选择了比较分析法和因素分析法。

（4）差额计算分析法。差额计算分析法是利用各个因素的实际数与基期数的差额，直接计算各个因素变动对经济指标的影响程度。假设经济指标 $A=X\times Y\times Z$, 采用差额计算法时的计算公式如下：

由于 X 因素变动对指标 A 的影响＝（X_1-X_0）$\times Y_0\times Z_0$

由于 Y 因素变动对指标 A 的影响＝ $X_1\times$（Y_1-Y_0）$\times Z_0$

由于 Z 因素变动对指标 A 的影响＝ $X_1\times Y_1\times$（Z_1-Z_0）

2. 分析全部产品成本计划完成情况

全部产品成本计划完成情况的分析，也应当按照产品类别和成本项目分别进行。通过分析，查明全部产品和各种产品成本计划的完成情况；查明全部产品总成本中，各个成本项目的成本计划完成情况，同时还要找出成本降低幅度较大的成本项目，为进一步分析奠定基础。

（1）按产品类别进行的成本计划完成情况分析。全部产品按产品类别进行的成本计划完成情况的分析，依据是分析期内的产品生产成本表和按产品类别编制的全部产品计划完成情况分析表。

阳光公司财务人员采用比较分析法对全部产品成本报表按产品类别进行分析，根据表 7-2 和表 7-3 编制的 8 月份成本计划完成情况分析表本年累计成本表如表 7-10、表 7-11 所示。

表 7-10　阳光公司全部产品（按产品类别）8 月份成本计划完成情况分析表

2019 年 8 月　　单位：元

产品名称	本月计划总成本	本月实际总成本	本月实际比计划	
			降低额	降低率
	（1）	（2）	（3）＝（1）－（2）	（4）＝（3）/（1）
一、可比产品	161560.00	163827.00	−2267.00	−1.40%
其中：BQ1	86360.00	88392.00	−2032.00	−2.35%
BQ2	75200.00	75435.00	−235.00	−0.31%
二、不可比产品	64080.00	63368.00	712.00	1.11%
其中：BQ3	64080.00	63368.00	712.00	1.11%
合计	225640.00	227195.00	−1555.00	−0.69%

会计主管：　　审核：　　制表：

表 7-10 中本月计划总成本是按本月实际产量与本月计划单位成本计算的。由表 7-10 的计算表明，本月实际总成本比计划超支 1555 元，超支了 0.69%；其中，BQ1 超支 2032 元，BQ2 超支 235 元，二者共同作用的结果使可比产品实际累计总成本比计划超支 2267 元；不可比产品实际累计总成本比计划节约 712 元。

表 7-11 阳光公司全部产品（按产品类别）本年累计成本计划完成情况分析表

2019 年 8 月 单位：元

产品名称	本年累计计划总成本	本年累计实际总成本	本年累计实际比计划	
			降低额	降低率
	（1）	（2）	（3）=（1）-（2）	（4）=（3）/（1）
一、可比产品	1278940.00	1286686.00	-7746.00	-0.61%
其中：BQ1	683740.00	693784.00	-10044.00	-1.47%
BQ2	595200.00	592902.00	2298.00	0.39%
二、不可比产品	518040.00	512662.00	5378.00	1.04%
其中：BQ3	518040.00	512662.00	5378.00	1.04%
合计	1796980.00	1799348.00	-2368.00	-0.13%

会计主管： 审核： 制表：

表 7-11 中本年累计计划总成本是按本月累计实际产量与计划单位成本计算的。由表 7-11 的计算表明，本年累计实际总成本比计划超支 2368 元，超支了 0.13%；其中，BQ1 超支 10044 元，BQ2 节约 2298 元，二者共同作用的结果使可比产品实际累计总成本比计划超支 7746 元；不可比产品实际累计总成本比计划节约 5378 元。通过对表 7-10 和表 7-11 的分析，下一步分析的重点应查明 BQ1 成本超支的原因。

（2）按成本项目分析全部产品成本计划的完成情况。企业为了解成本变动的原因，挖掘成本降低的潜力，往往要进一步比较和分析产品成本项目的变动情况及其对总成本的影响程度，按成本项目分析全部产品成本计划的完成情况，就是将全部产品的各成本项目与上年实际、本年计划及本年实际累计数进行比较分析，找出成本变动的原因。

阳光公司财务人员根据全部产品生产成本报表（按成本项目反映）（表 7-9），采用比较分析法进行分析，编制了全部产品（按成本项目反映）成本计划完成情况分析表（表 7-12）；采用比率分析法进行分析，编制了全部产品成本项目构成比率分析表（表 7-13）。

表 7-12 阳光公司全部产品（按成本项目）成本计划完成情况分析表

2019 年 8 月 单位：元

项目	本年累计实际比上年同期累计实际		本年累计实际比本年同期累计计划	
	降低额	降低率	降低额	降低率
直接材料	-134672.00	-37.16%	25383.00	4.86%
直接人工	-243041.00	-35.04%	28475.00	2.95%
制造费用	-112240.00	-44.29%	-12986.00	-3.68%
合计	-489953.00	-37.42%	40872.00	2.22%

会计主管： 审核： 制表：

表 7-12 中，本年累计实际上年同期累计实际的降低额为表 7-9 中上年同期累计实际数与本年累计实际数的差额，降低率为降低额占上年同期累计实际数的百分比；表 7-12 中，其他栏目以此类推。表 7-12 的计算表明，阳光公司全部产品的成本项目比上年同期累计实际上升，但比计划降低了，说明本年计划执行较好，还有深入挖掘的潜力，应结合当前原材料价格、物价上涨等宏观环境因素，找到成本项目变动的真正原因，以便及时采取有效措施。

表 7-13 阳光公司全部产品（按成本项目）构成比率分析表

2019 年 8 月

项目	上年同期累计实际比率	本年同期累计计划比率	本月实际比率	本年累计实际比率	本年累计与上年比较	本年累计与计划比较	本年累计与本月比较
	（1）	（2）	（3）	（4）	（5）=（1）-（4）	（5）=（2）-（4）	（7）=（3）-（4）
直接材料	27.68%	28.39%	28.29%	27.63%	0.05%	0.77%	0.66%
直接人工	52.97%	52.44%	51.24%	52.05%	0.92%	0.39%	-0.81%
制造费用	19.35%	19.17%	20.47%	20.32%	-0.97%	-1.16%	0.15%
合计	100.00%	100.00%	100.00%	100.00%	0.00%	0.00%	0.00%

会计主管： 审核： 制表：

表 7-13 中各期的构成比率根据表 7-9 的数据计算而得，是各成本项目金额占成本合计的百分比。通过表 7-13 中数据可以看出，本年累计实际直接材料的构成比率相较于上年、计划和本月都是下降的；直接人工的构成比率相较于上年和计划是下降的，但比本月是上升的；制造费用的构成比率相较于本月是下降的，但相较于上年和计划是上升的。对于这些变动，应进一步查明原因，以节约成本，提高经济效益。

3. 分析可比产品成本计划完成情况

可比产品是企业的主要产品，企业一般分析可比产品的成本消耗、收入、利润等在企业全部产品中所占比重大的产品。可比产品成本的升降情况的分析可以按产品品种进行，也可以按全部可比产品进行。

（1）分析可比产品成本计划完成情况。可比产品成本降低计划完成情况的分析是将其实际降低额和降低率与计划数进行对比分析。计划降低额是指可比产品计划总成本比按计划产量和上年实际平均单位成本计算的总成本降低的数额（超支额用负数表示）；实际降低额指可比产品累计实际总成本比按上年实际单位成本计算的累计总成本降低的数额（超支额用负数表示）。

阳光公司财务人员根据全部产品生产成本报表（表 7-1 ～表 7-3），采用比较分析法编制了可比产品成本计划完成情况分析表，如表 7-14 所示。

表 7-14 阳光公司可比产品成本计划完成情况分析表

2019 年 8 月 单位：元

产品名称	本年累计总成本				计划降低		实际降低		实际降低与计划降低的差	
	按计划产量上年实际平均单位成本计算	按计划产量本年计划单位成本计	按实际产量与上年实际平均成本计算	本年累计实际	降低额	降低率	降低额	降低率	降低额	降低率
	（1）	（2）	（3）	（4）	（5）=（1）-（2）	（6）=（5）/（1）	（7）=（3）-（4）	（8）=（7）/（3）	（9）=（7）-（5）	（10）=（8）-（6）
BQ1	718788.69	694620.00	707530.13	693784.00	24168.69	1.79%	13746.13	1.05%	-10422.56	-1.42%
BQ2	634373.60	627200.00	602007.60	592902.00	7173.60	0.53%	9105.60	0.7%	1932.00	0.38%
合计	1353162.29	1321820.00	1309537.73	1286686.00	31342.29	2.32%	22851.73	1.75%	-8490.56	-0.57%

会计主管： 审核： 制表：

表 7-14 中计算公式如下：

可比产品成本计划降低额 = ∑［计划产量 ×（本年计划单位成本 - 上年实际平均单位成本）］

=2034×（340-351.83）+1960×（320-323.66）=-31342.29（元）

注：计划产量为表 7-2 中 1—8 月计划产量之和。

可比产品成本计划降低率 = 可比产品成本计划降低额 ÷ ∑（计划产量 × 上年实际平均单位成本）×100%

=-31342.29÷（2034×351.83+1960×323.66）×100%=-2.32%

可比产品成本实际降低额 = ∑［实际产量 ×（本年实际平均成本 - 上年实际平均单位成本）］= ∑（本年累计实际总成本 - 实际产量 × 上年实际平均单位成本）

=（693784.00+592902.00）-2011×351.83+1860×323.66=-22851.73（元）

可比产品成本实际降低率 = 可比产品成本实际降低额 ÷ ∑（实际产量 × 上年实际平均单位成本）×100%

=-22851.73÷（2011×351.83+1860×323.66）×100%=-1.75%

阳光公司可比产品成本计划降低额 31342.29 元，而实际降低额为 22851.73 元，降低额实际比计划减少了 8490.56 元；计划降低率为 2.32%，实际降低率为 1.75%，降低率实际比计划减少了 0.57%；主要原因是 BQ1 产品没有完成成本降低计划，企业应进一步查原因，分析影响可比产品成本降低计划完成情况的相关因素，然后做出合理的评价。

（2）影响可比产品成本降低计划及其完成情况的因素分析。影响可比产品成本降低计划完成情况的因素主要有 3 个，即产品产量、产品品种结构变动和产品单位成本。

① 产品产量变动的影响。由于可比产品的计划降低额是根据计划产量计算的，实际降低额是根据实际产量计算的；因此，产量的变动会使降低额发生变动。但在其他因素不变条件下，产品产量的变动，只会引起成本降低额发生变化，成本降低率不会变化。

阳光公司财务人员根据全部产品生产成本汇总表（表 7-1 ～表 7-3）和表 7-14，编制了阳光公司产量变动对可比产品成本降低额的影响分析表，如表 7-15 所示。

表 7-15 阳光公司产量变动对可比产品成本降低额的影响分析表

2019 年 8 月

产品名称	实际产量 / 件	上年实际平均单位成本 / 元	按上年实际平均单位成本计算的实际总成本 / 元	计划降低率	计划降低额 / 元	影响额 / 元
BQ1	2011	351.83	707530.13	2.32%	31342.29	-961.01
BQ2	1860	323.66	602007.60	2.32%		
合计			1309537.73	2.32%		

会计主管： 审核： 制表：

表 7-15 计算公式如下：

产量变动对成本降低额的影响 = ∑（实际产量 × 上年实际单位成本）× 计划成本降低率 - 计划降低额

产量变动对成本降低的影响 =1309537.73×2.32% -31342.29=-961.01（元）

② 产品品种比重变动的影响。因为全部可比产品成本降低率是各种可比产品的个别成

本降低率以各种可比产品的产量比重为权数的加权平均成本降低率。提高成本降低幅度大的产品比重，则全部可比产品成本降低额和降低率增加，反之则相反。

阳光公司财务人员根据全部产品生产成本汇总表（表 7-1 ～表 7-3）和表 7-14，编制了阳光公司产品品种比重变动对可比产品成本降低额和降低率的影响分析表，如表 7-16 所示。

表 7-16　阳光公司品种比重变动对可比产品成本降低额的影响分析表

2019 年 8 月

产品名称	实际产量 / 件	上年实际平均单位成本 / 元	计划单位成本 / 元	总成本 / 元		计划降低率 /%	影响额 / 元	影响率 /%
				按上年实际单位成本算	按计划单位成本算			
BQ1	2011	351.83	340.00	707530.13	683740.00	2.32	7375.43	0.03
BQ2	1860	323.66	320.00	602007.60	595200.00	2.32	-7158.98	
合计	—	—	—	1309537.73	1278940.00	2.32	216.45	

会计主管：　　　　审核：　　　　制表：

表 7-16 计算公式如下：

产品品种比重变动成本降低额的影响 = ∑（实际产量 × 上年实际单位成本）- ∑（实际产量 × 计划单位成本）- ∑（实际产量 × 上年实际单位成本）× 计划成本降低率

=1309537.73-1278940.00-1309537.73×2.32%=216.45（元）

品种比重变动成本降低率的影响 = 品种比重变动成本降低额的影响额 / ∑（实际产量 × 上年实际单位成本）×100%

=216.45÷1309537.73×100%=0.02%

③ 产品单位成本变动的影响。成本降低计划是本年度计划比上年度实际成本的降低数，而实际成本降低额则是本年实际成本比上年实际成本的降低数。因此，当本年度可比产品实际单位成本比计划单位成本有升降变化时，必然会引起可比产品成本降低和降低率相应产生升降变化。在其他因素不变的条件下，产品单位成本的变动与成本降低额和降低率的变动相反，单位成本降低，成本降低率和降低额增加，反之则相反。

阳光公司财务人员根据全部产品生产成本汇总表（表 7-1 ～表 7-3）和表 7-14，编制了阳光公司产品单位成本变动对可比产品成本降低额和降低率的影响分析表，如表 7-17 所示。

表 7-17　阳光公司单位成本变动对可比产品成本降低额的影响分析表

2019 年 8 月

产品名称	实际产量 / 件	计划单位成本 / 元	本年实际平均单位成本 / 元	总成本 / 元		影响额 / 元	影响率 /%
				按计划单位成本算	按实际单位成本算		
BQ1	2011	340.00	344.99	683740.00	693784.00	-10044.00	-0.60
BQ2	1860	320.00	318.76	595200.00	592902.00	2298.00	
合计	—	—	—	1278940.00	1286686.00	-7746.00	

会计主管：　　　　审核：　　　　制表：

单位成本变动对成本降低额的影响 = ∑（实际产量 × 计划单位成本）－∑（实际产量 × 实际单位成本）=1278940.00−1286686.00=−7746.00（元）

单位成本变动对成本降低率的影响 = 单位成本变动对成本降低额的影响 / ∑（实际产量 × 上年实际单位成本）

=−7746.00÷1286686.00×100%=−0.60%

阳光公司财务人员将影响可比产品成本降低计划及其完成情况的因素分析表（表 7-15 ～表 7-17）进行了汇总，编制如表 7-18 所示的汇总表。

表 7-18 各因素影响程度汇总表

2019 年 8 月

影响因素	影响程度	
	降低额 / 元	降低率
产品产量	−961.01	0.00%
产品品种比重	216.45	0.03%
产品单位成本	−7746.00	−0.60%
合计	−8490.56	−0.57%

会计主管： 审核： 制表：

上述分析计算结果说明，可比产品实际成本降低率为 1.75%，低于计划要求的 0.57%；实际降低额为 22851.73 元，低于计划要求的 8490.56 元。究其原因，由于产量增加，使得实际成本降低额减少 961.01 元；由于产品品种结构的变动，使得实际成本降低额增加 216.45 元，降低率增加 0.03%，影响不大；由于单位成本的变动，使得实际成本降低额减少 7746 元，降低率减少 0.6%。在单位成本变动中，BQ1 产品单位成本变动使降低额及降低率减少，而 BQ2 产品相反，应进一步查明原因。

在上述因素中，在对成本降低的主要因素分析时，应从购进材料成本、从生产和销售等环节分析查明原因，努力增加产量、降低单位成本，才是完成成本降低计划的有力措施。为了把企业产品的生产耗费和生产成果联系起来，综合评价企业生产经营的经济效益，在全部产品计划完成情况的总评价中，还应包括产值成本率指标的分析。

任务二 编制主要产品单位成本报表

主要产品是指企业在进行经济生产时，在企业全部产品中所占比重较大，能概括反映企业生产经营面貌的那些产品。主要产品单位成本表是反映企业报告期内生产各种主要产品的单位成本的水平和构成及各项主要技术经济指标执行情况的报表。该表应按主要产品分别编制，是按产品品种构成的产品生产成本表的补充报表。主要产品单位成本表可以具体说明“产品生产成本”中“单位成本”项目的具体构成。该表可以考核各种主要产品单位生产成本计划的执行情况；按照成本项目来分析产品单位的超支或者节约的原因；了解各种主要产品的主要技术经济指标执行情况，以利发现问题，挖掘潜力，降低产品成本。

一、确定主要产品单位成本表的格式

主要产品单位成本表包括基本部分和补充资料两部分。基本部分除列示主要产品的名称、规格、计量单位、销售单价、本月计划产量、实际产量和本年累计计划产量、累计实际产量外，主要按成本项目反映产品单位成本的构成及其水平。单位成本部分，分别按成本项目反映历史先进水平、上年实际平均、本年计划、本月实际和本年累计实际平均单位成本。补充资料所反映的是上年和本年的有关主要经济技术指标，包括原材料、燃料和人工等的消耗数量。

阳光公司主要产品单位成本表的格式如表 7-19 所示。该公司按主要按成本项目分设历史先进水平、上年实际平均、本年计划、本月实际和本年累计实际平均单位成本各栏反映主要产品 BQ1 的单位成本。

二、编制主要产品单位成本表

编制主要产品单位成本表应根据主要产品单位成本表的构成项目确定数据资料的来源，收集数据填写表中各项目。

阳光公司财务人员根据历史数据、生产费用分配表及计划资料等编制的主要产品单位成本表见表 7-19。

表 7-19 阳光公司主要产品单位成本报表

2019 年 8 月

产品名称：BQ1　　本月计划产量：260　　本年累计计划产量：2043

产品规格：JVW-12　　本月实际产量：254　　本年累计实际产量：2011

计量单位：件　　产品销售单价：600 元 / 件

成本项目		历史先进水平	上年实际平均	本年计划	本月实际	本年累计实际平均
直接材料 / 元		95.00	97.32	97.00	99.91	96.73
直接人工 / 元		170.00	186.23	178.00	177.60	179.34
制造费用 / 元		60.00	68.28	65.00	70.49	68.92
产品单位成本 / 元		325.00	351.83	340.00	348.00	344.99
主要经济指标	计量单位	耗用量				
原材料	千克	35	38	36	35	34
燃料	千克	20	26	23	25	24

会计主管：　　审核：　　制表：

阳光公司表 7-19 各项数字填列方法如下。

（1）本月及本年累计计划产量部分，根据生产计划填列；本月及本年累计实际产量根据 BQ1“产品成本”明细账或生产费用分配表填列；销售单价根据 BQ1 产品定价表填列。

（2）BQ1 产品单位成本部分，“历史先进水平”栏应根据历史上该种产品成本最低年度本表的实际平均单位成本填列；“上年实际平均”栏，应根据上年度本表实际平均单位成本填列；“本年计划（单位成本）”应根据本年度成本计划填列；“本月实际（单位成本）”栏，应根据“产品成本”明细账或产品成本汇总表填列；“本年累计实际平均（成本）”栏应根据该种“产品成本”明细账自年初至报告期末完工产品成本，分成本项目按实际总成本除以本年累计实际产量计算填列。

（3）主要经济指标部分，应分别根据 BQ1 产品的消耗记录的历史水平、上年实际平均数、计划数、实际数及业务技术核算资料填列。

三、分析主要产品单位成本表

企业产品成本分析，除了要对全部产品和可比产品成本进行分析外，还应对企业主要产品的单位成本进行深入、具体地分析。通过主要产品单位成本表的分析，揭示主要产品单位成本项目的变化及各项消耗定额的执行情况，查明单位产品成本升降的原因，查明全部产品和可比产品成本脱离计划的具体原因，从而正确地评价企业成本计划的完成情况。主要产品单位成本分析主要包括单位成本变动趋势分析、成本项目变动分析。

1. 分析主要产品单位成本变动趋势

从主要产品单位成本表（表 7-19）可以看出，本年累计实际平均成本和本月实际成本低于上年实际平均，但高于本年计划和历史先进水平，说明今年 BQ1 产品的成本计划完成情况不好，且与历史先进水平相差很多，产品成本变动趋势如何，还需进一步分析。为此，从定基比率和环比比率两方面进行成本变动趋势的分析。

阳光公司财务人员根据近五年 BQ1 产品单位成本资料编制的单位成本变动趋势分析表见表 7-20。

表 7-20 阳光公司 BQ1 产品单位成本变动趋势分析表

2019 年 8 月

项目	2015 年	2016 年	2017 年	2018 年	2019 年
单位成本 / 元	342.56	345.78	349.98	351.83	344.99
定基比率 /%	100	100.93998	102.16604	102.70639	100.71069
环比比率 /%	—	100.93998	101.21465	100.52889	98.05688

会计主管： 审核： 制表：

通过表 7-20 可以看出，BQ1 产品单位成本如果以 2015 年为基期，以后 4 年均高于 2015 年，但 2018 年最高，2019 年 8 月介于 2015 年与 2016 年之间；如果以上一年为基期逐年进行环比，2016 年和 2017 年是提高的，2018 年和 2019 年是降低的，为了查明成本变动的具体原因，还需要按照成本项目进行分析。

2. 分析主要产品单位成本的各成本项目

（1）分析直接材料费用的变动。从表 7-19 中的资料来看，BQ1 产品成本中直接材料费用占单位成本的 28.7%，占成本近 1/3 的份额，而且本月实际材料费用高于本年计划、上年实际平均、本年累计实际平均水平。应进一步分析直接材料费用上升的原因。直接材料费用变动主要受单位产品材料消耗数量和材料价格两个变动因素影响。其关系可表示为：

$$单位产品直接材料费用 = 单位产品耗用量 \times 材料单价$$

阳光公司财务人员为分析直接材料费用变动的影响因素，根据表 7-19 中的资料编制了表 7-21。

表 7-21 阳光公司 BQ1 产品直接材料费用计划与实际对比分析表

2019 年 8 月

项目	材料消耗数量 / 千克	材料价格 /（元 / 千克）	直接材料费用 / 元
本年计划	36	2.69	97.00
本月实际	35	2.85	99.91
直接材料费用差异	−1	0.16	2.91

会计主管： 审核： 制表：

从表 7-21 中资料可以看出，BQ1 产品的直接材料费用本月实际比本年计划超支了 2.91 元。材料费用的变化是受材料消耗量和材料价格两个因素的影响，下面用差额分析法进行分析。

材料耗用量差异的影响 =（实际单位耗用量－计划单位耗用量）× 材料的计划单价

=（35−36）×2.69=−2.69（元）

材料价格差异的影响 =（材料实际单价－材料计划单价）× 实际单位耗用量

=（2.85−2.69）×35=5.6（元）

两个因素共同作用的结果 =−2.69+5.6=2.91（元）

通过上述计算可以看出，BQ1 产品直接材料费用超支 2.91 元，由于材料消耗量降低，使材料费用节约了 2.69 元，但由于材料价格的上涨，使材料费用超支了 5.6 元，两个因素共同作用的结果，使材料超支 2.91 元。由此可见，材料价格上涨的超支掩盖了材料消耗的节约。分析单位产品的材料费用，要在上面两因素分析的基础上，进一步了解单耗和单价变动的具体原因。材料价格出现变动，一方面受市场供求关系的影响，另一面可能存在采购的因素，若购买的价格过高，应进一步查明原因。材料加工方法、材料质量的好坏、生产工人技术水平以及产品结构变化等都使材料消耗量发生变动，材料消耗减少，只要不是偷工减料，通常都是生产工艺改善及加强成本管理的结果。

（2）分析直接人工费用的变动。从表 7-19 中的资料来看，BQ1 产品成本中直接人工费用占单位成本的 50% 以上，在 BQ1 产品的单位成本中占有很大的份额，而且本月实际人工费用虽高于历史先进水平，但低于本年计划、上年实际平均、本年累计实际平均的水平，说明情况已经好转。为进一步分析，应根据企业工资制度的不同分别进行分析。如果企业实行计件工资制度，直接人工的变动主要是由于计件单价变动引起的，应该查明产品的计件单价变动的原因；如果企业是计时工资制度，单位成本中直接人工费用受单位产品所耗工时和小时工资费用两因素的影响，可采用差额分析法分析两因素变动对直接人工费用的影响。直接人工费用与单位产品所耗工时和小时工资费用之间的关系表示为：

单位产品的直接人工费用 = 单位产品所耗工时 × 每小时工资费用

阳光公司采用计时工资制度，公司财务人员为分析直接人工费用变动的影响因素，根据表 7-19 的资料编制了表 7-22。

表 7-22 阳光公司 BQ1 产品直接人工费用计划与实际对比分析表

2019 年 8 月

项目	单位产品所耗工时 / 小时	小时工资费用 /（元 / 小时）	直接人工费用 / 元
本年计划	2.6	68.46	178.00
本月实际	2.5	71.04	177.60
直接人工费用差异	−1	2.58	−0.4

会计主管： 审核： 制表：

从表 7-22 中可以看出，BQ1 产品的直接人工费用本月实际比本年计划节约了 0.4 元。由于人工费用的变化受单位产品所耗工时和小时工资费用两因素的影响，下面用差额计算分析法进行分析。

单位产品所耗工时差异的影响 =（单位产品实际工时－单位产品计划工时）× 计划小时工资费用

=（2.5−2.6）×68.46=−6.85（元）

小时工资费用差异的影响 =（实际小时工资费用 －计划小时工资费用 ）× 单位产品的实际工时

=（71.04−68.46）×2.5=6.45（元）

两个因素共同作用的结果 =−6.84+6.45=−0.4（元）

上述分析计算表明：BQ1 产品单位成本的直接人工费用降低了 0.4 元，是由于单位产品所耗工时减少，使直接人工费用节约了 6.84 元；又由于小时工资费用的提高，使直接人工费用超支了 6.45 元，节约和超支相抵 BQ1 产品单位成本的直接人工费用只降低了 0.4 元。因此，进行成本分析时，应深入实际调查研究，并结合班组核算的资料，查明各因素变动的真正原因，达到降低成本的目的。

（3）分析制造费用的变动。制造费用是企业各生产单位为组织和管理生产所发生的各项费用，是一项间接计入费用。单位产品制造费用受单位产品工时与小时费用率两个的因素的影响，劳动生产率的高低又影响着单位产品工时的大小。小时费用率的大小，受制造费用总额变动的影响。随着劳动生产率的提高和产品产量的增长，制造费用中的变动费用会相应有所增长，但固定费用基本稳定不变，所以小时费用率将会提高。单位产品制造费用与单位产品工时和小时费用率的关系表示为：

单位产品制造费用 = 单位产品所耗工时 × 小时费用率

阳光公司财务人员为分析各因素变动对制造费用的影响，根据表 7-19 的资料编制了表 7-23。

表 7-23 阳光公司 BQ1 产品制造费用计划与实际对比分析表

2019 年 8 月

项目	单位产品所耗工时 / 小时	小时费用率 /(元 / 小时)	制造费用 / 元
本年计划	2.6	25.00	65.00
本月实际	2.5	28.20	70.49
制造费用差异	-0.10	3.20	5.49

会计主管： 审核： 制表：

从表 7-23 中可以看出，BQ1 产品的制造费用本月实际比本年计划超支了 5.49 元。由于单位产品制造费用受到单位产品工时与小时费用率两个因素的影响，下面用差额计算分析法进行分析。

用因素分析法来分析效率和分配率两个因素变动的影响，即表示为：

单位产品所耗工时差异的影响 =（单位产品实际工时－单位产品计划工时）× 计划小时费用率

=（2.5−2.6）×25=−2.5（元）

小时费用率差异的影响 = 单位产品实际工时 ×（实际小时费用率－计划小时费用率）

=2.5×（28.20−25）=7.99（元）

两个因素共同作用的结果 =-2.5+7.99=5.49（元）

注：实际小时费用率 28.20 是四舍五入的结果，小时费用率差异的影响额 7.99 元是按实际小时费用率未进行四舍五入的数值计算的。

上述分析计算表明：BQ1 产品单位成本的制造费用超支了 5.49 元，是由于单位产品所耗工时减少，使制造费用节约了 2.5 元，又由于小时费用率的提高，使制造费用超支了 7.99 元，节约和超支相抵 BQ1 产品单位成本的制造费用只超支了 5.49 元。为了进一步了解制造费用变动的原因，提出改进措施，降低单位产品成本，应按费用项目逐项分析。

任务三 编制制造费用明细表

制造费用明细表是反映企业在报告期内发生的制造费用及其构成情况的成本报表。由于辅助生产车间的制造费用已通过辅助生产费用的分配转入基本生产车间制造费用、管理费用等相关项目，因而该表中的制造费用只反映基本生产车间的制造费用。

一、确定制造费用明细表的格式

制造费用明细表一般按制造费用项目分别反映“本年计划数”“上年同期实际数”“本月实际数”“本年累计实际数”。企业为反映各生产单位各期制造费用的发生情况，制造费用的明细表可分车间按月进行编制。

阳光公司制造费用明细表的格式见表 7-24，该公司按制造费用项目分设本年累计计划数、上年同期实际数、本月实际数和本年累计实际数四个专栏。

二、编制制造费用明细表

阳光公司编制的制造费用明细表见表 7-24。

表 7-24 阳光公司制造费用明细表

2019 年 8 月　　单位：元

项目	本年累计计划数	上年同期实际数	本月实际数	本年累计实际数
物料消耗	12619.00	2234.31	1216.23	6874.78
低值易耗品摊销	106900.00	13990.43	10738.00	102164.54
职工薪酬	127483.00	13852.37	19654.34	130756.34
折旧费	64976.00	10945.15	10210.26	78727.08
修理费	2160.00	2480.96	430.56	3520.32
办公费	1846.00	1601.21	280.43	1355.09
水电费	15400.00	1943.34	1578.67	17430.25
劳动保护费	5900.00	632.68	0.00	6234.12
运输费	10600.00	1540.76	1790.12	12879.12
保险费	1400.00	300.23	605.39	2650.23
其他	3400.00	323.56	0.00	3078.13
制造费用合计	352684.00	49845.00	46504.00	365670.00

会计主管：　　审核：　　制表：

表 7-24 中各栏的填写如下：

（1）“本年累计计划数”根据本年制造费用计划数填列。

（2）“上年同期实际数”根据上年度同期本表的“本月实际数”填列。如果表内所列费用项目与上年度的费用项目在名称和内容上不相一致的，应对上年度的各项数字按本年度表内项目的规定进行调整。

（3）“本月实际数”根据各基本生产车间“制造费用”明细账的本月合计数计算填列。

（4）“本年累计实际数”根据上月本表该栏的累计数加本月实际数填列。

三、分析制造费用明细表

对制造费用进行分析，一方面应根据制造费用明细表中资料以本年实际数与本年计划数相比较，确定实际脱离计划差异，然后分析差异的原因；为了从动态上观察比较各项费用的变动情况和变动趋势，还应将本月实际数与上年同期实际数进行对比，以了解企业工作的改进情况，并将这一分析与推行经济责任制结合，与检查各项管理制度的执行情况结合，以推动企业改进经营管理，提高工作效率，降低各项费用支出。另一方面，应从制造费用的构成比上进行分析，发现制造费用结构的变化规律，找出比重上升的构成要素，分析上升的原因，提出改进措施。制造费用明细表的分析一般采用比较分析法和构成比率分析法。

1. 用比较分析法分析制造费用明细表

阳光公司财务人员根据表 7-24 资料，采用比较分析法编制了公司制造费用分析表（表 7-25）。

表 7-25　阳光公司制造费用分析表

2019 年 8 月

项目	本年累计实际比本年累计计划		本月实际比上年同期实际	
	降低额 / 元	降低率 /%	降低额 / 元	降低率 /%
物料消耗	5744.22	45.52	1018.08	45.57
低值易耗品摊销	4735.46	4.43	3252.43	23.25
职工薪酬	−3273.34	−2.57	−5801.97	−41.88
折旧费	−13751.08	−21.16	734.89	6.71
修理费	−1360.32	−62.98	2050.40	82.65
办公费	490.91	26.59	1320.78	82.49
水电费	−2030.25	−13.18	364.67	18.77
劳动保护费	−334.12	−5.66	632.68	100.00
运输费	−2279.12	−21.50	−249.36	−16.18
保险费	−1250.23	−89.30	−305.16	−101.64
其他	321.87	9.47	323.56	100.00
制造费用合计	−12986.00	−3.68	3341.00	6.70

会计主管：　　　　审核：　　　　制表：

从表 7-25 可以看出，阳光公司 2019 年 8 月，本年累计实际数高于本年累计计划数

12986 元，但是物料消耗、低值易耗品摊销、办公费及其他费用是低于计划数的，超支最多的是折旧费，其次是职工薪酬、运输费、水电费、修理费用；本月实际数低于上年同期实际数 3341 元，但职工薪酬、运输费及保险费是超支的。制造费用中的折旧费、修理费的变动与企业生产规模、生产组织、设备利用程度等有直接联系。这些费用的特点，既不同于与产量增减成正比例变动的变动费用，又不同于固定费用，即在业务量一定的范围内相对固定，超过这个范围就可能上升。分析时就应根据这些费用的特点，联系有关因素的变动评价其变动的合理性。分析时，还要注意劳动保护费、保险费等这类费用的变动直接与劳动条件的改善、安全生产等相关，这类费用的分析不能认为支出越少越好，而应结合劳动保护工作的开展情况，分析费用支出的效果。

2. 用构成比率法分析制造费用明细表

阳光公司财务人员根据表 7-24 中的资料，采用比率分析法编制了公司制造费用分析表，见表 7-26。

表 7-26　阳光公司制造费用分析表

2019 年 8 月

项目	本年累计计划构成比 /%	上年同期实际构成比 /%	本月实际构成比 /%	本年累计实际构成比 /%	本年累计实际比本年累计计划降低	本月实际比上年同期实际降低
	（1）	（2）	（3）	（4）	（5）=（1）-（4）	（6）=（2）-（3）
物料消耗	3.58	4.48	2.62	1.88	1.70	1.87
低值易耗品摊销	30.31	28.07	23.09	27.94	2.37	4.98
职工薪酬	36.15	27.79	42.26	35.76	0.39	-14.47
折旧费	18.42	21.96	21.96	21.53	-3.11	0.00
修理费	0.61	4.98	0.93	0.96	-0.35	4.05
办公费	0.52	3.21	0.60	0.37	0.15	2.61
水电费	4.37	3.90	3.39	4.77	-0.40	0.50
劳动保护费	1.67	1.27	0.00	1.70	-0.03	1.27
运输费	3.01	3.09	3.85	3.52	-0.52	-0.76
保险费	0.40	0.60	1.30	0.72	-0.33	-0.70
其他	0.96	0.65	0.00	0.84	0.12	0.65
制造费用合计	100.00	100.00	100.00	100.00	0.00	0.00

会计主管：　　　　审核：　　　　制表：

从表 7-26 可以看出，阳光公司本年累计实际构成与本年累计计划构成相比，物料消耗、低值易耗品摊销、职工薪酬、办公费及其他费用所占比重有所下降，下降最多的是低值易耗品摊销，其余费用所占比重都有所提高。为了深入地研究制造费用变动的原因，评价费用支出的合理性，寻求降低各种费用支出的途径和方法，企业应进一步查明原因进行分析。

【课后演练】

一、单项选择题

1. 根据《企业会计准则》的规定，成本报表属于（　　）。

A. 对外报表　　B. 对内报表　　C. 对内对外均可　　D. 以上都不对

2. 成本报表没有固定的种类、格式和内容，具体由（　　）。

A. 国家统一规定　　B. 上级主管部门规定

C. 地方部门规定　　D. 企业自行决定

3. 可比产品是指以前年度正式生产过，具有以往（　　）资料可供比较的产品。

A. 实际成本　　B. 计划成本　　C. 固定成本　　D. 变动成本

4. 比较分析法是指通过分析对象在目前的（　　）与相关标准的数据相比，确定差异的一种分析方法。

A. 前期指标　　B. 同行业指标　　C. 实际指标　　D. 计划指标

5. 差额计算分析法是利用各个因素的实际数与（　　）数的差额，直接计算各个因素变动对经济指标的影响程度。

A. 基期　　B. 报告期　　C. 相邻前期　　D. 相邻后期

二、多项选择题

1. 主要产品单位成本分析主要包括（　　）分析。

A. 单位成本变动趋势　　B. 全部成本变动趋势

C. 成本项目变动　　D. 成本构成变动

2. 成本报表分析的基本方法，常用的有（　　）。

A. 比较分析法　　B. 因素分析法

C. 比率分析法　　D. 差额计算分析法

3. 反映费用情况的报表有（　　）。

A. 生产费用明细表　　B. 制造费用明细表

C. 管理费用明细表　　D. 销售费用明细表

4. 成本报表的编制为了充分反映成本报表的作用，必须做到（　　）。

A. 数字准确　　B. 格式正确　　C. 内容完整　　D. 编制及时

5. 按产品品种反映的全部产品成本报表包括（　　）

A. 可比产品成本报表　　B. 不可比产品成本报表

C. 实际成本报表　　D. 计划成本报表

三、判断题

1. 成本报表根据企业管理的要求一般可按月、季、年度编报，若内部管理的特殊需要，也可以按日、按周、按旬，甚至按工作班来编报。（　　）

2. 数字准确，就是指报表的指标必须如实地反映企业成本工作的实际情况，也可用估计的数字、计划数字、定额数字来代替实际数字。（　　）

3. 对于去年试制成功、今年正式投产的产品，应视为可比产品。（　　）

4. 产品生产成本是以报告期内生产费用合计数为基础，加上在产品、自制半成品期初余额，减去在产品、自制半成品期末余额计算得出来的。（　　）

5. 制造费用明细表不仅只反映基本生产车间的制造费用，也应反映辅助车间的制造费用。（　　）

四、业务操作

瑞辉公司 2019 年 8 月全部产品生产成本报表（按成本项目反映）见表 1、阳光公司 2020 年 1—8 月各产品计划成本见表 2，阳光公司 2020 年 8 月各产品实际成本汇总表见表 3，按成本项目反映的产品生产成本 2020 年 7 月份报表见表 4。

表 1 瑞辉公司全部产品生产成本报表（按成本项目反映）

2019 年 8 月 单位：元

项目	上年实际数	本年计划数	本月实际数	本年累计实际数
直接材料	6445.00	2259.00	846.00	6243.00
直接人工	9753.00	7842.00	9987.00	9353.00
制造费用	5842.00	5257.00	984.00	5343.00
合计	22040.00	15358.00	11817.00	20939.00

会计主管： 审核： 制表：

表 2 瑞辉公司 2020 年 1—8 月各产品计划成本汇总表 单位：元

产品名称	成本项目			合计
	直接材料	直接人工	制造费用	
001#	6376.00	6516.00	1460.00	14352.00
002#	9524.00	5174.00	3606.00	18304.00
003#	2086.00	6785.00	2021.00	10892.00
合计	17986.00	18475.00	7087.00	43548.00

会计主管： 审核： 制表：

表 3 瑞辉公司 2020 年 8 月各产品实际成本汇总表 单位：元

产品名称	成本项目			合计
	直接材料	直接人工	制造费用	
001#	537.00	511.00	790.00	88392.00
002#	544.00	882.00	606.00	75435.00
003#	835.00	248.00	253.00	63368.00
合计	1916.00	1641.00	1649.00	227195.00

会计主管： 审核： 制表：

表 4 瑞辉公司全部产品生产成本报表（按成本项目反映）

2020 年 7 月 单位：元

项目	上年实际数	本年计划数	本月实际数	本年累计实际数
直接材料	4645.00	4348.00	386.00	7794.00
直接人工	8756.00	6548.00	1356.00	2016.00
制造费用	4862.00	6468.00	726.00	4918.00
合计	18263.00	17364.00	2468.00	14728.00

会计主管： 审核： 制表：

要求：根据上述资料，

（1）编制瑞辉公司的按成本项目反映全部产品生产成本表；

（2）采用比较分析法和比率分析法，按成本项目分析该公司全部产品成本计划的完成情况。

M7-1

参考答案

参考文献

［1］ 贾成海．成本会计［M］．北京：北京邮电大学出版社，2014.
［2］ 周国安．成本会计［M］．北京：高等教育出版社，2008.
［3］ 张伟．成本会计［M］．长沙：湖南大学出版社，2016.